U0629238

抚仙湖流域土地利用变化与水环境调控研究

李石华 著

科学出版社

北京

内 容 简 介

本书以云南省典型高原湖泊流域——抚仙湖流域为研究区，以遥感与地理信息技术为支撑，以优于 1m 高分辨率遥感影像、基础地理信息数据和水质监测数据为数据源，发展了一种能有效提高流域尺度高分辨率遥感影像分类精度的多尺度随机森林分类方法，分析了流域土地利用/土地覆盖多尺度时空演变规律与驱动力，揭示了流域不同污染源区水质对土地利用/土地覆盖类型与格局的尺度依赖性，构建了流域水质与土地利用/土地覆盖类型及格局的时空关系模型，识别了流域土地利用/土地覆盖类型及格局与水质相互作用的特征尺度，并提出了水环境保护策略与建议。

本书对从事自然资源、遥感技术应用、地理信息科学、生态环境、湖泊科学的科研人员，从事地理国情监测的技术人员，从事自然资源管理和高原湖泊保护治理的工作者以及高等院校相关专业的师生均具有参考作用。

图书在版编目（CIP）数据

抚仙湖流域土地利用变化与水环境调控研究 / 李石华著. —北京：科学出版社，2023.5

ISBN 978-7-03-075228-4

Ⅰ. ①抚⋯ Ⅱ. ①李⋯ Ⅲ. ①抚仙湖－流域－土地利用－研究 ②抚仙湖－水资源管理－研究 Ⅳ. ①F321.1 ②TV213.4

中国国家版本馆 CIP 数据核字（2023）第 048779 号

责任编辑：李小锐 / 责任校对：彭 映
责任印制：罗 科 / 封面设计：墨创文化

科 学 出 版 社 出版

北京东黄城根北街 16 号
邮政编码：100717
http://www.sciencep.com

四川煤田地质制图印务有限责任公司印刷
科学出版社发行 各地新华书店经销

*

2023 年 5 月第 一 版 开本：787×1092 1/16
2023 年 5 月第一次印刷 印张：10 1/2
字数：248 000

定价：148.00 元
（如有印装质量问题，我社负责调换）

前　言

地球表面水资源存储的形式有冰川、积雪、河流、地下水、水库、湖泊等，其中湖泊是最典型的陆面蓄水方式，是全球陆地水资源生态系统的重要组成部分，湖泊所具有的防洪蓄水、旅游休憩、调节气候等功能是实现可持续发展的重要推手，其变化直接或间接地反映了湖区气候的变化和人类的活动。全球湖泊水体面积约占全球大陆面积的1.8%。我国湖泊水体主要分布在青藏高原、云贵高原及蒙新高原，三大高原湖泊面积占我国湖泊总面积的71%。作为云南省九大高原湖泊之一的抚仙湖是我国第二深水湖泊，面积和蓄水量分别居全国第 8 位和第 3 位，是泛珠三角区域、珠江流域、西南地区发展的战略水资源和饮用水源，对区域社会经济发展具有重要支撑作用。同时，抚仙湖具有全球独具特色的低纬度、高海拔的高原湖泊生态系统，是研究生物多样性形成机制的重要湖泊之一。同时，抚仙湖受东亚和西南季风影响，是全球变化响应极为敏感的代表性湖泊，备受国内外专家学者的青睐，已成为湖泊研究热点之一。

因此，开展抚仙湖流域土地利用/覆盖变化与水环境调控研究，从而发现流域土地利用/覆盖变化规律及其与水质变化的关系，进而针对性地提出水环境调控策略。这既体现了国家对地理国情监测工作提出的"边监测、边应用"的要求，也是抚仙湖流域自然资源综合管控与生态环境保护协调发展的现实需要。这将为促进流域人类活动与生态环境和谐发展提供决策支持；为流域土地利用规划、水环境保护提供科学依据；为将抚仙湖打造成"美丽中国"的最佳名片、建成生态文明制度建设的示范区、建设绿色经济发展试验区、打造新型特色旅游小镇示范区提供理论依据与技术支撑。同时，基于地理国情监测的手段、方法和成果开展湖泊问题研究，也将进一步拓展和创新湖泊研究的技术和理论。

本书由云南省基础地理信息中心李石华、周峻松、杨帆、汪祎勤、刘鹏和李纯共同完成，云南师范大学杨文仙、邱丽丹、孙星玥、高七算等硕士研究生，文山学院的李应鑫，昆明理工大学的林志硕士研究生，云南大学的赵寿露硕士研究生等参与部分数据收集与整理工作。云南师范大学的王金亮教授、角媛梅教授、彭双云教授、洪亮教授，南京师范大学的李云梅教授，南京大学的程亮教授对本书提出了宝贵意见和建议，在此表示衷心的感谢！

本书共 5 章，分别是绪论、抚仙湖流域土地利用/土地覆盖（land use and land cover，LULC）信息提取与表达、抚仙湖流域 LULC 过程演变分析、抚仙湖流域 LULC 变化与水质关系、抚仙湖流域水质变化情景模拟与调控，全面反映了抚仙湖流域 LULC 时空演变与水质的变化关系。

本书以定量评估 LULC 变化与水质的多尺度关系研究的几个关键问题为突破口，系统地剖析了独具高原湖泊流域特点的抚仙湖流域 LULC 时空演变及其与水质关系研究的理论、方法和技术体系，并在以下几个方面取得了创新性的进展：

（1）针对高分辨率遥感影像和流域尺度 LULC 的特点，基于随机森林算法，融合初始分割尺度与最优分割尺度的多尺度光谱、几何和纹理对象特征，构建了多尺度对象随机森林（multiscale object random forest，MSORF）方法进行流域 LULC 信息提取，取得了较好的分类结果。

（2）充分考虑了流域内部 LULC 和污染源的空间异质性对水质指标的影响，揭示了流域不同污染源区 LULC 与水质的多尺度关系，构建了多尺度关系模型，识别了高原湖泊流域 LULC 变化与水质关系的特征尺度和敏感源区，丰富了 LULC 变化与水质指标研究不确定性和尺度响应的理论与方法，为在其他高原湖泊流域开展类似研究做了一次有益的摸索与尝试。

本书的出版得到国家自然科学基金地区项目"耦合人类活动和气候变化的抚仙湖流域土地利用/覆盖变化情景模拟及其与水质的响应机制"（41861051）、国家自然科学基金面上项目"滇中快速城市化过程中土地利用与生态系统服务的动态耦合机制及优化调控模拟研究"（41971369）、国家自然科学基金地区项目"滇中快速城市化过程中土地利用与生态系统服务的动态耦合机制及优化调控模拟研究"（41561086）、云南省自然科学基金项目"生态文明建设排头兵引领下的云南省三线协调与优化研究"（202101AT070052）、云南省高层次科技人才及创新团队选拔专项-中青年学术和技术带头人后备人才项目（202205AC160014）、国家测绘地理信息局地理国情监测试点项目"抚仙湖流域生态环境动态监测"（测国土函〔2014〕35 号）共同资助！

本书中部分成果已在国内外刊物上发表。在本书撰写过程中，参考了国内外大量优秀著作、论文和调查资料，在此表示衷心感谢！编著过程中文献标注难免有疏漏之处，我们诚挚地希望得到同行专家的谅解和支持。

因作者水平有限和数据资料的限制，书中疏漏之处在所难免，敬请读者批评指正。

目　　录

第1章 绪　　论

1.1　研究背景与意义

1.1.1　研究背景

湖泊作为地表覆盖的重要组成部分之一，是大气圈-水圈-岩石圈-生物圈等相互作用的连接点，是全球变化的指示器（沈吉，2009）。其变化以及所产生的生态环境效应是地质、气候事件和人类活动综合作用的结果。同时，湖泊所具有的防洪蓄水、旅游休憩、调节气候等功能是可持续发展的重要推手（刘永等，2007；蔡海生等，2010）。

近年来，区域自然环境变化和人类活动的干扰加剧导致湖泊水量、水质和水生生物物种和数量发生显著变化，湖泊生态系统退化、水体富营养化等现象频发，致使湖泊面临严重威胁（杨桂山等，2010），从而在一定程度上制约或影响了流域经济社会和谐发展。而湖泊水质除受地理位置、植被、土地利用/土地覆盖（LULC）（karr and schlosser，1978）和大气沉积物污染等因素的影响之外（Muller and Stum，1998），入湖河流对其影响也不容忽视（项颂等，2018）。入湖河流是湖泊外源汇入的重要通道，也是湖泊水资源的重要补给源，其水质水量变化直接影响湖泊水环境质量（Dong et al.，2014；Zhang et al.，2015；项颂等，2018）。

水体污染不仅受河道内源性污染影响，由人类活动等造成的外源性污染也不容忽视。LULC 变化是人类活动最直观的反映和外在表征，其变化过程可以理解为人类主要利用土地的自然和社会属性来满足自身发展的动态变化过程（梅艳，2009）。不合理的人类活动导致 LULC 变化，而 LULC 变化对人类生活具有一定的反馈制约作用（项颂等，2018）。

随着全球社会经济的快速发展，由 LULC 变化引起的水环境效应问题引起学界的关注（Sajikumar and Remya，2015；Giri and Qiu，2016；Zhou et al.，2016）。土地利用方式影响污染物的排放和传输过程，对河流水质具有重要影响（Thomas et al.，2013；王鹏等，2015）。LULC 类型及格局与水质具有明显的尺度依赖性已成为共识。目前，大多数的研究聚焦于从土地利用方式、土地利用结构、土地利用格局等方面开展水质对 LULC 变化的响应研究，如林地、草地与水质指标存在显著的负相关关系，而耕地、建设用地则表现出较强的正相关关系（张殷俊等，2011；杨洁等，2017）。同时，大多数学者认为，由于土地利用方式的多尺度性和分布格局差异（Tu，2011；周文等，2012），LULC 变化与水质指标存在明显的尺度相关性，进而导致土地利用方式与河流水质的相互关系研究存在不确定性。从 LULC 类型对水质影响的显著性来看，子流域尺度明显高于河岸缓冲区尺度（Sliva and Williams，2001；李艳利等，2012），而黄金良等（2011）、欧洋等（2012）则得出相反的结论。因此，关于全流域和河岸缓冲区尺度哪一个对 LULC 与水质的响应更为显著尚不明晰，LULC 与水质关系的最适或最强空间尺度（特征尺度）问题尚未定论（Johnson et al.，1997；Sliva and Williams，2001；Shen et al.，2015；Ding et al.，2016；杨洁等；2017；项颂等，2018）。因此，一些学者建议在流域尺度开展 LULC 与水质的响应分析（Jarvie et al.，2002；Woli et al.，2004），而另外一些研究者则建议在河岸尺度开展分析（Sahu and Gu，2009）。

1.1.2 研究意义

由于不同流域的土地利用方式、地形、气候、土壤和地质等存在差异（Tu，2011；周文等，2012），且流域水质污染来源多样以及污染物迁移转化过程复杂，加之流域边界划定的不确定性、景观类型比例的区域差异性、指数选择的人为性等因素，同时 LULC 变化的水文响应伴以任何气候方面的短期或长期变化则会更加复杂（Schulze，2000），致使研究结果具有一定的不确定性和显著的区域性，从而导致不同流域的 LULC 景观格局-水质的关联难有通用的模式。

因此，对于不同地区，LULC 类型及格局对水质指标的尺度响应关系研究仍存在不确定性，为进一步理解二者之间关联机制，在未开展过类似研究且独具区域特色的地区针对此问题开展研究显得尤为必要。

作为云南省九大高原湖泊之一的抚仙湖是我国第二深水湖泊，面积和蓄水量分别居全国第 8 位和第 3 位（王苏民和窦鸿身，1998），是泛珠三角区域、珠江流域、西南地区发展的战略水资源和饮用水源，对区域社会经济发展具有重要支撑作用（高伟等，2013；翟子宁等，2015）。同时，抚仙湖是全球独具特色的低纬度、高海拔的高原湖泊生态系统，是研究生物多样性形成机制的重要湖泊之一。受东亚和西南季风影响，抚仙湖是全球变化响应极为敏感的代表性湖泊，备受国内外专家学者的青睐，已成为国内外湖泊研究热点之一，同时也是我国地学领域最具生态脆弱区研究价值的高原湖泊流域系统之一。然而，随着全球变化加剧、流域城镇化水平提高与社会经济发展加速，近年来抚仙湖湖体萎缩加快，水位下降明显，水域面积逐渐缩小，流域 LULC 变化显著，水土流失与土地退化严重，流域生态环境质量状况总体呈下降趋势（杨超等，2016；马骊驰等，2016；Li et al.，2017）；入湖河流与湖岸带的水质污染严重，湖体的水质环境因此受到严重威胁。流域水环境质量是流域水文-生态-经济和谐发展的重要基础，不合理的 LULC 变化是影响区域水环境变化的重要原因之一（张殿发等，2003）。

因此，针对抚仙湖流域 LULC 变化与水环境保护中的关键问题，本书从 LULC 变化与水质相互作用的角度出发，构建多尺度随机森林方法开展高分辨率遥感影像 LULC 信息提取，揭示流域 LULC 时空演变规律与过程，剖析流域 LULC 类型及格局和水质指标的时空分异特征；从河岸缓冲区、子流域、全流域空间尺度分析流域 LULC 类型及格局与水质的关系，辨析 LULC 变化与水质多尺度关联分析的特征尺度和敏感源区，构建 LULC 变化与水质变化的尺度关系模型，模拟 LULC 变化情景下的水质变化，探讨有利于流域水环境调控的合理措施，为促进流域人类活动与生态环境和谐发展提供决策支持，为流域土地利用规划、水环境保护提供科学依据；同时，为将抚仙湖打造成"美丽中国"

的最佳名片、建成生态文明制度建设的示范区、建设绿色经济发展试验区、打造新型特色旅游小镇示范区提供相关数据支撑和决策支持。

1.2　国内外研究现状

1.2.1　LULC 遥感信息提取

LULC 是全球对地观测的重要主题之一，也被认为是全球变化研究、地理国情监测、可持续发展规划、土地资源管理等领域不可或缺的重要基础地理数据（Pereira et al.，2013；徐冠华等，2013；刘纪远等，2014；陈军等，2016）。近年来，一些国家和国际组织［美国国家航空航天局（National Aeronautics and Space Administration，NASA）、欧洲航天局（European Space Agency，ESA）、日本宇宙航空研究开发机构（Japan Aerospace Exploration Agency，JAXA）、地球观测组织（Group on Earth Observations，GEO）等］、大型国际遥感研究计划、国际合作研究计划［国际地圈-生物圈研究计划（international geosphere-biosphere program，IGBP）、世界气候研究计划（world climate program，WCRP）、全球能量与水循环实验（global energy and water experiment，GEWEX）、气候变率与可预测性计划（climate variability and predictability programme，CLIVAR）等对区域、国家、洲际和全球尺度的 LULC 变化信息需求日益增加。遥感技术为人类从多视角与多尺度认识地球提供新的方法与手段，同时也成为大尺度 LULC 变化监测的快速高效方式（匡文慧，2012）。20 世纪初，航空摄影测量应用于区域尺度的 LULC 变化遥感制图。1957 年人类进入航天时代，提高了人类观测和认识地球的能力。1972 年美国发射第一颗陆地卫星（Landsat），为全球尺度 LULC 变化遥感制图奠定了基础。20 世纪 80 年代，以陈述彭院士为代表的中国学者开始了 LULC 变化遥感制图方面的研究，并研制出版了《1∶100 万中国土地利用图集》。近二十年来，LULC 遥感信息提取相关研究随着对地观测传感器技术、信息技术、计算机技术发展而不断深入。LULC 遥感信息提取研究主要包括 LULC 遥感监测数据源和 LULC 遥感信息提取算法。

1. LULC 遥感监测数据源的发展

（1）中低分辨率光学遥感数据源。1972～2021 年，NASA 发射了系列陆地卫星（Landsat 1～Landsat 9），并向全世界免费提供遥感影像数据。国内外学者针对 Landsat MSS、TM、ETM＋和 OLI 影像研发了大量的分类算法开展 LULC 遥感信息提取（Lu and Weng，2007；Li et al.，2014）。1999 年和 2002 年，美国分别发射了 Terra 和 Aqua 卫星，并搭载了中分辨率成像光谱仪（moderate-resolution imaging spectroradtometer，MODIS），其空间分辨率为 250～1000m，MODIS 的多波段数据被广泛用于反演全球尺度海洋水色，大气中的水汽、气溶胶，地表温度，大气温度，臭氧，LULC 和地表特征参量等（梁顺林等，2014；Yang et al.，2016；Li et al.，2018）。从 2003 年开始，欧洲航天局实施哥白尼（Copernicus）计划（拟发射 6 颗对地球观测卫星）。目前已经发射了哨兵 2A［Sentinel-2A（2015 年）］和哨兵 2B［Sentinel-2B］（2017 年），多光谱成像仪覆盖了 13 个谱段（443～2190nm），空间分辨率有：10m（4 个可见光谱段和 1 个近红外谱段）、20m（6 个红光边缘谱段和短波红外谱段）、60m（3 个大气校正谱段）。国内外学者已经广泛采用 Sentinel-2A/B 数据开展海洋和陆地水资源、森林、空气、土地利用、污染状况及其变化监测和 LULC 遥感制图（Lebourgeois et al.，2017；Mongus and Žalik，2018）。1999~2014 年，中国发射了中巴地球资源卫星 01 星、02 星、02B 星、02C 星和 04 星共五颗卫星，2008 年发射了环境一号（HJ-1-A/B）卫星，环境一号卫星搭载了高光谱仪和超光谱成像仪，其空间分辨率为 30~300m，环境一号卫星遥感可以快速有效提取 LULC 信息（何宇华等，2007；Bian et al.，2017；Yang et al.，2017）。2014 年发射的高分二号卫星是我国首颗空间分辨率优于 1m 的光学对地观测卫星，被广泛应用于土地利用信息提取、土地变更调查、生态环境监测等方面（王忠武等，2015；胡茂莹，2016；蔡建楠等，2018；宋明辉，2019）。2016 年我国成功发射高景一号 01/02 卫星，该卫星为我国首个商业运营的 0.5m 分辨率遥感卫星，主要用于地物识别提取（曾文等，2020；杨伯宇等，2021；黄志华等，2021）、城市违建的动态监测（郑珊珊等，2021）、数字地表模型（digital surface model，DSM）的自动提取等（陈湘广和张永军，2019）方面。2018 年发射的高分五号卫星为我国首颗高光谱卫星，其在生态状况调查评估、生态红线监管、生物多样性等生态监管工作方面具有应用潜力（赵少华等，2018）。2019 年发射的高分七号卫星为中国首颗亚米级测绘卫星，通过对比分析高分七号卫星数据，可实现土地资源执法监测地物解译，能够有效提取符合土地资源执法监测要求的各类图斑（刘安兴和刘春光，2021）。2020~2021 年，我国相继发射了资源三号 03 星（高分辨率立体测绘卫星），高分九号 02、03 星，高分十一号 02 星，资源一号 06 星（5m 光学卫星 02 星）等。这些卫星的发射为地理国情监测、国土资源调查、城市规划、土地确权、路网设计、农作物估产和防灾减灾等提供应用服务，并为"一带一路"建设提供信息保障。

（2）雷达遥感数据源。雷达遥感因为具有全天时、全天候、不受大气传播和气候影响、穿透力强等优点，并对某些地物具有一定的穿透能力，成为一种重要遥感数据源。雷达遥感得到了世界各国的高度重视。迄今为止，已发射的合成孔径雷达（synthetic aperture radar，SAR）卫星包括：Seasat SAR、Almaz SAR、JERS-1 SAR、ERS-1/2、ENVISAT、ALOS、RADARSAT-2、TerraSAR-X、COSMO-SkyMed、TanDEM-X、Sentinel-1A/B。我国于 2016 年、2021 年和 2022 年分别成功发射高分三号 01、02、03 星，高分三号卫星是首颗民用 1m 分辨率 C 波段多极化 SAR 卫星，突破了星载 SAR 多极化和定量遥感、低轨遥感卫星长寿命设计等关键技术，具有聚束、条带、扫描、波模式等 12 种成像模式，是世界上成像模式最多的 SAR 卫星，可全天候、全天时、高分辨率地对道路、建筑等进行大范围普查，完成三星组网后可实现重点区域 1 天两次重访，标志着中国的星载 SAR 技术达到世界先进水平（李劲东，2022）。雷达数据主要应用于森林、水域和大气的监测，地质测绘，数字城市建模和地表沉降监测等领域（艾彬等，2007；陈基伟，2008；刘斌等，2015）。

（3）高空间分辨率遥感影像数据源。1999 年美国政府取消了商业亚米级遥感数据的限制，高分辨率遥感发展进入了新纪元。自 1999 年美国空间影像（Space Imaging）（现 GeoEye）公司发射首颗地面分辨率为 1m 的高分辨率遥感卫星伊科诺斯（IKONOS）以来，先后出现了美国数字地球（DigitalGlobe）公司的快鸟（QuickBird）卫星（0.61m，2001）、WorldView-1/2/3/4 卫星（0.50m/0.46m/ 0.3m/0.3m，2007/2009/2014/2016），美国 GeoEye 公司的 GeoEye-1 卫星（0.5m，2008）和 GeoEye-2 卫星（0.25m，2012）。目前，世界各国和地区竞相发展自己的高分辨率遥感卫星，在轨运行（含拟发射）的各种民用高分辨率遥感卫星已达 20 余颗。譬如，法国的 SPOT-5 HRV 卫星（2.5m，2002）和 PLEIADES HR 卫星（0.5m，2011），以色列的 EROS-A 卫星（1.9m，2000）和 EROS-B 卫星（0.7m，2006），日本的 ALOS PRISM 卫星（2.5m，2004）和 SASKE 卫星（0.5m，2012），韩国的 KOMPSAT-2 卫星（1m，2006）和 KOMPSAT-3 卫星（0.7m，2011），中国的中巴资源卫星 CBERS-2B（2.7m，2007），印度的测绘卫星 Cartosat-1（2.5m，2005）、Cartosat-2（0.8m，2007）、Cartosat-2A（1m，2008）、Cartosat-2B（1m，2010）和 Cartosat-3（0.25m，2011）。而在我国《国家中长期科学和技术发展规划纲要（2006—2020）》中将"高分辨率对地观测系统"确立为国家科技重大专项，同时，在《航天发展"十二五"规划》中明确提出了在 2020 年前要形成天、空、地一体化高分辨率对地观测平台（李德仁等，2012；肖鹏峰和冯学智，2012）。2010 年以来，我国相继成功发射了天绘一、二、三号，资源三号和高分一、二、九号等高分辨率遥感卫星，空间分辨率已经达到亚米级。从《国家民用空间基础设施中长期发展规划（2015—2025 年）》可以看出，今后的卫星遥感系统将呈现一星多用、多星组网、多网协同的发展特征，逐步形成高、中、低空间分辨率合理配置，多种观测技术优化组合的遥感卫星系统，可充分满足用户需求，进一步提升我国卫星遥感的综合高效全球观测、数据获取、全球接收与全球服务能力。

2. LULC 遥感信息提取算法的发展

国内外大量研究表明，LULC 是自然资源管理、环境变化研究、城市规划和可持续发展的重要基础数据，LULC 变化对全球变化产生重要作用。遥感被认为是多尺度（全球尺度、区域尺度和流域尺度）LULC 制图的最有效工具。目前全世界已经研制了 8 套 30～1000m（USGS，1km；UMD，1km；BU，1km；GLC2000，1km；Globcover 2005，300m；GlobCover 2009，300m；GlobCover 2010，250m；Globeland30，30m）分辨率的全球尺度的 LULC 遥感数据产品（陈军等，2016）。近四十年来，中低分辨率遥感数据（Landsat、MODIS、环境卫星等）已成功应用于 LULC 制图，并取得了较好的实践结果。针对中低分辨率遥感影像研发了大量的 LULC 遥感信息提取算法，包括：基于像素的监督和非监督分类算法（最大似然、K-均值、ISODAT 等）、基于纹理特征的分类算法［灰度共生矩阵（gray level co-occurrence matrix，GLCM）、小波纹理、加博（Gabor）和数学形态学等］、基于指数特征的分类算法（Gabor 植被指数、归一化水体指数、归一化阴影指数、建筑物指数、土壤指数等）、基于多源遥感数据的分类算法、面向对象的影像分析方法和基于像素和对象分类算法等。

近二十年来，高分辨率对地观测技术得到迅速发展，作为地理空间信息主要数据源的高分辨率遥感影像已广泛应用于 LULC 遥感制图。除光谱信息外，利用高分辨率遥感影像的纹理、结构特征，可提高光谱特征空间的模式可分性，如小波变换（wavelet transform，

WT）特征、灰度共生矩阵、Gabor 滤波器特征、形态剖面（morphological profiles，MPs）和差异形态剖面（differential morphological profiles，DMPs）特征、长度和宽度提取算法（length-width extraction algorithm，LWEA）特征、可尔可夫随机场（Markov random field，MRF）特征、像素形状指数（pixel shape index，PSI）、形状大小指数（shape size index，SSI）、对象相关指数（object correlation index，OCI）等（刘纯，2015）。在地物分类实验中，通过将这些纹理和结构特征加入特征空间，显著提高了地物的分类精度。但在特征向量维数增加的情况下，若无大量训练样本的支持，则会引发所谓的"维数灾难"，导致特征向量维数增加，反而会降低地物的分类精度。研究者主要从特征降维和分类器设计等方面解决该类问题。典型特征降维的算法包括：主成分分析（principal component analysis，PCA）法、独立成分分析（independent component analysis，ICA）法、最大噪声分离变换（maximum noise fraction rotation，MNF）、决策边界特征选择（decision recursive feature elimination，DBFE）、判别分析特征选择（discriminant analysis feature elimination，DAFE）、非参数权重特征选择（nonparametric weigh feature elimination，NWFE）、顺序前进法（sequential forward selection，SFS）、顺序浮动前进法（sequential float forward selection，SFFS）、遗传算法（genetic algorithm，GA）、克隆选择算法、带权的克隆选择算法、基于流形学习的特征提取、基于稀疏学习的特征选择等。初始分类器包括迭代自组织数据（iterative self-organizing data，ISODATA）分析算法、极大似然分类器、K-均值法、光谱角制图、最小距离分类器等。通过对神经网络技术的引入，多层感知器、概率神经网络等分类器也应用到图像分类中。目前，随着面向对象、人工智能理论与技术的成熟，支持向量机、关系向量机、模糊逻辑分类器、随机森林分类器、条件随机场、多智能体、人工免疫系统、深度学习和迁移学习等方法激发了研究热潮，尤其是人工免疫、深度学习、迁移学习、随机森林分类器、条件随机场、决策树分类器、弱监督语义分割等备受遥感影像智能解译研究者的青睐。例如，郭宝玉等（2016）使用随机森林分类器对高分一号卫星影像数据进行城市用地分类，通过对比不同的分类方法，综合分析发现随机森林算法表现更优，更适合分辨率高、数据量大、特征参数多的高分一号卫星影像分类的实际生产应用；李明洁等（2021）基于遥感光谱、光谱指数、图像纹理等多种特征信息，构建多特征随机森林城市土地利用分类模型，具有更高的分类精度以及时间效率；曹林林等（2016）提出了卷积神经网络分类算法，该模型降低了因图像平移、比例缩放、倾斜或者其他形式的变形而引起的误差，通过实验对比分析，证明了卷积神经网络在高分辨率遥感影像分类中的可行性及精度优势，为遥感图像处理等相关工作提供了借鉴；王鑫等（2021）使用优化 U-Net 网络结构对 SAR 遥感图像进行语义分割，提取地物目标整体分割精度达 94.6%。然而，虽然深度学习、卷积神经网络等语义分割分类精度较高，但前期训练样本需要投入大量的时间和人力（王可等，2022）。为解决该问题，2019 年 Anton 等提出一种关于弱监督图像语义分割的新型损失函数——门控全连接条件随机场损失函数，通过与传统的交叉熵损失函数结合并与 DeepLab V3 + 模型相结合训练，在弱监督分割方法中能使分割结果有所提升（Lee et al.，2019）；2022 年，黄亮等（2022）提出一种基于结合 RGB 波段最大差异法和弱监督语义分割的无人机遥感灯盏花种植信息提取方法，制作弱标记数据集，减少标记时间成本，实验结果表明，该方法在选取的 3 个灯盏花场景中交并比和精度均高于面向对象分类法,并通过消融实验验证了方法的有效性。

2000 年,eCognition 的出现加速了面向地理对象的影像分析(geographic object-based image analysis,GEOBIA)技术的发展,在一定程度上表征了高分辨率遥感影像信息提取发展的趋势,并受到遥感影像解译研究者的重视(Blaschke et al.,2014;Ma et al.,2017)。由于 GEOBIA 把影像对象作为最小处理单元,并把影像分割、特征空间聚类和知识规则作为核心技术和思想,在图像分类中优势明显,故在 LULC 变化检测、不透水面(impervious surface area,ISA)制图、农作物识别等方面得到广泛应用。在分类精度上,面向对象的影像分析方法明显优于基于像素的影像分析方法,这已成共识,并且其可有效解决基于像素的影像分析方法中的"胡椒盐"现象。

目前,基于高分辨率遥感影像的小尺度 LULC 遥感制图屡见不鲜,而区域尺度、流域尺度和全球尺度的遥感数据产品也在逐步增多。我国在"十三五"期间已开展全球重点区域的 1∶1 万 LULC 遥感制图,为中国"一带一路"倡议和"走出去"提供空间基础数据支持。而在《中华人民共和国国民经济和社会发展第十四个五年规划和 2035 年远景目标纲要》中也明确指出,要建设现代化基础设施体系,打造全球覆盖、高效运行的通信、导航、遥感空间基础设施体系,为更高分辨率的 LULC 遥感动态制图夯实基础。随着我国常态化地理国情监测工作的开展,利用高分辨率遥感影像数据(QuickBird、Worldview-2、北京二号等)开展区域或流域尺度的 LULC(耕地、园地、林地、草地、房屋建筑、道路、构筑物、人工堆掘地、荒漠化与裸露地、水域等十类)遥感分类研究,最终形成可供研究或行业应用的遥感数据分类产品。

1.2.2　LULC 时空演变

LULC 变化研究是当前重要的科学前沿之一,也是地理学尤其是自然地理学最重要的研究领域之一,已成为全球环境变化研究的重要组成部分和核心内容(Turner and David,1995),其研究有助于了解全球变化成因,并预测全球变化的发展趋势和产生的效应,提出相应对策与措施,对于区域发展意义重大。同时,开展不同尺度的 LULC 变化研究对于解决区域内一系列社会资源和环境问题具有重要意义(史培军等,2004)。

总体来看,LULC 变化研究主要围绕时间域和空间域两个维度开展,并从 LULC 信息获取、土地利用指数模型、土地利用及 LULC 时空变化过程表达等方面开展了大量的研究。

(1)LULC 信息获取是开展 LULC 变化研究的基础。遥感以其覆盖范围广、数据更新及时等优点,为 LULC 变化研究提供强有力的技术支持,遥感影像已成为 LULC 变化研究的重要数据源。数据源的选择与研究内容、目标、经费、研究区地形和气象条件等因素密切相关。目前,LULC 变化研究采用的数据有历史图件、调查资料、NOAA-AVHRR、Landsat TM、Spot、中国高分和资源系列卫星等(Townshend et al.,1980;王杰生等,1989;Skole and Tucker,1993;李晓兵,1997;Lyon et al.,1998;史培军,2000;摆万奇,2000;李芬,2013;贾源旭等,2017;何苇航等,2017),也有少部分研究采用 QuickBird、WV-1/2

等高空间分辨率遥感数据（吴喜慧和李卫忠，2010；杜培军和柳思聪，2012；Almalki et al.，2017；钱军朝等，2017）。随着无人机技术的发展，更高时相和更高分辨率的无人机影像逐渐应用于 LULC 变化研究中（马瑞升等，2006；李军英，2017）。

（2）土地利用指数模型被广泛用于揭示 LULC 变化特征。在揭示土地利用数量变化特征研究中，已形成了较多的土地利用指数模型，如资源变化模型（土地利用变化率、土地利用综合程度指数、土地利用程度变化指数）、方向变化模型（土地利用转移矩阵、各地类变化的流向百分比）、空间变化模型（土地利用动态度、相对变化率、邻接度、重心转移、多度、重要值）等（朱会义和李秀彬，2003）。20 世纪 80 年代以来，伴随着全球变化研究的热潮，土地利用指数模型在国内外不同区域得到了广泛应用：①从研究尺度来看，研究尺度包括全球、全国、省和特定区域的尺度和城市、典型县、农村微观尺度（Townshend et al.，1980；Skole et al.，1993；Fung and Chan，1994；Ryherd and Curtis，1996；Lyon et al.，1998）；②从研究区域来看，在国内，LULC 变化研究主要集中于两类地区，一类是"热点地区"，如深圳市（史培军，2000；摆万奇，2000）、北京市（顾朝林，1999）、长江三角洲（杨桂山，2001）等；另一类是"脆弱区"，如中国东北地带（内含牧区、农牧交错区、农区、林区）（康慕谊等，2000），地处干旱、半干旱过渡带的榆林地区（张明，1999）等，取得了较多的研究成果（刘盛和等，2000；张文忠等，2003；彭补拙和高中贵，2004；杨国安和甘国辉，2004；张新长和张文江，2005）；③从研究方法来看，研究大多采用 LULC 变化动态度、转移矩阵等方法来定量分析两个时段的 LULC 变化（Long et al.，2007；侍昊等，2012；Fan and Ding，2016），但也有学者利用其他方法，如分形模型（杨国安和甘国辉，2004）、景观格局指数（Lambin et al.，2000；Liu and Zhou，2005；Zhou Q M et al.，2008b；Orlci，2009；Ruiz and Domon，2009；容芳芳等，2010；刘桂林等，2013；黄勇等，2015；黄方和张学敏，2015；齐建超等，2017）揭示区域 LULC 格局变化。

前人研究表明，指数模型是一种可从时空变化的角度揭示区域土地利用变化速度、方向、强度、规律以及幅度等特征的有效方法。其中，转移矩阵和动态度指数较为常用。然而，已有研究大多集中于描述 LULC 变化的一个或几个方面的特征，而对区域 LULC 综合特征研究较少。

（3）土地利用强度在一定程度上反映人类活动对自然系统干扰的大小，是 LULC 变化研究的重要内容之一，其度量方法包括：①模式表达法，如冯屠能的农业土地利用强度、图解模式、一般模式、极化/反极化模式和重力模式（庄大方和刘纪远，1997）；②指标体系法，最具代表性的是庄大方和刘纪远（1997）提出的土地利用强度综合指数方法，该方法利用不同土地利用类型赋值来定量表达土地利用强度，其过程简单且易操作，被大量学者广泛应用至今（吴承祯和洪伟，1999；冯异星等，2009；李雪瑞等，2009；吴金华等，2011；杨玉婷等，2012；胡和兵，2014）；③改进的土地利用模型，如田彦军等（2003）构建的县域土地利用程度评估模型，丁忠义等（2005）提出的绝对土地利用强度等。在土地利用强度的研究中，空间自相关性也受到一些学者的关注（谢正峰，2009；闫慧敏等；2017）。从研究成果可以看出，土地利用强度的研究多以县级行政区为单元，而在流域尺度上开展土地利用强度的空间自相关性研究较少（陈利顶等，2008）。

（4）LULC 时空变化过程表达有助于完整反映 LULC 变化的时间、空间和属性特征，揭示其时空演变特征和规律。国际上，LULC 时空变化过程与模拟一直是 LULC 变化研究的核心科学命题之一（McConnell，2001）。LULC 变化主要表现图斑属性、空间位置、时间的变化方面。因此，只有将空间数据、属性数据和时间数据三者结合，才能全面把握其变化特点，以便对其发展方向进行科学分析（栾晓岩等，2008；陈宏敏等，2009）。

因此，LULC 变化分析可视为属性在一个时间序列二维空间上分布的变化问题（黄培之和 Poh，2004）。当前，可利用栅格时序遥感数据来表达地理实体（如城区、林地、耕地等范围和形状）的变化，并利用统计学的方法来定量化揭示其变化趋势与过程（朱利凯和蒙吉军，2009）。而少数学者认为，应用变化轨迹的方法能够比应用单期影像方法更好地表示 LULC 变化过程（Zhou Q et al.，2008a；Ruiz and Domon，2009；Orlci，2009；Lambin et al.，2000）。因此，变化轨迹方法被广泛应用于 LULC 格局变化研究中（Southworth et al.，2002；Liu and Zhou，2005；Zhou Q et al.，2008a；Zhou Q M，2008；韩贵锋和徐贵华，2009；梁尧钦等，2010；容芳芳等，2010；刘桂林等，2013；Wang et al.，2012，2013；黄勇等，2015；黄方和张学敏，2015；齐建超等，2017）。然而，上述研究仅聚焦于单个时段和两个时段的数据比较与分析，对于多个时段的数据变化过程的时空表达有待进一步深入研究（李寅超和李建松，2016）。

针对 LULC 时空演变的可视化问题，国内外学者利用静态表达法和动态表达法从不同角度进行了研究。静态表达法主要有时空立方体（梁学庆，2006）、变化图（Andrienko et al.，2003）、螺旋图（Hewagamage et al.，1999）、地图矩阵（Jin and Li，2008）、平行坐标系（Inselberg，1990）、虚拟现实（王英杰，2003）和 GIS 提供的专题图等（Shanbhag et al.，2005）。静态表达法无法对空间事物和现象随时间变化的规律进行动态刻画和模拟，动态表达法是解决该问题的有效方法之一。最初的动态表达法有动态符号法、动画（焦健和曾琪明，2005）以及多视图等（陈华斌等，2001），后续的研究主要通过构建时空数据库与时空过程表达模型（李寅超和李建松，2016；2017a，2017b），并建立原型系统，以时间轴动画、多时态对比、实体历史回溯（汪汇兵等，2013）等可视化方法揭示 LULC 变化的时空过程。

综上，国内外学者在 LULC 时空演变、生态环境效应等方面的研究成果对后续的研究具有重要的指导意义。土地利用变化指数在揭示区域 LULC 变化的数量化特征方面效果最佳，而 LULC 转移矩阵和动态度指数应用较多，导致研究成果拘泥于一个或几个方面的特征。虽然在 LULC 时空演变与模拟研究方面已具备相对完整的方法体系，但针对 LULC 数量化特征和其时空演变的综合研究较少。

因此，在面向 LULC 图斑对象的时空过程表达方面，有必要基于快照和面向对象的混合时空数据模型构建 LULC 变化时空数据库，集成时间轴动画、多时态对比、实体历史回溯方法对 LULC 时空演变过程进行可视化表达，以体现 LULC 全局变化与局部变化之间的关系，突破传统可视化方法只能表达单一时空状态的局限。同时，在可视化环境里，利用变化轨迹方法可有效解决多个时段 LULC 动态变化过程，克服转移矩阵仅限于单期或两期数据之间比较的缺陷。

1.2.3　LULC 变化与水质关系研究

目前，LULC 变化引起的水环境效应问题受到学界的普遍关注（李丽娟等，2007），水质对 LULC 变化的响应成为讨论的焦点。LULC 与水质之间关系紧密已成共识，且普遍认为 LULC 类型对水质的影响显著。在水环境指标选取的过程中，虽然化学类指标难以有效表征河流水生生态系统健康的属性（刘珍环等，2010），但应用较多。

1. LULC 类型与水质的关系研究

土地利用方式会对污染物的排放和传输过程产生影响，从而影响河流水质（Thomas et al.，2013；王鹏等，2015）。Karr 和 Schlosser（1978）证明了 LULC 与水质存在显著关系，随后国内外的学者开始在不同区域开展 LULC 类型面积、数量和组成与水污染物浓度的关系研究（赵军等，2011；高斌等，2017）。Bolstad 等（1997）发现 LULC 与水中的氮、磷存在极强的相关性。Amiri 等（2009）在定量分析 LULC 变化对水质影响时发现，污泥浓度（64%）、全氮（total nitrogen，TN）浓度（64%）、pH（32%）的变化主要由 LULC 变化所致。大量研究证实了农业用地和建设用地对水质的影响较大（Tim and Jolly，1994；Boers，1996），建设用地和农业用地与水质指标呈正相关关系（Galbraith and Bums，2007；郭青海等，2009；杨朝辉等，2017；高斌等，2017），而林草地、自然水体则相反（郭青海等，2009；王娟等，2016；李萌等，2017；齐静和周春雷，2017）。

随着城镇化进程的加快，也有学者利用不透水表面（ISA）指数来反映营养污染物 [TN、总悬浮物（total suspended substance，TSS）] 的响应关系（Griffin et al.，1980；Todd et al.，1989；May et al.，1997）、建设用地与溶解氮（dissolved oxygen，DO）（Todd et al.，1989）的关系。经验数据分析和模型模拟结果都表明，在不透水表面面积占比超过全流域土地覆盖面积的 10%～15% 时会影响水质（Schueler，1994；Falkenmark，1999；Mustard and Fisher，2012）。

从上述研究可以看出，LULC 类型与水质的关系研究中，以湖泊、水库、河流、沼泽、河口所在区域为试验区，大多集中于种植土地 [如农田、林草覆盖（草地、林地）、水体、ISA] 面积占比与水质中 TN、全磷（total phosphorus，TP）、pH、CODMn、TSS、BOD$_5$、DO 等指标的关系研究，其研究结论表现出一定的相似性和时空差异性。

2. LULC 格局与水质的关系研究

景观格局变化改变了流域生态功能及水文过程，是影响水质的重要因素（陈利顶等，2003）。国外学者 20 世纪 70 年代开始关注景观格局与水环境质量的响应关系，并逐渐成为研究的热点（Johnson et al.，1997），取得了丰富的成果，为后续研究提供了大量可借鉴的方法与案例。

景观格局与区域水环境之间存在明显的相互作用已成共识（Alden，1999；Fisher et al.，2000；Tong and Chen，2002；Ahearn et al.，2005；Tang et al.，2005；岳隽等，2006；Alberti et al.，2007；张殷俊等，2011；张大伟，2010；夏叡等，2010；黄金良等，2011；Tu，2011）。

其研究内容主要包括：一是讨论土地利用类型百分比与河流水质之间的关系（Fisher et al.，2000；Tang et al.，2005；Ahearn et al.，2005；岳隽等，2006；夏叡等，2010；杨洁等，2017；曹灿等，2018）；二是利用景观指数来探究 LULC 格局与水质的关系（Jones et al.，2008；孙芹芹等，2011；黄金良等，2011；曹晓峰等，2012；李艳利等，2012；杨莎莎等，2013；Bu et al.，2014；杨娅楠等，2016；张军，2017；杨洁等，2017；项颂等，2018）。

在 LULC 景观格局与水质关系研究中，从研究的时空尺度来看，空间尺度包含可达尺度、河岸带尺度、流域尺度（Nassauer et al.，2004）。其中，河岸带（Alden，1999；张大伟，2010；夏叡等，2010；黄金良等，2011）和流域（Fisher et al.，2000；Ahearn et al.，2005；Tang et al.，2005；岳隽，2006）尺度在 LULC 变化与水生态系统响应关系中讨论较多。如何确定或划分河岸带的宽度是尺度分析中面临的首要问题。其中，常用的河流缓冲区有径流时间缓冲区（Baker et al.，2006；Burcher，2009）、河岸带植被缓冲区（Houlahan et al.，2000）、陆面距离缓冲区（Sliva and Williams，2001；Sickle and Johnson，2008）、欧式距离缓冲区等多种形式（Anbumozhi et al.，2005）。在时间尺度上，主要集中于河流水质的年变化和季节变化规律方面的探讨（Tudesque，2008；张大伟等，2010；Huang et al.，2011）。LULC 与河流水质的关系受不同季节的降水量、温度和农业活动影响较大（Prathumratana et al.，2015；Yu et al.，2015；Álvarez-Cabria et al.，2016），而关于长时序年变化和季节变化的 LULC 与水质关系的分析鲜见报道。

LULC 景观格局与水质关系的研究方法主要包括：①统计方法，如方差分析和逐步回归分析法（Zhou et al.，2012）、斯皮尔曼（Spearman）相关分析法（杨莎莎等，2013）、冗余分析法（吉冬青等，2015）、集成典型相关分析法（canonical correlation analysis，CCA）、逐步回归模型和相关分析方法（赵军，2008；胡建，2011；欧洋等，2012；周文等，2012；赵鹏等，2012；焦欢，2016）、灰色关联法（岳隽等，2008）等分析了景观格局指数与水质的关系。但传统的一元或多元回归分析、逐步回归分析相关分析、多元统计分析、方差分析等方法不能定量揭示某一 LULC 类型对水质空间分异现象的解释程度（Sliva and Williams，2001；Jones et al.，2008）；②水质模型，如长期和单次混合模型（PRMS、CASC2D、MIKE SHE）、单次事件模型（DWSM、KINEROS、ANSWERS 和 AGNPS）以及连续模型（WAT、HSPF、AnnAGNPS 和 ANSWERS-Continuous）等模拟区域水环境质量，并分析其与 LULC 景观格局的响应关系。从应用情况来看，各个模型对某些区域特性敏感度高，如水文评价工具（soil and water assessment tool，SWAT）模型最适合以农业为主导区域的模拟（Ouyang et al.，2010），水文模拟程序 Fortran（hydrological simulation program Fortran，HSPF）模型则在农业和城市混合流域模拟效果好（李明涛等，2013）。上述研究结果表明，SWAT 模型和 HSPF 模型应用较多，但受模型参数难以获取与率定以及模型的区域敏感性等方面制约，SWAT 模型和 HSPF 模型的模拟精度有待进一步提高，从而限制了模型的广泛应用。

3. LULC 变化与水质的尺度响应关系研究

随着 LULC 变化的水环境效应研究的深入，流域 LULC 类型及其格局对水质的尺度响应备受关注。尺度问题是所有生态学研究的基础（Wiens，1989），逐渐被越来越多的生态学家重视。生态学中的尺度具有复杂性和多样性特征，是生态学研究的核心问题之一（Peterson and Parket，1998）。在研究同一生态系统时，由于时空尺度的差异，其结论也可能表现出巨大的差别。而就如何选择合适的尺度开展研究这个问题，目前尚缺乏完整的理论和方法体系（伍业钢和李哈滨，1992）。同时，在面对复杂的自然生态系统和社会-经济-自然复合生态系统研究时，尺度的选择尤为重要，即观测尺度和分析尺度与所研究现象的特征尺度相符时，格局或过程才能被揭示（Allen and Starr，1982；O'Neill，1986；Urban，1987；Wu and Loucks，1995；Wu 1999，2004；wu et al.，2006；张娜，2006）。

从 LULC 类型及格局与水质关系研究中可以看出，LULC 类型及格局与水质具有显著的相关关系，且 LULC 类型对水质影响显著，研究的空间尺度主要集中在河段、河流缓冲区以及流域尺度，其争论的焦点集中于尺度的选择。水质在河段、河流缓冲区以及流域尺度对 LULC 类型变化的响应显著问题，目前表述尚未达成一致（Wilson，2015；Álvarez-Cabria et al.，2016）。土地利用方式的多尺度性和格局差异（Tu，2011；周文等，2012）、流域自然属性各异、流域水质污染来源多样以及污染物迁移转化过程复杂，导致 LULC 与水质关系研究结果存在不确定性，从而难以确定一个对任何流域都适用的通用研究尺度。因此，国内外学者就 LULC 变化与水质的尺度响应问题展开了热烈的讨论和大量的实证研究。

大多数国外学者认为，水质对 LULC 变化的响应在缓冲区尺度下具有显著的差异性（Strayer et al.，2003；King et al.，2005；Sunada，2009）。Carpenter 等（1998）认为，河岸植被对于水质起到重要的保护作用。而 Roth 等（1996）发现，在全流域尺度上农业用地对水质的影响强于河岸尺度。Sponseller 等（2001）在 5 个空间尺度下（全流域，河岸 30m 缓冲区，上游 200m、1000m、2000m 走廊带）开展了 LULC 变化与水质的关系研究，结果表明，水质在全流域尺度下与 LULC 变化表现出较强的相关性，而温度与其他物理指标则在河岸 30m 缓冲区和上游 200m 走廊带内表现出强相关性。Maillard 和 Santos（2008）在巴西流域利用非点源污染模型分析 LULC 变化与水质的关系，得出 LULC 变化与水质在河岸 90m 的尺度下呈现显著相关性，但没有发现随着距离的增加，其相关性消失的现象。

国内的研究结果与国外较为相似。例如，梁平等（2017）在汉江流域、Shen 等（2015）在北运河流域、官宝红等（2008）在杭州市开展 LULC 变化与水质的研究表明，LULC 结构和格局与水质在缓冲区距离为 100m 时呈现显著相关性。然而，也有不一致甚至相悖的结论。刘阳等（2008）和刘庆（2016）的研究发现，200m 缓冲带是影响水质变异的最显著尺度；刘贤赵等（2008）发现，大多数水质参量的最佳模型在 2000m 缓冲半径的缓冲带上有最佳效果；Guo 等（2010）从动力学的角度讨论了 LULC 分布格局对水质的影响，并提出减少负面影响的有效缓冲带的位置；官宝红等（2008）在杭州市的研究结果反映随着缓冲区距离增大至 200m 和 300m 时，LULC 结构和格局与河流水质的相关性明显下降，甚至消失。张福平等（2014）在沣河流域研究发现，沿河不同宽度的缓冲区（100m、600m、1500m）范围内，建设用地、耕地与水质变化呈正相关关系，而林地与水质变化呈负相关关系，在距河岸 100m 缓冲区范围内影响最为显著，随着缓冲距离的增大其影响逐渐减弱。刘旭拢等（2016）证明了不同空间尺度河岸缓冲带的耕地、林地、草地、建设用地均对水质指标有影响。

段少琼等（2017）则指出，水质对 LULC 类型的响应子流域尺度显著性高于缓冲区尺度，而 Zhou 等（2012）、蔡宏等（2015）、项颂等（2018）的研究结果也表明子流域尺度下两者关系较全流域、缓冲区尺度强。他们的研究结论较为相似，但该结果仍然存在争议。Tudesque 等（2008）、Sliva 和 William（2001）、Ding 等（2016）的研究结果则表明，LULC 类型对水质的影响在流域尺度显著性高于河岸缓冲带尺度。

综上所述，LULC 变化引起的水环境效应已成为学术界的热点问题之一，而对 LULC 变化与水质的尺度关系讨论愈加剧烈，相关研究也取得较大进展，相关结论也达成了一定的共识。目前对农田、居民用地等土地利用方式与河流水质的相关性研究和在坡地尺度内研究不同地形、植被对水质输出的影响研究较多（Sliva and William，2001；吴建强，2011；刘泉等，2011；Wang and Kalin，2014），而对于考虑流域空间异质性以及不同污染源区的种植土地、不透水表面、林草覆盖、矿产开发等土地利用方式与水质的尺度关系研究较少。

1.3　研究区概况

1.3.1　自然环境概况

1. 地理位置

抚仙湖是珠江源头第一大湖，坐落于云南省玉溪市澄江、江川、华宁三县（市、区）交界处，坐标位置为 24°13′N～24°46N，102°39′E～103°00′E，流域面积约为 675.32km²。抚仙湖是我国第二大深水湖泊，也是地球同一纬度唯一保持 I 类水质的湖泊，面积和蓄水量分别居全国第 8 位和第 3 位（王苏民和窦鸿身，1998），是泛珠三角区域、珠江流域、西南地区发展的战略水资源和饮用水源，对区域社会经济发展具有重要支撑作用（高伟等，2013；翟子宁等，2015）。

2. 地质地貌

抚仙湖流域位于滇中红土高原湖盆区，以高原地貌为主，受构造盆地影响，流域地势周围高、中间低，相对高差大。地质构造上，抚仙湖位于小江断裂带，湖盆四周出露的地层主要有石灰岩、砂岩、页岩及玄武岩。

3. 气象气候

抚仙湖流域地处亚热带季风气候区，属中亚热带半湿润季风气候。具有光照充足、冬暖夏凉、积温多、干湿季明显、雨热同季等特点。北面受梁王山屏障影响，南面有抚仙湖水气调节。流域常年平均气温约为 15℃，蒸发量大于降水量，年降水量为 800～1100mm，日照时数为 2000～2400h，而蒸发量为 1200～1900mm，5～10 月为雨季，雨季雨量占全年降水量的 80%～90%。

4. 土壤状况

抚仙湖流域内的成土母岩主要有碳酸盐岩、砂岩、紫色砂岩、石灰岩及玄武岩。由于成土母岩及成土过程不同，所形成的土壤各异，主要有水稻土、棕壤、红壤、紫色土等类型，红壤分布最广，占70%左右，其次是紫色土，约占14%，棕壤最少，仅占4%左右。流域内土壤垂直带谱明显，水稻土主要分布在地势较平坦和海拔较低的北岸、南岸湖盆平坝区；而红壤和紫色土则交错分布在海拔较高、地势较陡的半山区和山区。

5. 自然资源

抚仙湖流域动植物资源丰富。流域植被以草地、灌丛、针叶林等次生植被为主，云南松（*Pinus yunnanensis*）、华山松（*Pinus armandii* Franch）分布面积最大，其次是禾草灌丛及石灰岩灌丛。由于气候和土壤随海拔差异变化较大，植被垂直地带性明显，分为常绿阔叶林、落叶阔叶林、暖性针叶林、暖温性针叶林、灌丛、稀树灌丛和人工植被等。长期以来，受人为活动的干扰和破坏影响，常绿阔叶林破坏严重，现有植被以云南松林、华山松林以及灌丛、灌草丛等次生植被为主，原生植被半湿润常绿阔叶林已基本不见。

抚仙湖流域磷矿资源丰富，为了保护抚仙湖，自2006年以来，已全面禁止流域内磷矿资源的开发，已关停流域范围内的磷矿企业。此外，流域内的旅游资源也独具特色。在抚仙湖东北部帽天山一带和北西山区发现了澄江动物化石群和恐龙化石，该地现列为国家地质公园，是极具价值的考察、学习、旅游地，而抚仙湖南岸及西岸有孤山、海镜银滩、波息湾等旅游景点。

1.3.2　湖泊水环境概况

1. 湖泊水文特征

抚仙湖属南盘江流域西江水系。2017年流域地理国情监测结果显示，流域面积为675.32km²，当湖面高程（1985年黄海高程系）为1721.13m时，水域面积约为215.42km²，相应湖容水量约为203.17亿m³，湖最宽处约为11km，湖长约为31km，湖岸线总长约为100.8km，平均水深95.2m，最大水深158.9m，占云南省九大高原湖泊总蓄水量的68.3%。

2. 河流水文

抚仙湖属南盘江流域西江水系，补给水仅靠流域降雨，入湖河流约有100余条（图1.1），其中流量大的河道有代村河、尖山河、东大河、马料河、梁王河等50余条，大多数河流的集水面积小于10km²，仅有少数几条代表性的河流面积在10~30km²。间断性河流和农灌沟有52条，多年平均入湖径流量为16723万m³。河流长度偏短，梁王河最长，为20km左右，其次是东大河，为19km左右，其余均小于10km。

图 1.1　抚仙湖流域主要入湖河流分布

　　抚仙湖四面环山，湖盆区平地狭窄，坡面漫流和细小沟溪是湖泊的主要汇入源，雨季河水暴涨暴落，而在旱季则出现断流，表明流域范围内的河川径流调节性差，地下水补给以湖岸周围的溶洞、落水洞等为主。海口河是抚仙湖历史上唯一的明河出水口，从海口村起东流约 14.5km 入南盘江。按入江处海拔 1335m 计，河道总落差为 386m，平均坡降为 27%。

　　3. 水质状况

　　根据玉溪市环境监测站、中国环境科学研究院、中国科学院南京地理与湖泊研究所等单位的水质监测数据分析可知：2005～2017 年，抚仙湖整体水质为 I 类，但空间差异明显。湖滨带的水质污染严重，其类别低于湖心处的水质，更令人担忧的是，抚仙湖沿岸（南岸、北岸、东岸的海口镇以北、西岸）水质均已处于 II 类，水体污染表现出自北向南、自沿岸向湖心逐步加重的趋势，尤其是北岸水质污染严重，TP 已超过 II 类水质标准。9 条主要入湖河流的 TN、TP、化学需氧量（chemical oxygen demand，COD）年际差异小、季节性波动大，月均值差异明显。自 2005 年以来的十余年间，受临岸密集村落及旅游发展的影响，抚仙湖局部水域（北部沿岸带、东岸蒿芝菁、南岸大鲫鱼河口、西岸火焰山至波息湾等）沿岸水体的有机污染、TP、TN 污染严重。同时，《抚仙湖生态安全调查与评估研究报告（2015）》显示，抚仙湖单位 GDP 的 COD、TN、TP 污染负荷排放量高于太湖、巢湖和滇池。

1.3.3 社会经济概况

抚仙湖流域面积为 675.32km²，跨澄江、江川、华宁三个县（市、区）。2020 年，澄江市辖 2 个街道办事处、4 个镇，即凤麓、龙街 2 个街道办事处，阳宗、右所、海口、九村 4 个镇；下辖 25 个社区居民委员会、15 个村民委员会，242 个居民小组、142 个村民小组。受委托管理江川区路居镇 3 个社区居民委员会、7 个村民委员会，20 个居民小组、43 个村民小组；华宁县海关、海镜 2 个社区，19 个居民小组。

（1）人口与经济发展。2020 年末，澄江市常住人口（含阳宗镇、不含托管区）约 17.3 万人。2020 年，澄江市地区生产总值为 1406387 万元，其中第一产业为 132746 万元，第二产业为 272604 万元，第三产业为 1001037 万元，固定资产投资为 1448929 万元，社会销售品零售总额为 926422 万元。

（2）沿湖企业。截至 2020 年，抚仙湖径流区共有企业 8438 户（包括个体工商户），从业人员为 22657 人，其中，第一产业 26 户，423 人；第二产业 553 户，7405 人；第三产业 7859 户，14829 人。具有一定规模的工业企业 21 户（澄江 19 户，江川 1 户，华宁 1 户），其中，化工企业 3 户、建材企业 6 户、电力企业 1 户、农产品加工企业 6 户、其他企业 5 户。澄江工业园区城西（飞机场）片区占地 10593.3 亩（1 亩≈666.67m²），有企业 17 户，其中，制造企业 3 户，农产品加工企业 5 户，建筑建材生产企业 7 户，化工企业 1 户，产品批发企业 1 户。

（3）文化资源和景区景点。抚仙湖历史文化悠久，流域内遗存下来的文物古迹众多，周边主要文物古迹点共有 90 处，其中澄江 42 处：抚仙湖东岸 5 处、西岸 7 处、坝子西面山体及山脚下 6 处、水下 1 处（抚仙湖水下古城墙遗址）、江川 10 处、华宁 13 处。流域景区景点主要集中在北岸和西岸，主要有古滇国文化园（AAA 级）、明星鱼洞（AA 级）、明星碧云公园（AA 级）、界鱼石公园、帽天山国家地质公园、禄充景区（AAAA 级）6 个景区景点。

（4）旅游设施。截至 2020 年，流域内有各类大小宾馆酒店、饭店、旅馆、农家乐 628 家，其中高端旅游度假酒店 2 家、星级宾馆酒店 14 家，星级以下宾馆酒店、小旅馆、小饭店、农家乐 612 家，总床位数达 8000 张。此外沿湖还有非机动船 2601 只，湖面平均每平方千米有 12 只，其中澄江 1600 只，江川 1000 只，华宁 1 只。非机动船艇主要类型有橡皮艇、脚踏铁皮船、载客铁皮船、水上自行车、玻璃钢船等。

（5）国民经济发展情况。抚仙湖流域位于滇中腹地，开发早，社会经济较为发达，其综合经济实力在云南省排名前列，产业发展基础较为厚实。流域内第一产业主要以粮食和畜牧业、经济作物为主；第二产业主要以烤烟及配套、建筑建材、生物资源加工等特色支柱产业为主；第三产业主要以旅游业、房地产、交通运输、批发零售、金融保险等为主。近二十年来，抚仙湖流域人口快速增长，抚仙湖流域经济处于低产出、高污染的发展状态。

综上所述，流域的自然、社会经济特征表现为：①流域的汇水面积小，岸坡陡立，汇流时间短；②湖泊水量变化小，环境容量低；③流域人口密度不高，但发展趋势迅猛；④深水贫营养型湖泊，生态较为脆弱，人类活动对其影响较大，入湖河流的水质恶化趋势明显，对湖体威胁极大，需及时保护。

1.4　本书组织与章节安排

本书以抚仙湖流域 LULC 变化与水质的关系为主线，首先，收集、整理、分析研究区的湖心和入湖河流水质、流域历年水质参数统计资料、基础地理信息数据、高分辨率遥感影像、规划文档等辅助资料；其次，构建 LULC 分类系统，采用多尺度对象随机森林（MSORF）方法，提取流域 LULC 分类结果；再次，基于面向过程的时空数据模型，构建基于图斑的时空演变过程分析算法，利用该算法开展流域 LULC 时空演变过程分析；然后，在分析 LULC 类型及其格局特征及水环境质量特征的基础上，开展三类区域 LULC 类型及格局与水质的尺度关系分析；最后，依据未来流域水质如何响应 LULC 变化，提出流域水环境质量调控的对策及建议。本书的组织结构如图 1.2 所示。

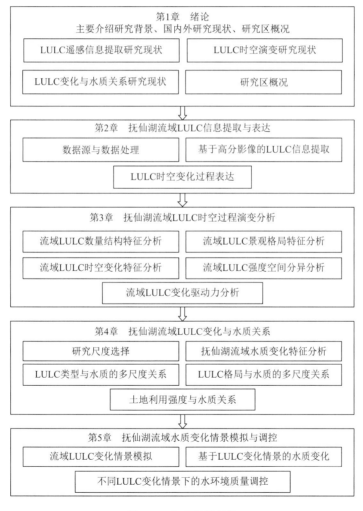

图 1.2　本书组织结构

本书共分为 5 个章节，具体安排如下。

（1）第 1 章，主要说明研究背景和意义，分析国内外研究现状，阐述研究区概况及湖泊和主要入湖河流的水环境特征和现状。

（2）第 2 章，明确研究所使用的数据源和精度，基于数字高程模型（digital elevation model，DEM）划分子流域。依据 LULC 分类系统，构建多尺度随机森林方法对流域 LULC 信息进行提取，并讨论 LULC 时空变化过程的表达方法。

（3）第 3 章，采用土地利用变化指数、景观格局指数、土地利用变化强度指数、变化轨迹方法，分析流域 2005 年、2008 年、2011 年、2014 年、2017 年 LULC 时空动态变化特征。

（4）第 4 章，根据抚仙湖流域污染物来源特点，选取代表流域三类主要污染源的城镇污染区、磷矿和磷工业企业污染区和农田村落面源污染区作为研究区，运用相关性分析、冗余分析及多元逐步回归分析方法开展三类区域 LULC 类型及格局与水质多尺度关系分析。

（5）第 5 章，依据流域未来土地利用规划和流域生态环境"十三五"保护规划，利用 CLUE-S 模型，设置自然增长和生态环境保护两种情景，对流域 2020 年的 LULC 变化进行模拟，并分析不同情景下 LULC 与水质变化关系，提出流域水环境质量调控的措施及建议。

1.5　本章小结

湖泊是重要的水资源，也是地表覆盖的重要组成部分。受区域气候环境变化和人类活动的干扰，湖泊流域生态系统退化、水体富营养化等现象频发，严重制约了流域经济社会的可持续发展。许多研究表明，流域内部的各种 LULC 变化会使河流水质发生变化。针对 LULC 变化与湖泊和河流水质的尺度响应关系问题，国内外已开展大量的研究，证实了 LULC 类型及格局与水质之间相互作用关系明显，并具有尺度依赖性，但就尺度的选择意见各异。

由于不同流域 LULC、地形、气候、土壤和地质等条件存在差异，加之流域边界划定的不确定性、景观类型比例的区域差异性、指数选择的人为性等因素，研究结果也具有一定的不确定性和区域性，从而导致在不同流域的 LULC 及格局与水质的相关性研究结果难以统一。

同时，在探讨 LULC 变化与水质关系时，数据源质量和 LULC 变化信息提取方法是影响 LULC 变化信息数据精度的重要因子。LULC 变化信息数据的精度直接影响两者关系的不确定性。以往研究大多采用 30m 分辨率的遥感影像。针对利用高分辨率遥感影像提取 LULC 变化信息问题开展了大量的工作，但还需进一步改进 LULC 变化信息提取方法以提高分类精度。而在 LULC 时空过程演变表达方面也以转移矩阵分析为主，LULC 时空演变回溯讨论较少。

因此，在借鉴前人研究的基础上，本书选择云南九大高原湖泊之一且唯一保持 I 类水质的湖泊流域——抚仙湖流域为研究区域，设计研究目标、内容和技术路线，以探讨流域 LULC 时空演变与水质关系为主线，针对高分辨率遥感影像和流域尺度 LULC 的特点，构建一种多尺度对象随机森林方法开展抚仙湖流域 LULC 信息提取；通过构建时空分析算法揭示流域 LULC 时空演变规律与过程，全面厘清抚仙湖流域 LULC 变化与水质的多尺度关系，以期为抚仙湖和河流水质保护与污染防治、流域生态环境保护与社会经济发展提供决策支持，丰富 LULC 变化与水质关系研究案例。

参 考 文 献

艾彬，黎夏，卓莉，等，2007. 雷达差分干涉测量及其在地表沉降中的应用与展望. 热带地理，27（4）：317-322.

摆万奇，2000. 深圳市土地利用动态趋势分析. 自然资源学报，26（2）：112-116.

蔡海生，张学玲，黄宏胜，2010. "湖泊-流域"土地生态管理的理念与方法探讨. 自然资源学报，25（6）：1049-1058.

蔡宏，何政伟，安艳玲，等，2015. 基于遥感和 GIS 的赤水河水质对流域土地利用的响应研究. 长江流域资源与环境，24（2）：286-291.

蔡建楠，何甜辉，黄明智，2018. 高分一、二号卫星遥感数据在生态环境监测中的应用. 环境监控与预警，10（6）：12-18.

曹灿，张飞，朱世丹，等，2018. 艾比湖区域景观格局与河流水质关系探讨. 环境科学，39（4）：1568-1577.

曹林林，李海涛，韩颜顺，等，2016. 卷积神经网络在高分遥感影像分类中的应用. 测绘科学，41（9）：170-175.

曹晓峰，孙金华，黄艺，2012. 滇池流域土地利用景观空间格局对水质的影响. 生态环境学报，21（2）：364-369.

陈宏敏，战守义，高宇，等，2009. 航天测控中时空数据的可视化技术研究. 系统仿真学报，21（18）：5775-5778.

陈华斌，李伯楠，廖克，等，2001. 多维动态地图中时态信息可视化. 地理学报，56（s1）：43-48.

陈基伟，2008.PS-InSAR 技术地面沉降研究与展望. 测绘科学（5）：88-90，80.

陈军，陈晋，廖安平，等，2016. 全球地表覆盖遥感制图. 北京：科学出版社.

陈利顶，傅伯杰，徐建英，等，2003，基于"源-汇"生态过程的景观格局识别方法——景观空间负荷对比指数. 生态学报，23（11）：2406-2413.

陈利顶，刘洋，吕一河，等，2008. 景观生态学中的格局分析：现状、困境与未来. 生态学报，28（11）：5521-5531.

陈湘广，张永军，2019. 高景一号卫星影像 DSM 自动提取方法. 测绘地理信息，44（5）：11-15.

丁忠义，郝晋珉，李涛，等，2005. 区域土地利用强度内涵及其应用——以河北省曲周县为例. 中国土地科学，19（5）：19-24.

杜培军，柳思聪，2012. 融合多特征的遥感影像变化检测. 遥感学报，16（4）：663-677.

段少琼，安艳玲，苏孝良，等，2017. 三岔河流域不同尺度土地利用对水质的影响. 环境污染与防治，39（5）：525-529.

冯异星，罗格平，尹昌应，等，2009. 干旱区内陆河流域土地利用程度变化与生态安全评价——以新疆玛纳斯河流域为例. 自然资源学报，24（11）：1921-1932.

高斌，许有鹏，王强，等，2017. 太湖平原地区不同土地利用类型对水质的影响. 农业环境科学学报，36（6）：1186-1191.

高伟，陈岩，徐敏，等，2013. 抚仙湖水质变化（1980—2011 年）趋势与驱动力分析. 湖泊科学，25（5）：635-642.

顾朝林，1999. 北京土地利用/覆盖变化机制研究. 自然资源学报，14（4）：6.

官宝红，李君，曾爱斌，等，2008. 杭州市城市土地利用对河流水质的影响. 资源科学，30（6）：857-863.

郭青海，马克明，张易，2009，城市土地利用异质性对湖泊水质的影响. 生态学报，29（2）：776-787.

郭玉宝，池天河，彭玲，等，2016. 利用随机森林的高分一号遥感数据进行城市用地分类. 测绘通报（5）：73-76.

韩贵锋，徐建华，2009. 上海城市植被变化轨迹及其成因分析. 生态学报，29（4）：1793-1803.

何苇航，耿丹丹，王瑶，等，2017. 武夷山市土地利用变化遥感监测分析. 测绘科学，42（11）：47-55.

何宇华，史良树，张家慧，等，2007. 中巴资源卫星数据（CBERS-02）在土地调查中的应用. 中国土地科学，21（2）：51-57.

胡和兵，2014. 城市化背景下流域土地利用变化及其对河流水质影响研究. 合肥：合肥工业大学出版社.

胡建，2011. 太湖流域水质动态及其与土地利用格局的相关性研究. 南京：南京大学.

胡茂莹，2016. 基于高分二号遥感影像面向对象的城市房屋信息提取方法研究. 吉林：吉林大学.

黄方，张学敏，2015. 白山市土地利用/覆被变化轨迹分析与趋势预测. 应用基础与工程科学学报（3）：439-451.

黄金良，李青生，洪华生，等，2011. 九龙江流域土地利用/景观格局-水质的初步关联分析. 环境科学，32（1）：64-72.

黄亮，吴春燕，李小祥，等，2022. 基于弱监督语义分割的无人机遥感灯盏花种植信息提取. 农业机械学报，53（4）：157-163，

217.

黄培之，Poh C L，2004. 时间序列空间数据可视化中有关问题的研究. 武汉大学学报（信息科学版），29（7）：584-587.

黄勇，王凤友，蔡体久，等，2015. 环渤海地区景观格局动态变化轨迹分析. 水土保持学报，29（2）：314-319.

黄志华，汪明，王赛，等，2021. 基于高景一号卫星影像的湖北当阳地区水体面积提取. 卫星应用（10）：26-30.

吉冬青，文雅，魏建兵，等，2015. 流溪河流域景观空间特征与河流水质的关联分析. 生态学报，35（2）：246-253.

贾源旭，李晓敏，吴春国，等，2017. 基于国产高分数据的图们江口土地利用/覆盖现状遥感监测与中、朝、俄对比分析. 海洋开发与管理，34（5）：59-66.

焦欢，2016. 渠溪河流域土地利用及格局对河流水质影响研究. 重庆：重庆工商大学.

焦健，曾琪明，2005. 地图学. 北京：北京大学出版社.

康慕谊，江源，石瑞香，2000. NECT 样带 1984～1996 年土地利用变化分析. 地理科学，20（2）：115-120.

匡文慧，2012. 城市土地利用时空信息数字重建、分析与模拟. 北京：科学出版社.

李德仁，童庆禧，李荣兴，等，2012. 高分辨率对地观测的若干前沿科学问题. 中国科学：地球科学，42（6）：805-813.

李芬，2013. 资源三号卫星数据在土地利用遥感监测中的应用研究. 吉林：吉林大学.

李劲东，2022. 中国高分辨率对地观测卫星遥感技术进展. 前瞻科技，1（1）：112-125.

李军英，2017. 基于无人机遥感技术的土地利用现状调查. 吉林：吉林大学.

李丽娟，姜德娟，李九一，等，2007. 土地利用/覆被变化的水文效应研究进展. 自然资源学报，22（2）：211-224.

李萌，敖天其，陈婷，2017. 梁平县境内高滩河水质的空间分布及其对土地利用方式的响应. 环境工程，35（9）：131-135.

李明洁，王明常，王凤艳，等，2021. 多特征随机森林的城市土地利用分类. 测绘科学：1-8.

李明涛，王晓燕，刘文竹，2013. 潮河流域景观格局与非点源污染负荷关系研究. 环境科学学报，33（8）：2296-2306.

李晓兵，1997. NOAA-AVHRR 数据在土地覆盖变化研究中的应用. 地学前缘（z1）：16.

李雪瑞，王秀兰，冯仲科，2009. 基于土地利用程度的北京城市扩展特征. 地理科学进展，28（3）：398-402.

李艳利，徐宗学，李艳粉，2012. 浑太河流域多尺度土地利用/景观格局与水质响应关系初步分析. 地球与环境，40（4）：573-583.

李寅超，李建松，2016. 一种基于对象和快照的混合地表覆盖时空数据存储模型. 测绘学报，45（7）：858-865.

李寅超，李建松，2017a. 基于过程对象的地表覆盖变化时空过程表达模型. 吉林大学学报，47（3）：916-924.

李寅超，李建松，2017b. 一种面向 LUCC 的时空数据存储管理模型. 吉林大学学报，47（1）：294-304.

梁平，郭益铭，刘文文，2017. 基于 GWR 模型的汉江流域土地利用类型与水质关系评估. 安全与环境工程，24（2）：67-74，90.

梁顺林，张晓通，肖志强等，2014. 全球陆表特征参量（GLASS）产品算法、验证与分析. 北京：高等教育出版社.

梁学庆，2006. 土地资源学. 北京：科学出版社.

梁尧钦，谢芳毅，李菁，等，2010. 基于轨迹变化探测的植被覆盖时空动态——以深圳大鹏半岛为例. 应用生态学报，21（5）：1105-1111.

刘安兴，刘春光，2021. 高分七号在土地资源执法监测中应用研究. 热带地貌，42（1）：71-75.

刘斌，张军，鲁敏，等，2015. 激光雷达应用技术研究进展. 激光与红外，45（2）：117-122.

刘纯，2015. 基于区域的马尔可夫随机场在高分辨率遥感影像分类中的应用研究. 昆明：云南师范大学.

刘桂林，张落成，张倩，2013. 1985—2010 年南京市耕地变化轨迹及驱动力分析. 生态与农村环境学报，29（6）：688-694.

刘纪远，刘明亮，庄大方，等，2014. 20 世纪 80 年代末以来中国土地利用变化的基本特征与空间格局. 地理学报，69（1）：3-14.

刘庆，2016. 流溪河流域景观特征对河流水质的影响及河岸带对氮的削减效应. 广州：中国科学院研究生院（中国科学院地球化学研究所）.

刘泉，李占斌，李鹏，等，2011. 模拟降雨条件下坡地氮素流失特征试验分析. 水土保持学报，25（1）：6-10.

刘盛和，吴传钧，沈洪泉，2000. 基于 GIS 的北京城市土地利用扩展模式. 地理学报（4）：25-34.

刘贤赵，王巍，王学山，等，2008. 基于缓冲区分析的城市化与地表水质关系研究——以烟台沿海区县为例. 测绘科学，33（1）：163-166.

刘旭拢，邓孺孺，秦雁，等，2016. 东江流域地表水功能区水质对土地利用的响应. 热带地理，36（2）：296-302.

刘阳，吴钢，高正文，2008. 云南省抚仙湖和杞麓湖流域土地利用变化对水质的影响. 生态学杂志，27（3）：447-453.

刘永, 郭怀成, 黄凯, 2007. 湖泊-流域生态系统管理的内容与方法. 生态学报, 27 (12): 5352-5360.

刘珍环, 李猷, 彭建, 2010. 河流水质的景观组分阈值研究进展. 生态学报, 30 (21): 5983-5993.

栾晓岩, 孙群, 耿忠, 2008. 时态信息可视化模型研究及实现. 测绘科学技术学报, 25 (6): 451-454.

马骊驰, 王金亮, 李石华, 等, 2016. 抚仙湖流域土壤侵蚀遥感监测. 水土保持研究, 23 (3): 65-70.

马瑞升, 孙涵, 马轮基, 等, 2006. 基于微型无人机影像的土地利用调查试验. 遥感信息 (1): 43-45.

梅艳, 2009. 区域土地利用变化及其对生态安全的影响研究. 南京: 南京农业大学.

欧洋, 王晓燕, 耿润哲, 2012. 密云水库上游流域不同尺度景观特征对水质的影响. 环境科学学报, 32 (5): 1219-1226.

彭补拙, 高中贵, 2004. 长江三角洲地区土地利用变化及对策研究. 第四纪研究, 24 (5): 7.

齐建超, 刘慧平, 高啸峰, 2017. 基于自组织映射法的时间序列土地利用变化的时空可视化. 地球信息科学学报, 19 (6): 792-799.

齐静, 周春雷, 2017. 开州汉丰湖流域土地利用格局与水质相关性分析. 四川环境, 36 (1): 58-63.

钱军朝, 徐丽华, 邱布布, 等, 2017. 基于 WorldView-2 影像数据对杭州西湖区绿地信息提取研究. 西南林业大学学报, 37 (4): 156-166

容芳芳, 塔西甫拉提·特依拜, 田源, 等, 2010. 于田绿洲土地利用/覆盖变化轨迹分析. 水土保持研究, 17 (3): 259-263.

沈吉, 2009. 湖泊沉积研究的历史进展与展望. 湖泊科学, 21 (3): 307-313.

史培军, 2000. 土地利用/覆盖变化研究的方法与实践. 北京: 科学出版社.

史培军, 江源, 王静爱, 等, 2004. 土地利用/覆被变化与生态安全响应机制. 北京: 科学出版社.

侍昊, 薛建辉, 马婉丽, 2012. 1991~2006 年无锡市土地利用变化动态度及转换参数分析. 南京林业大学学报 (自然科学版), 36 (6): 63-68.

宋明辉, 2019. 基于高分二号数据的面向对象城市土地利用分类研究. 遥感技术与应用, 34 (3): 547-552, 629.

孙芹芹, 黄金良, 洪华生, 等, 2011. 基于流域尺度的农业用地景观-水质关联分析. 农业工程学报, 27 (4): 54-59.

田彦军, 郝晋珉, 韩亮, 等, 2003. 县域土地利用程度评估模型构建及应用研究. 农业工程学报, 19 (6): 293-297.

汪汇兵, 唐新明, 欧阳斯达, 等, 2013. 地理时空过程动态可视化表达的目标与实践. 测绘科学, 38 (6): 85-87.

王杰生, 戴昌达, 胡德永, 1989. 土地利用变化的卫星遥感监测——河北省南皮县试验报告. 遥感学报 (4): 243-248.

王娟, 张飞, 张月, 等, 2016. 艾比湖区域水质空间分布特征及其与土地利用/覆被类型的关系. 生态学报, 36 (24): 7971-7980.

王可, 沈川贵, 罗孟华, 2022. 基于深度学习的图像语义分割方法综述. 信息技术与信息化 (4): 23-30.

王鹏, 齐述华, 陈波, 2015. 赣江流域土地利用方式对河流水质的影响. 生态学报, 35 (13): 4326-4337.

王苏民, 窦鸿身, 1998. 中国湖泊志. 北京: 科学出版社.

王鑫, 张昊宇, 凌诚, 2021. 基于 U-Net 优化的 SAR 遥感图像语义分割. 计算机科学, 48 (S2): 376-381.

王英杰, 2003. 多维动态地学信息可视化. 北京: 科学出版社.

王忠武, 刘顺喜, 戴建旺, 等, 2015. 高分二号卫星数据在新增建设用地监测中的应用分析. 航天器工程, 24 (6): 134-139.

吴承祯, 洪伟, 1999. 中国土地利用程度的区域分异规律模拟研究. 山地学报 (4): 333-337.

吴建强, 2011. 不同坡度缓冲带滞缓径流及污染物去除定量化. 水科学进展, 22 (1): 112-117.

吴金华, 李园媛, 李纪伟, 2011. 延安市土地利用程度评价及政策建议. 干旱区资源与环境, 25 (12): 132-136.

吴喜慧, 李卫忠, 2010. 基于 QuickBird 遥感影像的土地利用变化及驱动力研究. 西北林学院学报, 25 (6): 216-221.

伍业钢, 李哈滨, 1992. 景观生态学的理论发展//刘建国. 当代生态学博论. 北京: 中国科学技术出版社.

夏叡, 李云梅, 王桥, 等, 2010. 基于遥感的无锡市土地利用与过境水质响应关系的研究. 地理科学, 30 (1): 129-133.

项颂, 庞燕, 窦嘉顺, 等, 2018. 不同时空尺度下土地利用对洱海入湖河流水质的影响. 生态学报, 38 (3): 876-885.

肖鹏峰, 冯学智, 2012. 高分辨率遥感图像分割与信息提取. 北京: 科学出版社.

谢正峰, 2008. 广州市 1990—2000 年土地利用时空变化研究. 中国土地资源可持续利用与新农村建设研究.

徐冠华, 葛全胜, 宫鹏, 等, 2013. 全球变化和人类可持续发展: 挑战与对策. 科学通报 (58): 2100-2106.

闫慧敏, 刘芳, 刘纪远, 等, 2017. 中国土地利用强度及其承载力研究 (英文). Journal of Geographical Sciences (4): 387-402.

杨伯宇, 李达, 唐铸, 2021. 基于遥感卫星影像的积雪范围自动化提取. 测绘与空间地理信息, 44 (S1): 180-182, 191.

杨超, 王金亮, 李石华, 等, 2016. 抚仙湖流域土地退化动态遥感监测研究. 遥感技术与应用, 31 (2): 388-396.

杨朝辉, 苏群, 陈志辉, 等, 2017. 基于 LDI 的土地利用类型与湿地水质的相关性: 以苏州太湖三山岛国家湿地公园为例. 环境科学, 38 (1): 104-112.

杨桂山, 2001. 长江三角洲近 50 年耕地数量变化的过程与驱动机制研究. 自然资源学报, 2001 (2): 121-127.

杨桂山, 马荣华, 张路, 等, 2010. 中国湖泊现状及面临的重大问题与保护策略. 湖泊科学, 22 (6): 799-810.

杨国安, 甘国辉, 2004. 基于分形理论的北京市土地利用空间格局变化研究. 系统工程理论与实践, 24 (10): 131-137.

杨洁, 许有鹏, 高斌, 等, 2017. 城镇化下河流水质变化及其与景观格局关系分析——以太湖流域苏州市为例. 湖泊科学, 29 (4): 827-835.

杨莎莎, 汤萃文, 刘丽娟, 等, 2013. 流域尺度上河流水质与土地利用的关系. 应用生态学报, 24 (7): 1953-1961.

杨娅楠, 王金亮, 陈光杰, 等, 2016. 抚仙湖流域土地利用格局与水质变化关系. 国土资源遥感, 28 (1): 159-165.

杨玉婷, 石培基, 潘竟虎, 2012. 干旱内陆河流域土地利用程度差异分析——以张掖市甘州区为例. 干旱区资源与环境, 26 (2): 102-107.

岳隽, 2006. 面向水环境保护的流域景观格局优化研究——以深圳市西部水库流域为例. 北京: 北京大学.

岳隽, 王仰麟, 李贵才, 等, 2008. 深圳市西部库区景观格局与水质的关联特征. 应用生态学报, 19 (1): 203-207.

张大伟, 李杨帆, 孙翔, 等, 2010. 入太湖河流武进港的区域景观格局与河流水质相关性分析. 环境科学, 31 (8): 1775-1783.

张殿发, 王世杰, 李瑞玲, 2003. 土地利用/土地覆被变化对长江流域水环境的影响研究. 地域研究与开发, 22 (1): 69-72.

张福平, 赵沙, 周正朝, 等, 2014. 沣河流域土地利用格局与水质变化的关系. 水土保持通报, 34 (4): 308-312.

张军, 2017. 丹江流域植被格局演变及其与水质响应关系研究. 西安: 西安理工大学.

张明, 1999. 区域土地利用结构及其驱动因子的统计分析. 自然资源学报 (4): 90-93.

张娜, 2006. 生态学中的尺度问题: 内涵与分析方法. 生态学报, 26 (7): 2340-2355.

张文忠, 王传胜, 吕昕, 等, 2003. 珠江三角洲土地利用变化与工业化和城市化的耦合关系. 地理学报, 58 (5): 677-685.

张新长, 张文江, 2005. 城市土地利用时空结构演变的驱动力研究. 中山大学学报 (自然科学版) (1): 117-120.

张殷俊, 陈爽, 相景昌, 2011. 河流近域土地利用格局与水质相关性分析——以巢湖流域为例. 长江流域资源与环境, 20 (9): 1054-1061.

赵军, 2008. 平原河网地区景观格局变化与多尺度环境响应研究——以上海地区为例. 上海: 华东师范大学.

赵军, 杨凯, 邰俊, 等, 2011. 区域景观格局与地表水环境质量关系研究进展. 生态学报, 31 (11): 3180-3189.

赵鹏, 夏北成, 秦建桥, 等, 2012. 流域景观格局与河流水质的多变量相关分析. 生态学报, 32 (8): 2331-2341.

赵少华, 刘思含, 吴迪, 等, 2018. "高分五号"卫星生态环境领域应用前景. 航天返回与遥感, 39 (3): 115-120.

郑珊珊, 傅俏燕, 陈君颖, 等, 2021. "3S" 技术在城市 "两违" 动态监测中的应用. 测绘与空间地理信息, 44 (7): 154-158.

周文, 刘茂松, 徐驰, 等, 2012. 太湖流域河流水质状况对景观背景的响应. 生态学报, 32 (16): 5043-5053.

朱会义, 李秀彬, 2003. 关于区域土地利用变化指数模型方法的讨论. 地理学报, 58 (5): 643-650.

朱利凯, 蒙吉军, 2009. 国际 LUCC 模型研究进展及趋势. 地理科学进展, 28 (5): 782-790.

庄大方, 刘纪远, 1997. 中国土地利用程度的区域分异模型研究. 自然资源学报 (2): 105-111.

曾文, 林辉, 李新宇, 等, 2020. 基于高景一号遥感影像的林地信息提取. 中南林业科技大学学报, 40 (7): 32-40.

翟子宁, 王克勤, 苏备, 等, 2015. 抚仙湖流域尖山河入湖河流水质变化研究. 生态科学, 34 (2): 129-135.

Ahearn D S, Sheibley R W, Dahlgren R A, et al., 2005. Land use and land cover influence on water quality in the last free-flowing river draining the western Sierra Nevada, California. Journal of Hydrology, 313 (3): 234-247.

Alberti M, Booth D, Hill K, et al., 2007. The impact of urban patterns on aquatic ecosystems: an empirical analysis in Puget lowland sub-basins. Landscape & Urban Planning, 80 (4): 345-361.

Alden D, 1999. Relationships between landscape characteristics and nonpoint source pollution inputs to coastal estuaries. Environmental Management, 23 (4): 539-549.

Allen T F H, Starr T B, 1982. Hierarchy: Perspectives for Ecological Complexity. Chicago: University of Chicago Press.

Almalki K A, Bantan R A, Hashem H I, et al., 2017. Improving geological mapping of the Farasan islands using remote sensing and ground-truth data. Journal of Maps, 13 (2): 900-908.

Álvarez-Cabria M, Barquín J, Peñas F J, 2016. Modelling the spatial and seasonal variability of water quality for entire river networks: relationships with natural and anthropogenic factors. Science of The Total Environment, 545: 152-162.

Amiri A R, et al., 2009. Spatial-temporal dynamics of land surface temperature in relation to fractional vegetation cover and land use/cover in the Tabriz urban area, Iran. Remote Sensing of Environment, 113 (12): 2606-2617.

Anbumozhi V, Radhakrishnan J, Yamaji E, 2005. Impact of riparian buffer zones on water quality and associated management considerations. Ecological Engineering, 24 (5): 517-523.

Andrienko N, Andrienko G, Gatalsky P, 2003. Exploratory spatio-temporal visualization: An analytical review. Journal of Visual Languages & Computing, 14 (6): 503-541.

Baker M E, Weller D E, Jordan T E, 2006. Improved methods for quantifying potential nutrient interception by riparian buffers. Landscape Ecology, 21 (8): 1327-1345.

Bian J, Li A, Zhang Z, et al., 2017. Monitoring fractional green vegetation cover dynamics over a seasonally inundated alpine wetland using dense time series HJ-1A/B constellation images and an adaptive endmember selection LSMM model. Remote Sensing of Environment, 197: 98-114.

Blaschke T, Hay G J, Kelly M, et al., 2014. Geographic object-based image analysis-towards a new paradigm. Isprs Journal of Photogrammetry & Remote Sensing, 87 (100): 180.

Boers P C M, 1996. Nutrient emission from agriculture in the Netherlands causes and remedies. Water Sci. Technol., 33: 183-190.

Bolstad P V, Swank W T, et al., 1997. Cumulative impacts of landuse on water quality in a southern appalachian watershed. Jam Water Resour Assoc, 33 (3): 519-533.

Bu H M, Meng W, Zhang Y, et al., 2014. Relationships between land use patterns and water quality in the Taizi River basin, China. Ecological Indicators, 41: 187-197.

Burcher C L, 2009. Using simplified watershed hydrology to define spatially explicit zones of influence. Hydrobiologia, 618 (1): 149.

Carpenter S, Caraco N F, Correll D L, et al., 1998. Nonpoint pallution of surface waters with phosphorus and nitrogen. Ecology, 3: 1-12.

Ding J, Jiang Y, Liu Q, et al., 2016. Influences of the land use pattern on water quality in low-order streams of the Dongjiang River basin, China: A multi-scale analysis. Science of the Total Environment, 551-552: 205-216.

Dong C, Zhang W, Ma H, et al., 2014. A magnetic record of heavy metal pollution in the Yangtze River subaqueous delta. Science of the Total Environment: 476-477.

Falkenmark M, 1999. A land-use decision is also a water decision//Falkenmark M, Andersson L, Castensson R. Water: A reflection of Land Use, Options for Counteracting Land and Water Mismanagement. Stockholm: Swedish Natural Science Research Council.

Fan Q, Ding S, 2016. Landscape pattern changes at a county scale: A case study in Fengqiu, Henan province, China, from 1990 to 2013. Catena, 137: 152-160.

Fisher D S, Steiner J L, Endale D M, et al., 2000. The relationship of land use practices to surface water quality in the Upper Oconee Watershed of Georgia. Forest Ecology & Management, 128 (1-2): 39-48.

Fung T, Chan K C, 1994. Spatial composition of spectral classes. A structural approach for image analysis of heterogeneous land-use and land-cover types. Photogrammetic Engineering and Remote Sensing (United States), 2 (2): 173-180.

Galbraith L M, Burns C W, 2007. Linking land-use, water body type and water quality in Southern New Zealand. Landscape Ecology, 22 (2): 231-241.

Giri S, Qiu Z, 2016. Understanding the relationship of land uses and water quality in Twenty First Century: A review. Journal of Environmental Management, 173: 41-48.

Griffin D M, Grizzard T J, Randall C W, et al., 1980. Analysis of non-point pollution export from small catchments. Journal, 52 (4): 780-790.

Guo Q H, Ma K M, Liu Y, et al., 2010. Testing a dynamic complex hypothesis in the analysis of land use impact on lake water quality. Water Resources Management, 24 (7): 1313-1332.

Hewagamage K P, Hirakawa M, Ichikawa T, 1999. Interactive visualization of spatiotemporal patterns using spirals on a geographical map//1999 IEEE Symposium.

Houlahan J E，Findlay C S，Schmidt B R，et al.，2000. Quantitative evidence for global amphibian population declines. Nature，404（6779）：752-755.

Huang J L，Ho M，Du P F，2011. Assessment of temporal and spatial variation of coastal water quality and source identification along Macau peninsula. Stochastic Environmental Research and Risk Assessment，25（3）：353-361.

Inselberg A，1990. Parallel Coordinates：A Tool for Visualizing Multidimensional Geometry. San Francisco：Proc. of IEEE CS Press.

Jarvie H P，Oguchi T，Neal C，2002. Exploring the linkages between river water chemistry and watershed characteristics using GIS-based catchment and locality analyses. Regional Environmental Change，3（1-3）：36-50.

Jin W B，Li B L，2008. Development of watershed-scale landscape-water quality models. Science and Technology Review，26（7）：72-77.

Johnson L，Richards C，Host G，et al.，1997. Landscape influences on water chemistry in midwestern stream ecosystems. Freshwater Biology，37（1）：193-208.

Jones K B，Edmonds C E，Slonecker E T，et al.，2008. Detecting changes in riparian habitat conditions based on patterns of greenness change：a case study from the Upper San Pedro River Basin，USA. Ecological Indicators，8（1）：89-99.

Karr J R，Schlosser I J，1978. Water resources and the land-water interface. Science，201（4352）：229-234.

King R S，Anson H，Hines F，2005. Doug Craige，Sarah Grap. Regional，watershed and local correlates of blue crab and bivalve abundances in subestuaries of Chesapeake Bay，USA. Journal of Experimental Marine Biology & Ecology，319（1/2）：101-116.

Lambin E F，Rounsevell M D A，Geist H J，2000. Are agricultural land-use models able to predict changes in land-use intensity?. Agriculture Ecosystems & Environment，82（1-3）：321-331.

Lebourgeois V，Dupuy S，Vintrou E，et al.，2017. A combined random forest and OBIA classification scheme for mapping smallholder agriculture at different nomenclature levels using multisource data（simulated sentinel-2 time series，VHRS and DEM）. Remote Sensing，9（3）：259-279.

Lee J，Kim E，Lee S，et al.，2019. FickleNet：Weakly and semi-supervised semantic image segmentationusing stochastic inference//2019 IEEE/CVF Conference on Computer Vision and Pattern Recognition（CVPR）.

Li L，Vrieling A，Skidmore A，et al.，2018. Monitoring the dynamics of surface water fraction from MODIS time series in a mediterranean environment. International Journal of Applied Earth Observation & Geoinformation Jag，66：135-145.

Li M，Zang S，Zhang B，et al.，2014. A review of remote sensing image classification techniques：the role of spatio-contextual information. European Journal of Remote Sensing，47：389-411.

Li S H，Jin B X，Zhou J S，et al.，2017. Analysis of the spatiotemporal land-use/land-cover change and its driving forces in Fuxian Lake Watershed，1974 to 2014. Polish Journal of Environmental Studies，26（2）：671-681.

Liu H，Zhou Q，2005. Developing urban growth predictions from spatial indicators based on multi-temporal images. Computers Environment & Urban Systems，29（5）：580-594.

Long H，Tang G，Li X，et al.，2007. Socio-economic driving forces of land-use change in Kunshan，the Yangtze River Delta economic area of China. Journal of Environmental Management，83（3）：351-364.

Lu D，Weng Q，2007. A survey of image classification methods and techniques for improving classification performance. Int. J. Remote Sens，28：823-870.

Lunchakorn P，Suthipong S，Kyoung W K，2008. The relationship of climatic and hydrological parameters to surface water quality in the lower Mekong River. Environment International，34（6）：860-866.

Lyon J G，D Yuan，Lunetta R S，et al.，1998. A change detection experiment using vegetation indices. Photogrammetric Engineering and Remote Sensing，64（2）：143-150.

Ma L，Li M，Ma X，et al.，2017. A review of supervised object-based land-cover image classification. Isprs Journal of Photogrammetry & Remote Sensing，130：277-293.

Maillard P，Santos N A，2008. A spatial-statistical approach for modeling the effect of non-point source pollution on different water quality parameters in the Velhas river watershed-Brazil. Journal of Environmental Management，86（1）：158-170.

May C W, Horner R R, Karr J R, et al., 1997. Effects of urbanization on small streams in the puget sound lowland ecoregion. Watershed Protection Techniques, (4): 79-90.

McConnel W J, 2001. Agent-based models of land-use and land-cover change. LUCC Report No.6.

McConnell W J, 2015. Land change: The merger of land cover and land use dynamics//International Encyclopedia of the Social & Behavioral Sciences, 220-223.

Mongus D, Žalik B, 2018. Segmentation schema for enhancing land cover identification: A case study using Sentinel-2 data. International Journal of Applied Earth Observation & Geoinformation, 66: 56-68.

Muller L A F, Stum M, 1998. Influence of catchemen quality and altitude on the water and sediment composition of 68 small lakes in central Europe. Aquatic Sciences, 60: 316-337.

Mustard J F, Fisher T R, 2012. Land Use and Hydrology. Berlin: Springer Netherlands.

Nassauer J I, Allan J D, Johengen T, et al., 2004. Exurban residential subdivision development: Effects on water quality and public perception. Urban Ecosystems, 7 (3): 267-281.

O'Neill R V, 1986. A hierarchical Concept of Ecosystems. New Jersey: Princeton University Press.

Orlci L, 2009. Multi-scale trajectory analysis: powerful conceptual tool for understanding ecological change. Frontiers of Biology in China, 4 (2): 158-179.

Ouyang W, Skidmore A K, Toxopeus A G, et al., 2010. Long-term vegetation landscape pattern with non-point source nutrient pollution in upper stream of Yellow River basin. Journal of Hydrology, 389 (3-4): 373-380.

Pereira H M, Ferrier S, Walters M, et al., 2013. Essential biodiversity variables. Science, 339 (6117): 277-278.

Peterson D L, Parket V T, 1998. Ecological Scale. Theory and Application. New York: Columbia University Press.

Prathumratana L, Sthiannopkao S, Kim K W, 2015. The relationship of climatic and hydrological//Yu X, Hawleyhoward J, Pitt A L, et al. Water Quality of Small Seasonal Wetlands in the Piedmont Ecoregion, South Carolina, USA: Effects of Land Use and Hydrological Connectivity. Water Research, 73: 98-108.

Roth N E, Allan J D, Erickson D L, 1996. Landscape influences on stream biotic integrity assessed at multiple spatial scales. Landscape Ecology, 11 (3): 141-156.

Ruiz J, Domon G, 2009. Analysis of landscape pattern change trajectories within areas of intensive agricultural use: Case study in a watershed of southern Québec, Canada. Landscape Ecology, 24 (3): 419-432.

Ryherd S, Curtis W, 1996. Combining spectral and texture data in the segmentation of remote-sensed images. Photo Grammetric Engineering and Remote Sensing, 62 (2): 181-194.

Sahu M, Gu R R, 2009. Modeling the effects of riparian buffer zone and contour strips on stream water quality. Ecological Engineering, 35 (8): 1167-1177.

Sajikumar N, Remya R S, 2015. Impact of land cover and land use change on runoff characteristics. Journal of Environmental Management, 161: 460-468.

Schueler T R, 1994. The importance of imperviousness. Watershed Protection Techniques.

Schulze R E, 2000. Modelling hydrological responses to land use and climate change: A southern African perspective. Ambio, 29 (1): 12-22.

Shanbhag P, Rheingans P, Desjardins M, 2005. Temporal visualization of planning polygons for efficient partitioning of geo-spatial data. Proceedings of the 2005 IEEE Symposium on Information Visualization.

Shen Z, Hou X, Li W, et al., 2015. Impact of landscape pattern at multiple spatial scales on water quality: A case study in a typical urbanised watershed in China. Ecological Indicators, 48 (48): 417-427.

Sickle J V, Johnson C B, 2008. Parametric distance weighting of landscape influence on streams. Landscape Ecology, 23 (4): 427-438.

Skole D, Tucker C J, 1993. Tropical deforestation and habitat fragmentation in the Amazon: Satellite data from 1978 to 1988. Science, 260 (5116): 1905-1910.

Sliva L, Williams D D, 2001. Buffer zone versus whole catchment approaches to studying land use impact on river water quality.

Water Research, 35 (14): 3462-3472.

Southworth J, Nagendra H, Tucker C, 2002. Fragmentation of a landscape: incorporating landscape metrics into satellite analyses of land-cover change. Landscape Research, 27 (3): 253-269.

Sponseller R A, Benfield E F, Valett H M, 2001. Relationships between land use, spatial scale and stream macroinvertebrate communities. Freshwater Biology, 46 (10): 1409-1424.

Strayer D L, Beighley R E, Thompson L C, et al., 2003. Effects of land cover on stream ecosystems: Roles of empirical models and scaling issues. Ecosystems, 6 (5): 407-423.

Sunada H, 2009. Landscape ecological approach to the relationships of land use patterns in watersheds to water quality characteristics. Landscape & Urban Planning, 92 (2): 80-89.

Tang Z, Engel B A, Pijanowski B C, et al., 2005. Forecasting land use change and its environmental impact at a watershed scale. Journal of Environmental Management, 76 (1): 35-45.

Thomas A R C, Bond A J, Hiscock K M, 2013. A multi-criteria based review of models that predict environmental impacts of land use-change for perennial energy crops on water, carbon and nitrogen cycling. GCB Bioenergy, 5 (3): 227-242.

Tim U S, Jolly R, 1994, Evaluation agricultural nonpoint-source pollution using integrated geographic information systems and hydrologic/water quality model. Environ. Qual., 23 (1): 25-35.

Todd D A, Bedient P B, Haasbeek J F, et al., 1989. Impact of land use and NPS loads on lake quality. Journal of Environmental Engineering, 115 (3): 633-649.

Tong S T, Chen W, 2002. Modeling the relationship between land use and surface water quality. Journal of Environmental Management, 66 (4): 377-393.

Townshend, John R G J, Christopher O, 1980. Unsupervised classification of MSS Landsat data for mapping spatially complex vegetation. TRES, 1 (2): 105-120.

Tu J, 2011. Spatially varying relationships between land use and water quality across an urbanization gradient explored by geographically weighted regression. Applied Geography, 31 (1): 376-392.

Tudesque L, Gevrey M, Grenouillet G, et al., 2008. Long-term changes in water physicochemistry in the Adour-Garonne hydrographic network during the last three decades. Water Research, 42 (3): 732-742.

Turner B L, David S, 1995. Land use and land/cover change: science/research Plan. IGBP Reports, 35: 1-40.

Urban D O, 1987. Landscape ecology: A hierarchical perspective can help scientists understand spatial patterns. Bioscience, 37: 119-127.

Wang D, Gong J, Chen L, et al., 2012. Spatio-temporal pattern analysis of land use/cover change trajectories in Xihe watershed. International Journal of Applied Earth Observation & Geoinformation, 14 (1): 12-21.

Wang D, Gong J, Chen L, et al., 2013. Comparative analysis of land use/cover change trajectories and their driving forces in two small watersheds in the western Loess Plateau of China. International Journal of Applied Earth Observation & Geoinformation, 21 (4): 241-252.

Wang R, Kalin L, 2014. Responses of hydrological processes and water quality to land use/cover (LULC) and climate change in a coastal watershed. The Second International Conference on Sustainable Systems and the Environment (ISSE'14).

Wiens J A, 1989. Spatial scaling in ecology. Functional Ecology, 3: 385-397.

Wilson C O, 2015. Land use/land cover water quality nexus: Quantifying anthropogenic influences on surface water quality. Environmental Monitoring & Assessment, 187 (7): 1-23.

Woli K P, Nagumo T, Kuramochi K, et al., 2004. Evaluating river water quality through land use analysis and N budget approaches in livestock farming areas. Science of the Total Environment, 329 (1-3): 61-74.

Wu J, 1999. Hierarchy and scaling: Extrapolating information along a scaling ladder. Canadian Journal of Remote Sensing, 25 (4): 367-380.

Wu J, 2004. Effects of changing scale on landscape pattern analysis: scaling relations. Landscape Ecology, 19: 125-138.

Wu J, Loucks O L, 1995. From balance-of-nature to hierarchical patch dynamics: A paradigm shift in ecology. Quarterly Review of

Biology，70：439-466.

Wu J，Jones K B，Li H，et al.，2006. Scaling and Uncertainty Analysis in Ecology：Methods and Applications.Dordrecht：Springer.

Yang L，Ji K，Liang S，et al.，2016. Comparison of four machine learning methods for generating the GLASS fractional vegetation cover product from MODIS data. Remote Sensing，8（8）：682.

Yang Z，Shao Y，Li K，et al.，2017. An improved scheme for rice phenology estimation based on time-series multispectral HJ-1A/B and polarimetric RADARSAT-2 data. Remote Sensing of Environment，195：184-201.

Yu X，Yan B，Yu F，2015. Nutrient loading and its controlling factors in Le'an River watershed，Lake Poyang basin. Journal of Lake Sciences，27（2）：282-288.

Zhang S，Li Y，Zhang T，et al.，2015. An integrated environmental decision support system for water pollution control based on TMDL—A case study in the Beiyun River watershed.Journal of Environmental Management，156：31-40.

Zhou P，Huang J L，Jr Pontius R G，et al.，2016. New insight into the correlations between land use and water quality in a coastal watershed of China：Does point source pollution weaken it?. Science of the Total Environment，543（Pt A）：591-600.

Zhou Q M，Li B L，Alishir K，2008. Spatial pattern analysis of land cover change trajectories in Tarim Basin，northwest China. International Journal of Remote Sensing，29（19）：5495-5509.

Zhou Q，Li B，Kurban A，2008. Trajectory analysis of land cover change in arid environment of China. International Journal of Remote Sensing，29（4）：1093-1107.

Zhou T，Wu J，Peng S，2012. Assessing the effects of landscape pattern on river water quality at multiple scales：A case study of the Dongjiang River watershed，China. Ecological Indicators，23（4）：166-175.

第 2 章 抚仙湖流域 LULC 信息提取与表达

2.1 数据源与数据处理

2.1.1 数据源

1. 多源遥感影像数据

由于抚仙湖流域降水量季节变化显著（李芸等，2016），湖面面积随季节变化较大，故选择湖泊水位相对稳定的 1～3 月枯水期遥感影像，包括 2005 年 3 月（QuickBird 卫星数据，0.61m 全色，2.44m 多光谱）、2008 年 1 月（QuickBird 卫星数据，0.61m 全色，2.44m 多光谱）、2011 年 1 月（WorldView-2 卫星数据，0.5m 全色，1.8m 多光谱）、2014 年 1 月（WorldView-2 卫星数据，0.5m 全色，1.8m 多光谱）、2017 年 3 月（北京二号卫星数据，0.5m 全色，1.8m 多光谱）共 5 期高空间分辨率遥感影像数据（图 2.1）。

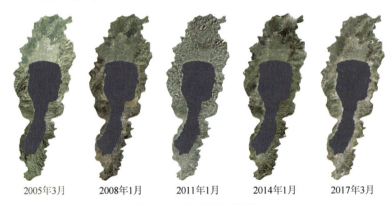

图 2.1　研究区遥感影像

2. 基础地理信息数据

基础地理信息数据主要包括流域 1∶1 万数字线划地图（digital line graphic，DLG）、1∶25000 分幅的 0.5m 分辨率数字正射影像图（digital orthophoto map，DOM）、10m 格网间距的 DEM 数据。用于遥感影像正射纠正的控制点数据包括 1985～2013 年测制的 1∶10000 航外控制成果、空三加密成果、1∶10000 DOM 数据成果以及已布设好的基础全球定位系统（global positioning system，GPS）C 级点、各等级的三角点、水准点成果。

3. 水质监测数据

本章收集了抚仙湖流域 9 条主要入湖河流和抚仙湖湖心 2005 年、2008 年、2011 年、2014 年和 2017 年 5 个时间段污染负荷量最高的 TN、TP、CODcr 三个年均水质指标数据为响应因子。2005 年和 2008 年水质监测数据来源于玉溪市环境监测站，2011 年的水质监测数据来源于玉溪市环境保护局的环境简报数据（月报），2014 年、2017 年的水质监测数据来源于澄江市环境监测站。

4. 地理国情普查成果

地理国情普查成果包括 2012 年 0.5m 分辨率的 WorldView-2 遥感影像与经 2014 年外业核查修改后的地表覆盖分类数据。将流域地表覆盖分为水域、荒漠与裸露地表、人工堆掘地、耕地、园地、林地、构筑物、草地、道路、房屋建筑（区）等十个一级类型。该成果经过裁切、合并等处理后，作为本书研究 LULC 信息提取的训练数据和测试数据。

5. 行业专题资料

行业专题资料主要包括流域涉及的华宁县、澄江市、江川区国土部门提供的第一次（1996 年）和第二次全国土地调查成果数据库（2009 年）、农用地分等定级成果、土地利用总体规划数据库、2005～2017 年土地利用变更数据，玉溪市抚仙湖管理局提供的抚仙湖流域"十三五"规划、抚仙湖流域规划分区以及水利、农业、环保、气象等部门提供的相关数据。

6. 野外调查数据

在开展 LULC 变化分类时，需要采集大量的样本。外业共采集样本 2048 个，样本采集和外业图斑核查的轨迹如图 2.2 所示。

2.1.2　遥感影像数据预处理

在对影像进行分类前，需要对影像进行预处理，包括影像正射纠正、影像增强和影像处理质量控制。

1. 影像正射纠正

为消除影像因地形起伏而产生的畸变，需对影像进行正射纠正。选择对地观测影像数据综合处理系统——像素工厂（Pixel Factory）和高分辨率遥感影像数据一体化测图系统（Pixel Grid）作为影像正射纠正处理平台，控制点资料包括研究区空三加密成果、DOM、DLG、1∶10000 地形图的航外控制，DEM 的格网间距为 2m，并将数据格式按处理平台的要求进行转换：DOM 数据转换为 TIF + TFW 格式，DEM 数据转换为 ASCII Grid 格式，DLG 数据转换为 DWG 格式，最后对卫星影像的轨道 RPB 参数、元数据文件等其他辅助文件进行检查。数据成果的投影坐标统一为 2000 国家大地坐标系，高斯 6 度分带，共分为 18 带。数据准备和坐标系统确定之后，在 Pixel Factory、Pixel Grid 等平台进行正射纠正。在纠正过程中，在全色影像和多光谱影像上选择的控制点应充分考虑其数量并均匀分布，基于 DEM 数据和精确轨道 RPC 参数，分别对多光谱影像和全色影像进行单影像微分纠正，最后将已纠正的全色影像和多光谱影像进行配准、融合，生成高分辨率 RGB 彩色影像，利用流域边界对 DOM 进行裁切，最终形成流域 LULC 分类前的正射影像。

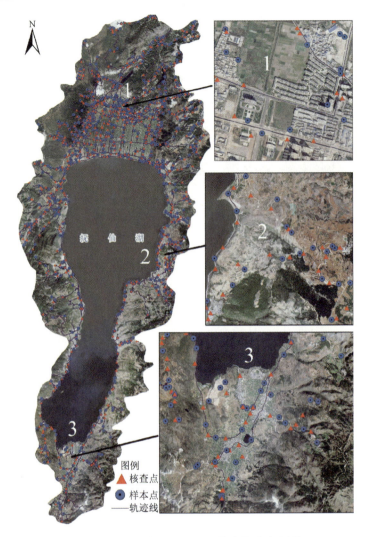

图 2.2　样本采集和外业图斑核查轨迹分布图

2. 影像增强

采用直方图均衡化和直方图匹配方法,对整个流域影像进行色彩均衡。同时,还需要根据实际对影像进行相应的增强处理,如去薄雾处理、对比度/色彩饱和度调整、锐化处理,以增强整个图像的清晰度。

3. 影像处理质量控制

为保证最终成果的精度达到规范要求以及提高影像分类和变化检测精度,在对影像进行预处理的时候,需要从卫片定向、纠正精度、融合精度、镶嵌指标、成果接边精度5个方面进行质量控制。纠正精度经外业实地测量(32 个)检核,残差在 2m 以内;影像镶嵌接边处色彩过渡自然,无重影和扭曲现象,其直方图基本呈正态分布,色彩自然、反差适中、影像清晰,地物能准确判别。

2.1.3　流域边界划分

对于子流域的划分，众多学者利用不同格网间距 DEM 和不同处理工具（ArcGIS 的水文模块、ArcSWAT 和 TOPZA 分布式水文模型、RiverTools、ArcHydroTools 等）开展了大量研究，并总结了优缺点和适用性（吴险峰等，2003；朱庆等，2005）。结合抚仙湖流域地形特征，以研究区 2m 格网间距的 DEM、1∶10000 水系图为基础，采用 ArcSWAT 工具划分子流域，具体步骤如下。

（1）ArcSWAT 项目参数设置。在 ArcSWAT 界面上选择 SWAT Project Setup→new swat projection，创建一个新的项目并依据数据情况设置。

（2）流域划分。在 ArcSWAT 界面选择选择 watershed Delineation→Automatic watershed Delineation 实现子流域划分。在此过程中，需要注意几点：①DEM 数据如果不是投影坐标，需对其进行坐标转换，以保证坐标单位都为米；②为准确确定流域边界，减少处理 DEM 的数据量，在运行过程中，需要将流域边界范围数据导入 MASK 区域；③考虑到抚仙湖流域北岸城区地形平缓，为确保生成的子流域与实际相符合，需要将 1∶10000 的水系网加载到 Burn in a stream network 里参与计算；④结合实际河网的分布和研究的需要，对自动分割生成的 247 个子流域进行重新合并，最终合并成 28 个，提取 9 条主要入湖河流所在子流域作为子流域（图 2.3）。子流域的出口即为入湖河流的入湖口，每一个子流域的范围包括出水口上游的整个区域。

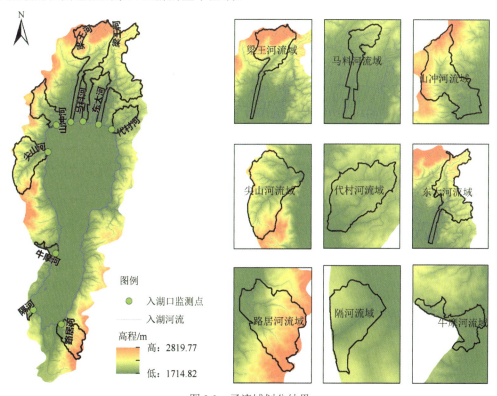

图 2.3　子流域划分结果

2.2 基于高分辨率遥感影像的 LULC 变化信息提取

近二十年来，高分辨率对地观测技术发展迅速，作为地理空间信息主要数据源的高分辨率遥感影像已被广泛应用于 LULC 遥感制图。高精度 LULC 信息提取是开展 LULC 研究工作的重要基础，也是遥感影像分类的重点和难点。国内外大量文献研究表明，基于高分辨率遥感影像的 LULC 信息提取算法中，相比基于像素的分类算法，面向对象的影像分析方法具有明显的优势，能较好解决基于像素的分类算法结果中的"胡椒盐"现象，也能更真实地表达地物对象和地物对象多尺度特性（Blaschke et al.，2014；Ma et al.，2017）。高分辨率遥感影像光谱波段少、地物背景复杂、地物类内方差大而类间方差小，使得基于统计的传统分类算法（如 K-均值、ISODATA、最小距离、最大似然等）分类精度不高。针对利用纹理、结构和形状特征进行高分辨率遥感影像分类时存在的问题，研究者主要从特征降维和分类器设计等方面解决该类问题，于是出现了大量的分类器（如支持向量机、条件随机场、随机森林、深度学习和迁移学习等）应用于高分辨率遥感影像信息提取的现象，并取得较好的实验结果。相关文献表明，随机森林是一种集成分类器，具有较好的鲁棒性，已经广泛应用于遥感影像信息提取（Rodriguez-Galiano et al.，2012；Stefanski et al.，2013；Puissant，et al.，2014；Kavzoglu et al.，2015；Belgiu and Drăguţ，2016；Lebourgeois et al.，2017）。但如何基于随机森林算法并充分利用高分辨率遥感影像的多尺度特征开展 LULC 信息提取有待深入研究。

2.2.1 多尺度对象随机森林算法

采用多尺度对象随机森林算法开展 LULC 信息提取流程如图 2.4 所示，包括四个部分：①采用 eCognition 中多尺度分割算法——分形网络演化方法（fractal net evolution approach，FNEA）获得多尺度分割结果；②采用文献（Drăguţ et al.，2010）提出的尺度参数评估（estimation of scale parameter，ESP）算法获得最优分割尺度；③提取初始分割尺度和最优分割尺度对象的特征（光谱特征、几何形状特征和纹理特征）；④LULC 信息提取。

1. 多尺度分割

分形网络进化采用模糊集理论得到遥感影像中的对象，可通过调节分割参数来实现多尺度分割。FNEA 分割是从像素层开始的，采用自下而上迭代区域合并的方式，使较小的像素或对象合并（黄昕等，2009）。合并规则是两个相邻对象的异质性测度是否小于某个阈值，其值就是分割算法中的"尺度参数"，它决定面向对象分析方法中的尺度大小。当异质性超过该阈值时，合并终止，迭代结束。合并规则的异质性测度定义如下：

$$\mathrm{CD}_{i,j} = \mathrm{He}(R_i \bigcup R_j) - \mathrm{He}(R_i) - \mathrm{He}(R_j) = W_{\mathrm{spectral}}\mathrm{CD}_{i,j}^{\mathrm{spectral}} + (1 - W_{\mathrm{spectral}})\mathrm{CD}_{i,j}^{\mathrm{spatial}} \quad (2.1)$$

式中，$\mathrm{He}(R_i)$ 和 $\mathrm{He}(R_j)$ 分别表示对象 i 和对象 j 的异质性指数；$\mathrm{He}(R_i \bigcup R_j)$ 表示对象 i 和对象 j 合并以后的异质性测度；$\mathrm{CD}_{i,j}^{\mathrm{spectral}}$ 和 $\mathrm{CD}_{i,j}^{\mathrm{spatial}}$ 分别表示光谱异质性指数和空间异质性指数；W_{spectral} 表示光谱特征的权重。

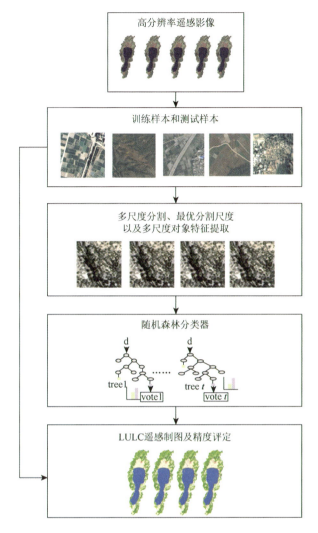

图 2.4 MSORF 算法 LULC 信息提取流程

在 eCognition 软件中的分形网络演化算法中，空间异质性指数 $\mathrm{CD}_{i,j}$ 可由对象的紧凑度（compactness）和光滑度（smoothness）计算，公式如下：

$$\mathrm{CD}_{i,j}^{\mathrm{spatial}} = W_{\mathrm{compactness}} \mathrm{CD}_{i,j}^{\mathrm{compactness}} + (1 - W_{\mathrm{compactness}}) \mathrm{CD}_{i,j}^{\mathrm{smoothness}} \tag{2.2}$$

式中，$W_{\mathrm{compactness}} \in [0,1]$，表示异质性计算中紧凑度的权重。

2. 最优尺度选择

ESP 算法计算最优尺度的原理：先对影像进行初始分割，再以固定步长增加分割参数，获得多尺度分割结果，再计算每一个尺度影像中所有对象的局部差异（local variance，LV）。根据每一个尺度的 LV 值，计算相邻尺度 LV 的变动率（rate of change，ROC）指标（Drăguţ et al.，2010）。当尺度增加时，LV 值也增加，而 ROC 呈现相反变化趋势时，该尺度即为影像分割的最优尺度。

$$ROC = \left[\frac{L-(L-1)}{L-1} \right] \times 100\% \qquad (2.3)$$

式中，在目标尺度下，$L = LV$，而相邻尺度则为 $L-1 = LV$。

3. 多尺度对象特征

多尺度对象特征主要包括初始分割尺度和最优分割尺度对象的光谱特征、几何特征和纹理特征。光谱特征包括光谱均值、光滑度、最大值、最小值等，几何特征包括面积、周长、长度、宽度、长宽比等，纹理特征包括灰度共生矩阵（GLCM）、小波纹理等，最后对多尺度对象特征进行归一化处理。

4. 随机森林算法

随机森林（random forests，RF）算法是综合了 Bagging 集成、CART 决策树，以及特征随机选取思想而提出的一种分类与回归树（classifcation and regression tree，CART）的集成算法（Gislason et al.，2006；Waske and Braun，2009；方涛等，2016）。随机森林算法中的每一棵决策树依赖一个由训练确定的参数组成的随机向量，且呈独立同分布，最终的预测结果为单棵树的输出结果组合。没有参与训练的样本被称为袋外（out-of-bag，OOB），被用来评定分类误差的无偏估计。随机森林算法具有分类精度高、人工干预少、处理简单和运算速度快等优点。

随机森林是一个由一系列树状分类器 $h(\boldsymbol{x}, \boldsymbol{\theta}_k)(k=1,2,3,\cdots)$ 组成的分类器。在上述定义中，$\boldsymbol{x}$ 是输入样本向量；k 是树状分类器的数目；$\boldsymbol{\theta}_k$ 是服从独立同分布的随机向量，在独立同分布的 Bootstrap 集上通过学习获得，并且用由 $\boldsymbol{\theta}_k$ 确定的第 k 棵树预测输入向量 $\boldsymbol{x}$。一个输入向量 $\boldsymbol{x}$ 的预测值 $\boldsymbol{y}$ 则由所有的树 $h(\boldsymbol{x}, \boldsymbol{\theta}_k)(k=1,2,3\cdots)$ 的输出结果投票决定。

作为随机森林的重要组成部分，分割函数定义为

$$f_n(v) > t_n \qquad (2.4)$$

式中，f 为分割函数；t 为阈值；n 为一个分支节点的序号；v 为某个样本。分割函数在很大程度上决定一个随机森林。

$$P(c \mid v) = \sum_{t=1}^{T} P_t(c \mid v) \qquad (2.5)$$

式中，T 为森林中树的数目；c 为类别；P 为概率函数。

随机森林在训练与分类阶段根据式（2.4）和式（2.5）来进行遥感影像 LULC 信息提取。

2.2.2 基于 MSORF 的抚仙湖流域 LULC 信息提取

1. 基于 MSORF 的抚仙湖流域 LULC 信息提取实验过程

（1）选择训练样本和测试样本。根据研究需求和已有基础地理空间数据，将《地理国情普查内容与指标》（GDPJ 01—2013）中的一级类型分类体系［水域、荒漠与裸露地表、耕地、构筑物、园地、草地、林地、房屋建筑（区）、道路、人工堆掘地］作为抚仙湖流域 LULC 信息提取的分类系统，每个类别的定义在此不做赘述，详见《地理国情普

查内容与指标》（GDPJ 01—2013）。由于采用的抚仙湖流域 5 期高分辨率遥感影像数据源和时相差异，在实验过程中，从 2005 年、2008 年、2011 年、2014 年、2017 年 5 期高分辨率遥感影像中分别采集训练样本和测试样本，每期影像每一个 LULC 类型采集了 2000 个样本，70%用于训练，30%用于测试。

（2）多尺度分割和多尺度对象特征提取。采用 eCognition 中多尺度分割算法获得多尺度分割结果，用 ESP 工具获得最优分割尺度，提取初始分割尺度和最优分割尺度的对象特征（光谱、形状和纹理），特征维数为 60 维。

（3）随机森林算法参数设置。随机森林算法参数包括树数目 k，随机选择变量数目 m 为特征维数平方根，随机森林算法初始设置树数目 $k = 500$，后面根据 OOB 误差率进行自适应调整。

（4）将多尺度对象随机森林（MSORF）方法与初始分割尺度支持向量机（support vector machine，SVM）（BSVM）、最优分割尺度 SVM（OSVM）和像素级 SVM（PSVM）进行对比实验。

2. 精度分析

采用 MSORF 方法获得 2005 年、2008 年、2011 年、2014 年、2017 年 5 期流域 LULC 分类结果，并与 BSVM、OSVM 和 PSVM 方法分类精度进行比较（表 2.1～表 2.5），各算法的总体分类精度（overall accuracy，OA）和卡帕（Kappa）系数如图 2.5 和图 2.6 所示。2005 年实验结果表明：MSORF 总体分类精度比 PSVM 高 9.63%，比 BSVM 高 7.26%，比 OSVM 高 4.00%。2008 年实验结果表明：MSORF 总体分类精度比 PSVM 高 9.96%，比 BSVM 高 7.28%，比 OSVM 高 3.91%。2011 年实验结果表明：MSORF 总体分类精度比 PSVM 高 9.77%，比 BSVM 高 6.97%，比 OSVM 高 3.62%。2014 年实验结果表明：MSORF 总体分类精度比 PSVM 高 9.69%，比 BSVM 高 6.92%，比 OSVM 高 3.45%。2017 年实验结果表明：MSORF 总体分类精度比 PSVM 高 10.00%，比 BSVM 高 6.73%，比 OSVM 高 3.63%。结果表明：①相比于基于像素的分类算法，基于对象的分类算法分类精度较高，OSVM、BSVM 和 MSORF 算法分类精度高于 PSVM 算法；②在基于对象分类算法中，对象分割的尺度对分类精度具有一定影响，BSVM 和 OSVM 两种基于对象分类算法中都采用 SVM 作为分类器，但最优分割尺度比初始分割尺度的分类精度高；③MSORF 比 PSVM、BSVM 和 OSVM 分类精度高；④从 5 期抚仙湖流域 LULC 分类结果分析可知，在 LULC 分类中，异质性较小的地类（如水域）比异质性比较大地类（如构筑物）分类精度高。

表 2.1　2005 年抚仙湖流域 LULC 分类精度（%）

LULC 类型	PSVM 分类精度	BSVM 分类精度	OSVM 分类精度	MSORF 分类精度
耕地	72.25	74.82	80.54	85.67
园地	65.40	67.23	69.00	74.80
林地	74.68	75.78	78.14	80.27
草地	78.12	79.34	82.40	84.39
房屋建筑（区）	76.34	80.29	83.59	86.85

续表

LULC 类型	PSVM 分类精度	BSVM 分类精度	OSVM 分类精度	MSORF 分类精度
道路	74.12	78.20	81.25	85.30
构筑物	66.28	70.35	74.20	78.63
人工堆掘地	77.43	78.10	80.39	84.50
荒漠与裸露地表	75.15	78.63	81.35	85.60
水域	79.40	80.17	84.63	89.45

表 2.2　2008 年抚仙湖流域 LULC 分类精度（%）

LULC 类型	PSVM 分类精度	BSVM 分类精度	OSVM 分类精度	MSORF 分类精度
耕地	71.36	74.25	78.30	84.54
园地	64.54	67.50	70.38	74.46
林地	72.60	75.45	79.32	82.20
草地	79.46	81.30	82.95	85.43
房屋建筑（区）	75.20	79.30	82.40	86.59
道路	74.78	77.35	81.46	86.24
构筑物	67.30	71.25	75.68	78.40
人工堆掘地	76.69	78.42	82.20	84.47
荒漠与裸露地表	76.34	77.90	80.89	85.46
水域	79.12	81.45	84.33	89.25

表 2.3　2011 年抚仙湖流域 LULC 分类精度（%）

LULC 类型	PSVM 分类精度	BSVM 分类精度	OSVM 分类精度	MSORF 分类精度
耕地	72.40	75.28	79.45	84.58
园地	65.32	68.69	71.40	75.76
林地	73.48	76.15	80.28	83.45
草地	78.90	82.19	84.32	86.80
房屋建筑（区）	76.45	79.89	83.45	86.42
道路	75.25	78.42	82.50	85.69
构筑物	69.24	71.57	74.60	79.12
人工堆掘地	77.15	79.30	82.45	85.10
荒漠与裸露地表	76.80	78.35	81.70	85.37
水域	80.10	83.27	86.40	90.46

表 2.4　2014 年抚仙湖流域 LULC 分类精度（%）

LULC 类型	PSVM 分类精度	BSVM 分类精度	OSVM 分类精度	MSORF 分类精度
耕地	72.78	74.90	78.39	84.20
园地	66.20	68.41	72.19	75.34

LULC 类型	PSVM 分类精度	BSVM 分类精度	OSVM 分类精度	MSORF 分类精度
林地	72.39	75.90	80.15	84.36
草地	77.40	81.68	83.96	85.12
房屋建筑（区）	75.80	78.19	83.36	85.45
道路	76.50	79.38	82.16	86.70
构筑物	68.41	71.30	75.10	78.69
人工堆掘地	76.94	79.15	83.28	86.00
荒漠与裸露地表	75.95	78.24	81.25	84.70
水域	81.25	84.18	86.18	89.95

表 2.5　2017 年抚仙湖流域 LULC 分类精度（%）

LULC 类型	PSVM 分类精度	BSVM 分类精度	OSVM 分类精度	MSORF 分类精度
耕地	70.58	72.90	76.26	82.18
园地	62.40	65.29	69.59	73.12
林地	71.80	74.26	77.90	80.45
草地	77.75	79.87	81.65	84.27
房屋建筑（区）	76.15	80.28	83.20	85.17
道路	75.21	78.10	80.94	85.35
构筑物	67.13	70.49	74.25	79.26
人工堆掘地	75.23	78.12	81.80	84.56
荒漠与裸露地表	73.40	78.20	79.40	83.90
水域	77.35	82.19	85.67	88.77

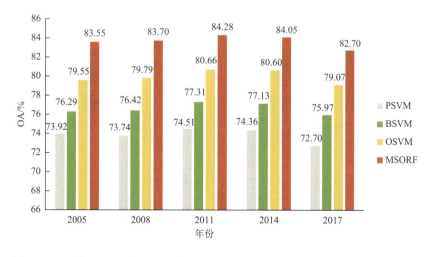

图 2.5　2005 年、2008 年、2011 年、2014 年、2017 年抚仙湖流域 LULC 分类 OA

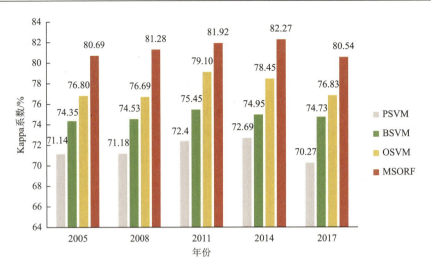

图 2.6　2005 年、2008 年、2011 年、2014 年、2017 年抚仙湖流域 LULC 分类 Kappa 系数

3. 流域 LULC 分类结果后处理

结合流域地理国情普查成果数据和外业核查的样本点数据，对基于 MSORF 提取的结果进行人工检查与修改后，形成本书 5 个研究时段的 LULC 成果数据（图 2.7）。

图 2.7　2005 年、2008 年、2011 年、2014 年、2017 年抚仙湖流域 LULC 分类结果

2.3　LULC 时空变化过程表达

地理要素时空变化是地理学研究的重要内容。如何用计算机技术来表达空间数据的

时空变化是地理学研究领域的前沿问题之一。LULC 时空变化过程常采用时间系列的遥感数据来表达其位置和形状的变化（刘纪远和邓祥征，2009），如林地、耕地、城市扩张范围的变化，并融合统计学方法分析其变化量与趋势，从而揭示其变化过程（朱利凯和蒙吉军，2009）。然而，在利用栅格数据分析地表覆盖变化时，完整的图斑将被分割成栅格尺寸大小的像素，难以真正反映图斑的变化过程与模式，加之其具有不同的时空动态组合，导致 LULC 变化具有时空复杂性。为此，需要构建面向地理矢量图斑的时空过程表达抽象模型，以反映地表覆盖图斑的时空动态变化，弥补栅格模型在图斑时空表达方面的缺陷。

2.3.1　LULC 时空变化过程表达方法

众多学者就 LULC 时空变化过程开展了大量的研究，提出了相应的分析模型，并总结了行之有效的 LULC 时空变化过程分析方法。基于事件的时空数据变化表达模型由 Peuquet 和 Duan（1995）首次提出。孟令奎等（2003）利用该模型有效记录了土地划拨或宗地变更事件。Sadahiro 和 Umemura（2000）基于该模型定义了 6 种面状地理实体变化类型和判断方法。随后，吴长彬和闾国年（2008）为满足地籍变更表达应用的需要，对事件-过程模型进行改进。薛存金等（2010）利用抽象的过程对象隐式表达地理实体动态变化机制，解决了移动对象的连续表达问题。Cheung 等（2015）通过提取栅格斑块中心点与图论相关联构建斑块的时空事件序列。Mcintosh 和 Yuan（2005）利用栅格矢量双重表达降雨时空分布。在参考和借鉴前人研究的基础上，为揭示流域 LULC 时空动态变化过程，分析其变化的数量特征，结合薛存金等（2010）提出的面向过程的时空数据模型，从地表覆盖斑块自身变化和相互转化方面摸索面状地理实体时空变化过程表达方法。

2.3.2　基于过程对象的时空过程表达模型

1. 地表覆盖斑块对象时空变化过程类型

将地表覆盖斑块作为研究的最小空间单元，其属性异于相邻图斑且内部具有均质性，其变化过程表现为斑块在时间上的斑块格局演变。Sadahiro 和 Umemura（2000）提出了一种基于事件的时空变化过程表达模型，并系统总结了面状地理实体的 6 种变化类型和判断方法，有效解决了面状地理对象自身变化表达的问题。李寅超和李建松（2017a）将 LULC 变化时空演变过程抽象为"出现""消亡""收缩""扩张""穿孔""破碎""稳定"7 类，并阐述了其判定方法。在借鉴前人研究的基础上，开展基于地表覆盖斑块时空演变分析，可将地表覆盖斑块的时空演变过程理解为地表覆盖斑块间的相互增减过程，其变化过程类型综合为"新增""变化""消亡"（图 2.8）。

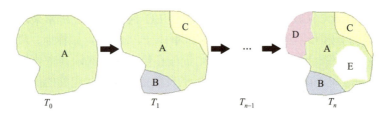

图 2.8　LULC 图斑时空变化

2. 模型对象关系定义

依据上述地表覆盖图斑的时空演变过程，其时空变化分析需要解决的问题为初始时刻 T_0 图斑类型 A，经过变化发展转为 T_n 时刻的图斑 A、B、C、D、E，如何让计算机自动识别分析初始时刻 T_0 的图斑类型与 T_n 时刻的图斑变化类型和面积？需将该变化过程抽象为

$$L[\text{Rand}(T), C_x] = \text{Intersect}\{iL[\text{Rand}(T), C_1], (i+1)L[\text{Rand}(T), C_2], (i+2)L[\text{Rand}(T), C_3],$$
$$\cdots, (i+n)L[\text{Rand}(T), C_n]\}$$

$$(2.6)$$

式中，L 为图斑；i 为年份；$\text{Rand}(T)$ 为图斑 L 的随机地表覆盖类型，可以为 10 种地表覆盖类型的任意一种或多种；C_x 表示结果图斑编码；C_1, C_2, $\cdots$, C_n 为图斑 L 在第 i 年的图斑编码，是唯一值。

通过相交（intersect）运算生成一个或多个不同地表覆盖类型的数据结果集，再通过筛选图斑编码 C_x 与之前 C_1, C_2, $\cdots$, C_n 的相等关系，得出变化结果。

3. 模型实现

依据构建的抽象模型，结合二维面状矢量数据时空过程表达，得到地表覆盖图斑的时空数据模型的统一建模语言（unified modeling language，UML）逻辑结构如图 2.9 所示。

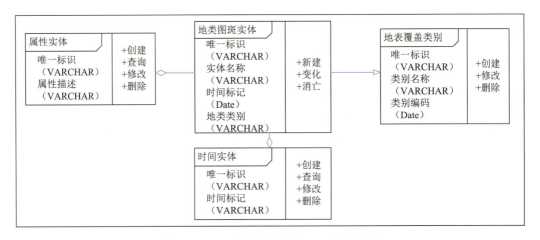

图 2.9　LULC 时空数据模型 UML 逻辑结构

在地表覆盖图斑的时空数据模型 UML 结构设计中,地类图斑实体记录了每个实体的几何信息,标识了地表覆盖要素中的一个具体图斑,每个图斑具有唯一的图斑标识码,其属性信息通过唯一图斑标识码与属性实体进行关联。地表覆盖类别存储了地表覆盖类别信息,在不同的分类体系中,其类别信息不同。地类图斑实体通过类别唯一标识与地表覆盖类别进行关联。时间实体是一个连续的时间变量,存储了地类图斑实体新建、变化、消亡的时间信息。

根据上述逻辑结构,对地类图斑的时空数据模型主要物理结构进行设计,如图 2.10 所示。

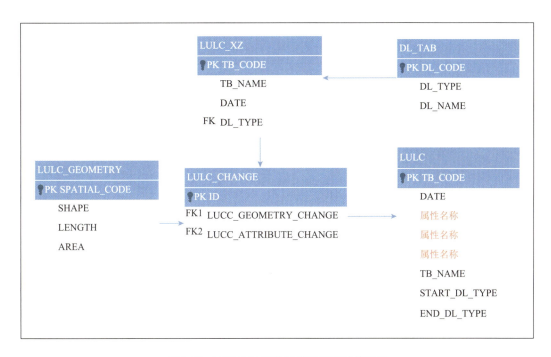

图 2.10　LULC 时空数据模型物理结构设计

图 2.10 中,LULC_XZ 为多个年份地表覆盖的现状表,记录了各年份地表覆盖的现状情况,包括编码、地类、名称、年份等信息,其地类属性信息与地类表 DL_TAB 关联。地表覆盖现状经过地类变化表 LULC_CHANGE 关联,形成了最终的地表覆盖变化表 LULC,地类变化表 LULC_CHANGE 记录了几何、属性变化规则。

2.3.3　实验与分析

1. 时空数据库存储

(1)存储方式设计。LULC 变化时空数据库采用 Oracle + ArcSDE 空间数据引擎,实现数据的一体化存储管理。

（2）时空数据库存储。LULC 变化时空数据库存储过程中使用统一的文件命名方式和存储格式（表 2.6 和表 2.7）。

表 2.6　LULC 现状表结构

序号	列名	数据类型	长度	小数位	允许空	说明
1	OBJECTID	INTEGER	—	0	否	—
2	YEAR	NVARCHAR2	20	—	是	年份
3	LUTYPE	NVARCHAR2	30	—	是	用地类型名称
4	LUCODE	NVARCHAR2	10	—	是	用地类型编号
5	DKID	NVARCHAR2	11	—	否	地块编号
9	SHAPE	ST_GEOMETRY	—	—	是	几何类型

表 2.7　LULC 变化表结构

序号	列名	数据类型	长度	小数位	允许空	说明
1	OBJECTID	INTEGER	—	0	否	—
2	YEARSTART	NVARCHAR2	20	—	是	变化前年份
3	LUTYPESTART	NVARCHAR2	30	—	是	变化前用地类型
4	LUCODESTART	NVARCHAR2	10	—	是	变化前用地类型编号
5	DKIDSTART	NVARCHAR2	11	—	是	变化前地块编号
6	MJ	NUMBER	38	8	是	变化地块面积
7	YEAREND	NVARCHAR2	20	—	是	变化后年份
8	LUTYPEEND	NVARCHAR2	30	—	是	变化后用地类型
9	LUCODEEND	NVARCHAR2	10	—	—	变化后用地类型编号
10	DKIDEND	NVARCHAR2	20	—	—	变化后地块编号
11	SHAPE	ST_GEOMETRY	—	—	是	几何类型

2. 地表覆盖图斑时空过程判定

地表覆盖图斑时空过程判定流程如图 2.11 所示。

3. LULC 时空过程分析

LULC 时空过程分析步骤包括六步。

（1）对多时期的 LULC 矢量数据进行拓扑结构检查，保证 LULC 在空间结构上的拓扑正确性，拓扑检查规则见表 2.8。

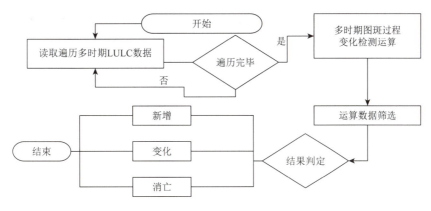

图 2.11　LULC 时空过程判定流程

表 2.8　LULC 拓扑检查规则表

序号	规则描述	示意图
1	不能重叠	
2	不能有空隙	
3	不能与其他要素重叠	

（2）对各时期的 LULC 数据进行编码，赋予每一个图斑唯一编码；对字段进行标准化处理后，给每个图斑赋唯一编码 DKID、用地类型编码 LUCODE、用地类型名称 LUTYPE 及年份 YEAR。

（3）通过编写相交分析代码对各时期的图斑数据进行相交分析，得出相交之后的图斑数据，根据相交分析规则，相交分析之后的数据保留了分析之前的唯一图斑编码属性值。

（4）对相交之后的带有唯一图斑编码的图斑数据进行筛选组合，得到不同时期的变化图斑，形成变化分析结果数据集。

（5）对变化分析结果数据集进行关联分析，按照唯一标识图斑编码找出与分析之前有关联的图斑数据，得出分析结果。

（6）LULC 时空变化过程及可视化表达需要准确、直观地反映 LULC 变化的对象、位置、范围、时间和演化的过程。既要描述 LULC 对象的现状，还需表达 LULC 对象的时空对比与变化。因此，需要建立流域地表覆盖时空过程可视化系统，并集成时间轴动画、多时态对比、实体历史回溯三种表达方法全面揭示地表覆盖图斑时空演变过程（图 2.12）。

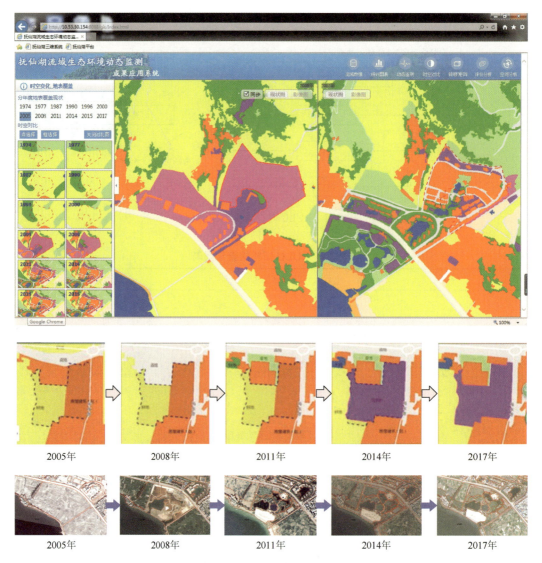

图 2.12　LULC 时空演变过程

2.4　本 章 小 结

本章明确了研究所使用的数据源和精度,基于 DEM 划分了子流域;依据 LULC 分类系统,构建了多尺度随机森林方法对 LULC 信息进行提取,取得了较好的分类精度;讨论了 LULC 时空变化过程的表达方法。本章主要内容总结如下。

(1)研究区概况表明,抚仙湖流域具有独特的区位优势、优质的淡水资源、丰富的磷矿资源、独具科研价值的化石群等自然禀赋,对于整个玉溪市、滇中城市群乃至云贵高原生态系统功能调节与服务保障意义重大。然而,近二十年来,在人口快速增加的同时,抚仙湖流域经济处于低产出、高污染的发展状态,流域人类活动强度日益加剧、城镇化快速发展、旅游业及地产项目的开发,造成了土地利用格局的改变,对湖泊生态安全的威胁日益加大，2005～2017 年，虽然抚仙湖整体水质仍为 I 类，但水质类别的空间差异性显著，湖心处水质明显优于沿岸带水质，并且东岸的海口镇以北、西岸、南岸、北岸的水质均处于 II 类，呈现出污染由北向南、由沿岸向湖心逐渐推进的趋势。9 条主要入湖河流的水质污染现象严重。

（2）LULC 信息提取。根据流域卫星单片影像、控制点资料、1∶10000 基础地理信息成果数据等资料，对研究区 5 个时段的高分辨遥感影像进行影像正射纠正、影像增强和影像处理质量控制等预处理，为影像分类做准备。同时，利用流域 2m 格网间距的 DEM 划分了 9 条河流所在的子流域。

流域尺度的地物具有背景复杂、不确定性和多尺度特性。针对高分辨率遥感影像和流域尺度 LULC 的特点，构建多尺度对象随机森林（MSORF）方法开展 2005 年、2008 年、2011 年、2014 年、2017 年流域 LULC 信息提取，形成流域 5 个时段的 LULC 分类结果。

通过分析 BSVM、OSVM、PSVM 和 MSORF 四种算法的分类结果发现，基于对象的分类算法分类精度高于基于像素的分类算法。其中，OSVM、BSVM 和 MSORF 分类算法高于 PSVM 算法；而在基于对象分类算法中，对象分割的尺度对分类精度具有一定影响，BSVM 和 OSVM 两种基于对象的分类算法中都采用 SVM 作为分类器，最优分割尺度比初始分割尺度的分类精度高。构建的 MSORF 比 PSVM、BSVM 和 OSVM 分类精度高，其中，异质性较小的地类（如水域）比异质性较大的地类（如构筑物）分类精度高。

由于整个抚仙湖流域的 LULC 信息数据量较大，实验采用分块处理方法，分块之后还需拼接。研究该方法的并行处理以提高计算效率，将是后续研究的重点。同时，在提取 2005～2017 年 5 期抚仙湖流域的 LULC 信息过程中，需采集相当数量的测试样本和训练样本。如何结合迁移学习算法进行知识迁移以减少人工采集样本工作量，也将是后续研究工作取得新进展的关键突破口。

（3）讨论了基于地类图斑的时空演变过程类型与判定方法，提出了 LULC 变化时空分析算法，并设计了 LULC 时空数据模型 UML 结构和物理结构，构建了 LULC 时空数据库，并集成时间轴动画、多视窗和实体回溯三种方法实现了基于地类图斑的时空演变过程表达。

本书所构建的时空分析算法可用于地表覆盖等地理要素的时空变化过程分析，能较好地揭示地理要素及其属性在时间轴上的改变过程，包括要素随时间的几何变化、位置变化、属性变化。与气候、生态、社会经济等的关联分析可为 LULC 的时空演变规律、时空数据挖掘等奠定基础，同时，对于地理学中面状空间对象的时空演变过程研究也具有参考价值。

然而，近年来，人、机、物三元世界的高度融合引发了数据规模的爆炸式增长和数据模式的高度复杂化，世界已进入网络化的大数据时代（李国杰和程学旗，2012；宋相龙等，2018）。与此同时，空、天、地立体观测技术飞速发展，急剧膨胀的地理空间数据已成为大数据流的重要组成部分（李清泉和李德仁，2014）。在大数据时代，传统地理信息系统技术难以有效解决长时序高分辨率的 LULC 时空变化过程表达难题。高性能计算

（high performance computing，HPC）与云计算是大数据进行存储和处理的基础计算平台，两者结合而产生的高性能云计算是解决大数据问题的重要技术途径（陈国良等，2015；周经纬，2016）。如何将高性能云计算技术与地理信息系统（geographic information system，GIS）结合，实现长时序高分辨率的 LULC 时空变化数据的高效存储管理、分析计算和可视化，是 LULC 科研工作者今后亟待考虑和解决的问题。

参 考 文 献

陈国良，毛睿，蔡晔，2015. 高性能计算及其相关新兴技术. 深圳大学学报（理工版）（1）：25-31.

方涛，霍宏，马贺平，等，2016. 高分辨率遥感影像智能解译. 北京：科学出版社.

黄昕，李平湘，张良培，2009. 基于多层形状特征提取与融合的城市高光谱影像解译. 测绘科学，34（6）：62-64.

李国杰，程学旗，2012. 大数据研究：未来科技及经济社会发展的重大战略领域——大数据的研究现状与科学思考. 中国科学院院刊，27（6）：647-657.

李清泉，李德仁，2014. 大数据 GIS. 武汉大学学报（信息科学版），39（6）：641-644.

李寅超，李建松，2017a. 基于过程对象的地表覆盖变化时空过程表达模型. 吉林大学学报，47（3）：916-924.

李寅超，李建松，2017b. 一种面向 LUCC 的时空数据存储管理模型. 吉林大学学报，47（1）：294-304.

李芸，李宝芬，罗丽艳，2016. 云南抚仙湖流域年降水量时空分布特征研究. 人民长江，47（21）：48-51.

刘纪远，邓祥征，2009. LUCC 时空过程研究的方法进展. 科学通报，54（21）：3251-3258.

孟令奎，赵春宇，林志勇，等，2003. 基于地理事件时变序列的时空数据模型研究与实现. 武汉大学学报（信息科学版），28（2）：202-207.

宋相龙，李楠，肖克炎，等，2018. 矿产资源潜力评价成果数据信息管理系统设计与实现. 地学前缘，5（3）：196-203.

吴险峰，刘昌明，王中根，2003. 栅格 DEM 的水平分辨率对流域特征的影响分析. 自然资源学报，18（2）：148-154.

吴长彬，闾国年，2008. 一种改进的基于事件-过程的时态模型研究. 武汉大学学报（信息科学版），33（12）：1250-1253.

薛存金，周成虎，苏奋振，等，2010. 面向过程的时空数据模型研究. 测绘学报，39（1）：95-101.

周经纬，2016. 矢量大数据高性能计算模型及关键技术研究. 杭州：浙江大学.

朱利凯，蒙吉军，2009. 国际 LUCC 模型研究进展及趋势. 地理科学进展，28（5）：782-790.

朱庆，田一翔，张叶廷，2005. 从规则格网 DEM 自动提取汇水区域及其子区域的方法. 测绘学报，34（2）：129-133.

Belgiu M，Drăgut L，2016. Random forest in remote sensing：A review of applications and future directions. ISPRS Journal of Photogrammetry and Remote Sensing，114：24-31.

Blaschke T，Hay G J，Kelly M，et al.，2014. Geographic object-based image analysis-towards a new paradigm. Isprs Journal of Photogrammetry & Remote Sensing，87（100）：180.

Cheung A K L，Oâ Sullivan D，Brierley G，2015. Graph-assisted landscape monitoring. International Journal of Geographical Information Systems，29（4）：580-605.

Drăgut L，Tiede D，Shaun R，2010. Levick. ESP：A tool to estimate scale parameter for multiresolution image segmentation of remotely sensed data. International Journal of Geographical Information Science，24（6）：859-871.

Gislason P O，Benediktsson J A，Sveinsson J R，2006. Random forests for land cover classification. Pattern Recognition Letters，27（4）：294-300.

Kavzoglu T，Colkesen I，Yomralioglu T，2015. Object-based classification with rotation forest ensemble learning algorithm using very-high-resolution WorldView-2 image. Remote Sensing Letters，6（11）：834-843.

Lebourgeois V，Dupuy S，Vintrou E，et al.，2017. A combined random forest and OBIA classification scheme for mapping smallholder agriculture at different nomenclature levels using multisource data（simulated sentinel-2 time series，VHRS and DEM）. Remote Sensing，9（3）：259-27

Ma L，Li M，Ma X，et al.，2017. A review of supervised object-based land-cover image classification. Isprs Journal of Photogrammetry & Remote Sensing，130：277-293.

Mcintosh J，Yuan M，2005. A framework to enhance semantic flexibility for analysis of distributed phenomena. International Journal of Geographical Information Science，19（10）：999-1018.

Peuquet D J，Duan N，1995. An event-based spatiotemporal data model（ESTDM）for temporal analysis of geographical data. International Journal of Geographical Information Systems，9（1）：7-24

Puissant A，Rougier S，Stumpf A，2014. Object-oriented mapping of urban trees using Random Forest classifiers. International Journal of Applied Earth Observations & Geoinformation，26（1）：235-245.

Rodriguez-Galiano V F，Ghimire B，Rogan J，et al.，2012. An assessment of the effectiveness of a random forest classifier for land-cover classification. Isprs Journal of Photogrammetry & Remote Sensing，67（1）：93-104.

Sadahiro Y，Umemura M，2000. Spatio-Temporal Analysis of Polygon Distributions：Event-Based Approach.Tokyo：University of Tokyo Press.

Stefanski J，Mack B，Waske B，2013. Optimization of object-based image analysis with random forests for land cover mapping. IEEE Journal of Selected Topics in Applied Earth Observations & Remote Sensing，6（6）：2492-2504.

Waske B，Braun M，2009. Classifier ensembles for land cover mapping using multitemporal SAR imagery. Isprs Journal of Photogrammetry & Remote Sensing，64（5）：450-457.

第 3 章 抚仙湖流域 LULC 过程演变分析

LULC 变化是地理学研究的重要内容之一，怎么用计算机技术来表达 LULC 变化是该领域研究的前沿。土地利用变化指数尤其是土地利用转移矩阵和动态度指数已被证明是揭示区域 LULC 变化特征最为有效的方法。但目前针对 LULC 数量变化特征及其时空变化过程表达的综合研究较少。虽然在 LULC 变化时空过程刻画与模拟研究方面已形成一套相对完整的方法体系，尤其运用变化轨迹方法研究 LULC 格局较多，但基于 LULC 斑块的时空过程描述较少，这将导致 LULC 全局变化与局部变化关系的割裂（Risser and Iverson，2013）。同时，利用变化轨迹代码的方式难以表达 LULC 变化的时空过程与方向。因此，本章基于变化轨迹方法计算栅格结果，在可视化环境中对栅格结果做进一步解析，以生成 LULC 变化轨迹图，克服常规的转移矩阵仅限于单期或两期数据之间比较的缺陷，以解决轨迹代码难以直接对变化轨迹进行定量分析和可视化表达的问题。

3.1 流域 LULC 数量结构特征分析

3.1.1 全流域 LULC 数量结构特征

在 ArcGIS 环境里对 LULC 分类成果进行可视化整合与统计分析，得到各个地类在研究时段内的面积变化率和转移矩阵，以反映流域多尺度 LULC 时空变化特征。全流域 LULC 变化结果如表 3.1 和图 3.1 所示。

表 3.1 抚仙湖流域 2005 年、2008 年、2011 年、2014 年、2017 年 LULC 类型面积

类型	2005 年		2008 年		2011 年		2014 年		2017 年	
	面积/hm²	比例/%	面积/hm²	比例/%	面积/hm²	比例/%	面积/hm²	比例/%	面积/hm²	比例/%
耕地（C1）	15798.89	23.39	15355.33	22.74	14391.91	21.31	13840.46	20.49	13650.52	20.21
园地（C2）	386.51	0.57	496.4	0.74	783.78	1.16	973.87	1.44	958.98	1.42
林地（C3）	21806.08	32.29	21947.51	32.50	22596.69	33.46	22472.71	33.28	22029.85	32.62
草地（C4）	4991.6	7.39	4924.57	7.29	4643.56	6.88	4940.17	7.32	4880.06	7.23
房屋建筑（区）（C5）	1293.21	1.91	1368.26	2.03	1465.69	2.17	1486.01	2.20	1608.54	2.38
道路（C6）	650.19	0.96	674.57	1.00	732.43	1.08	732.93	1.09	801.09	1.19
构筑物（C7）	325.65	0.48	424.57	0.63	591.36	0.88	443.08	0.66	563.83	0.83
人工堆掘地（C8）	202.8	0.30	288.87	0.43	412.46	0.61	703.49	1.04	1017.89	1.51
荒漠与裸露地表（C9）	118.86	0.18	127.03	0.19	142.81	0.21	100.25	0.15	115.02	0.17
水域（C10）	21958.48	32.52	21925.16	32.47	21771.58	32.24	21839.30	32.34	21906.48	32.44
总面积					67532.27					

注：因四舍五入，比例之和不为100%。后同。

　　表 3.1 显示，2005 年、2008 年、2011 年、2014 年、2017 年的水域、林地、耕地、草地占总面积的 95.59%、95.00%、93.89%、93.43%、92.50%，说明流域以自然地表覆盖为主导类型；而房屋建筑（区）、道路、园地、构筑物、人工堆掘地、荒漠与裸露地表 6 种用地类型占总面积的 4.41%、5.00%、6.11%、6.57%、7.50%，说明流域人工地表覆盖占比较少。2005 年、2008 年、2011 年、2014 年和 2017 年抚仙湖流域 LULC 类型的面积变化趋势如图 3.1 所示。

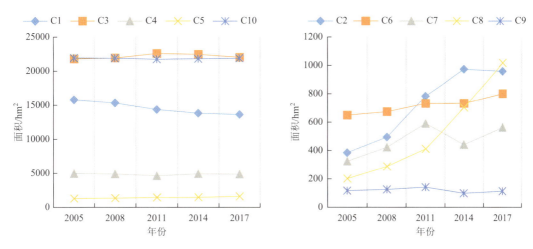

图 3.1　2005 年、2008 年、2011 年、2014 年和 2017 年全流域 LULC 面积变化

　　图 3.1 表明，自 2005 年以来，抚仙湖流域的园地、房屋建筑（区）、道路、人工堆掘地面积总体呈增加趋势，而耕地、草地呈逐年递减趋势。其中，人工堆掘地的面积呈倍数增加，2017 年的面积是 2005 年的 5 倍。可见，由于流域社会经济发展和人类活动的增强，与人类经济活动联系紧密的 LULC 类型呈现出很强的增长势头。而自 2006 年以后，由于退耕还林还草人工播种的施行，耕地呈减少趋势；林地面积呈现先增后减的趋势；草地的变化幅度不大，荒漠与裸露地表的面积由逐年上升转变为逐年下降，说明该区域对未利用土地进行植树造林或其他经济活动；水域面积则基本维持不变。

3.1.2　子流域 LULC 数量结构特征

　　子流域 LULC 数量结构特征如图 3.2 所示。从图 3.2 中可以看出流域 LULC 数量结构时空差异明显。

　　（1）耕地主要分布在东大河流域、尖山河流域、梁王河流域、路居河流域，隔河流域最少，而东大河流域耕地面积最大；各流域均表现出逐年减少的趋势，代村河流域和东大河流域的减少量最大，隔河流域和路居河流域减少量最小。

　　（2）园地主要分布在东大河流域、山冲河流域、尖山河流域、代村河流域。东大河流域园地面积最大，而隔河流域、路居河流域面积较小。各流域均表现出逐年增加的趋势，代村河流域和东大河流域的增加量最大，隔河流域和路居河流域增加量最小。

（3）林地主要分布在梁王河流域、东大河流域、尖山河流域，隔河流域、牛摩河流域分布面积较小。各流域的林地面积波动较小，均表现出逐年减少的趋势。东大河流域和梁王河流域减少量最多，隔河流域和牛摩河流域的变动较小。

（4）草地主要分布在梁王河流域、东大河流域、山冲河流域。梁王河流域的草地面积最大，隔河流域、牛摩河流域的分布面积较小。各流域均表现出一定的波动性，但总体上呈增加的趋势，东大河流域和梁王河流域增加的量最大，隔河流域和牛摩河流域增加的量较少。

（5）房屋建筑（区）主要分布在马料河流域、东大河流域、代村河流域，隔河流域、牛摩河流域分布较少，而马料河流域的面积急剧增加。各流域均表现出逐年增加的趋势，马料河流域和东大河流域的增加量最大，隔河流域和尖山河流域的增加量最小。

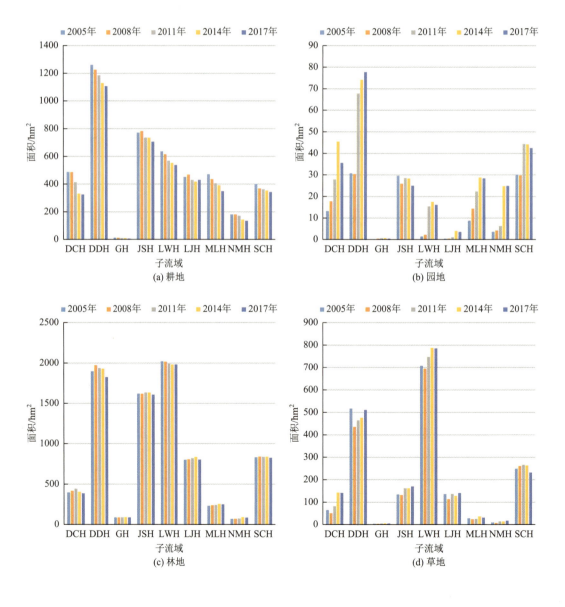

(a) 耕地

(b) 园地

(c) 林地

(d) 草地

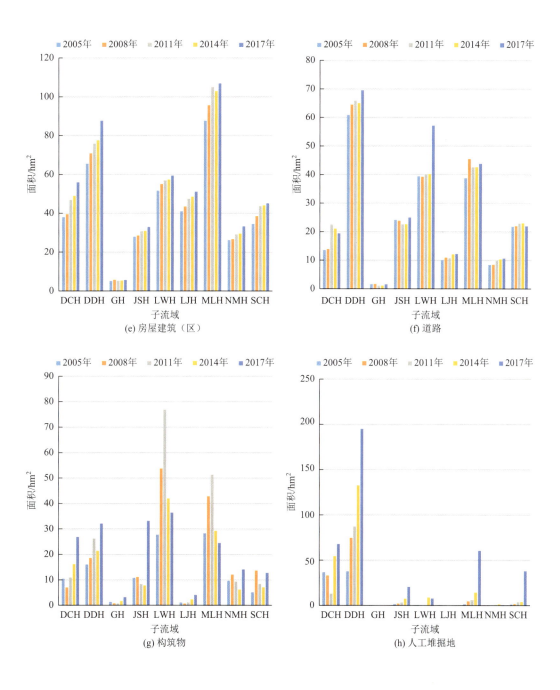

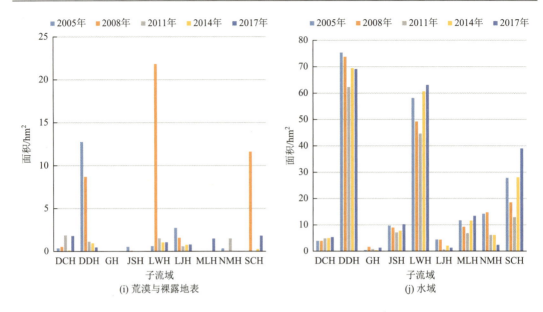

图 3.2　2005 年、2008 年、2011 年、2014 年和 2017 年子流域 LULC 面积变化

注：DCH-代村河流域；DDH-东大河流域；GH-隔河流域；JSH-尖山河流域；LWH-梁王河流域；LJH-路居河流域；
MLH-马料河流域；NMH-牛摩河流域；SCH-山冲河流域。后同。

（6）道路主要分布在东大河流域、马料河流域、梁王河流域，隔河流域和牛摩河流域分布面积最小。各流域均表现出逐年增加的趋势，梁王河流域和东大河流域的增加量最大，隔河流域和牛摩河流域的增加量最小。

（7）构筑物主要分布在梁王河流域、马料河流域，隔河流域和路居河流域分布面积较小。各流域均表现出逐年增加的趋势，梁王河流域和马料河流域的增加量最大，隔河流域和路居河流域增加量最小。

（8）人工堆掘地主要分布在东大河流域、代村河流域，其余流域分布较少，马料河流域、山冲河流域 2017 年的面积急剧增加，比以前各年份面积总和还要多。各流域均表现出逐年增加的趋势，代村河流域和东大河流域的增加量最大，隔河流域和路居河流域增加量最小。

（9）荒漠与裸露地表主要分布在东大河流域、路居河流域。各流域均表现出逐年减少的趋势，梁王河和东大河流域的减少量最大，隔河流域无此地类，而尖山河流域在 2005 年、2008 年有极少分布，后续三年没有此类。

（10）水域主要分布在东大河流域、梁王河流域、山冲河流域，隔河流域、路居河流域分布面积较小。各流域均表现出先减少后增加的趋势，梁王河流域和东大河流域的波动性较大，增加量最大，隔河流域和路居河流域变化量较小。

3.1.3　河岸缓冲区 LULC 数量结构特征

9 条入湖河流对应的 5 个河岸缓冲区尺度内的 LULC 数量结构特征如图 3.3 所示。

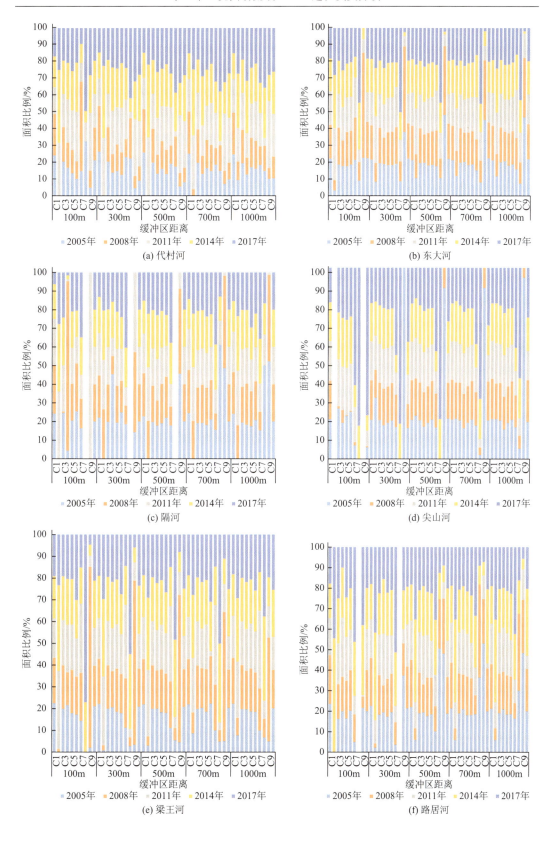

(a) 代村河　　　　　　　　　　　　　　　(b) 东大河

(c) 隔河　　　　　　　　　　　　　　　　(d) 尖山河

(e) 梁王河　　　　　　　　　　　　　　　(f) 路居河

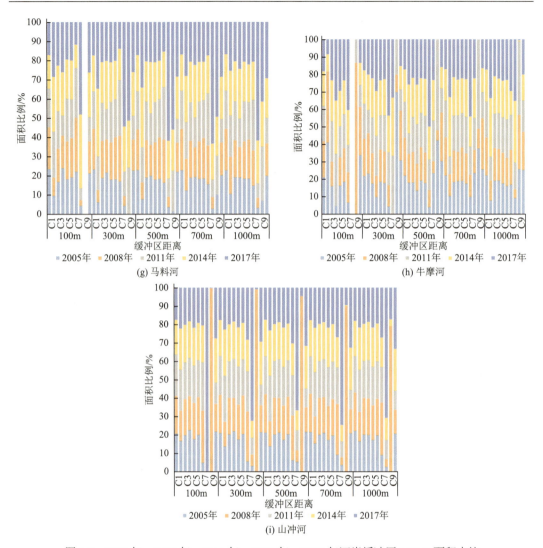

图 3.3　2005 年、2008 年、2011 年、2014 年、2017 年河岸缓冲区 LULC 面积占比

图 3.3 表明，河岸缓冲区 LULC 类型面积占比差异显著。100m 缓冲区内，东大河流域、尖山河流域、梁王河流域、路居河流域的耕地面积大于其他河流，隔河流域最少；而在 1000m 缓冲区内，各河岸缓冲区均表现为林地面积占比最大。随着缓冲区距离的增大，林地、耕地、草地、园地的面积占比均大于其他类型，人工堆掘地、道路、构筑物、荒漠与裸露地表的面积占比逐年增加。在各个缓冲区内，马料河河岸 100m、300m 缓冲区内的房屋建筑区面积均大于其他河岸相同距离缓冲区的面积。

3.2　流域 LULC 时间变化分析

3.2.1　流域 LULC 时间变化分析方法

在自然和人为因素的相互干扰下，LULC 类型变化速率具有差异性。土地利用动态度模型可反映 LULC 变化速率的差异性（韩会庆等，2015）。为描述抚仙湖流域的 LULC 变化情况，特采用单一土地利用动态度和综合土地利用动态度来定量描述 LULC 变化。单一土地利用动态度主要反映研究时段内 LULC 类型的数量变化，以定量表征其变化速度，而综合土地利用动态度则揭示其变化的整体动态（王秀兰和包玉海，1999），计算公式如下：

$$K = \frac{U_b - U_a}{U_a} \times \frac{1}{T} \times 100\% \tag{3.1}$$

式中，K 为研究时段内某一土地利用动态度，反映区域 LULC 中土地利用类型的变化剧烈程度；U_a、U_b 分别为开始时段及结束时段土地利用类型的数量；T 为研究时段长。

$$LC = \left(\frac{\sum_{i=1}^{n} \Delta LU_{i \to j}}{2 \sum_{i=1}^{n} LU_i} \right) \times \frac{1}{T} \times 100\% \tag{3.2}$$

式中，LC 为研究区的综合土地利用动态度；LU_i 为开始时段第 i 类 LULC 类型面积；$\Delta LU_{i \to j}$ 为研究时段内第 i 类 LULC 类型转为非 i 类 LULC 类型面积绝对值；T 为研究时段间隔。

3.2.2　流域 LULC 时间变化特征分析

刘纪远等（2005）把中国土地利用的时间动态特征划分为四种类型：土地利用急剧变化型（25%～61%）、土地利用快速变化型（15%～25%）、土地利用慢速变化型（5%～15%）及土地利用极缓慢变化型（0～5%）。依据单一土地利用动态度和综合土地利用动态度公式，获得抚仙湖流域 2005～2017 年 LULC 综合土地利用动态度，如图 3.4 和图 3.5 所示。

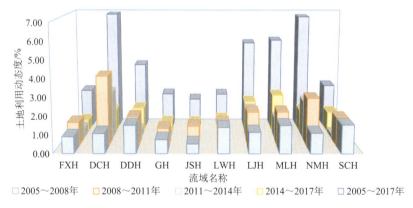

图 3.4　2005～2017 年全流域和子流域综合土地利用动态度

注：FXH 表示全流域。后同。

1. 综合土地利用动态度分析

从图 3.4 和图 3.5 可以看出，全流域尺度下，2005～2008 年、2008～2011 年、2011～2014 年、2014～2017 年、2005～2017 年的综合土地利用动态度分别为 0.92%、1.32%、

0.56%、0.68%、2.18%。2005~2017 年综合土地利用动态度最大，表明在此研究时段内土地开发活动较为剧烈，土地利用方式变化快，地类面积变化较大。总体来看，流域 LULC 变化属于极缓慢变化型。

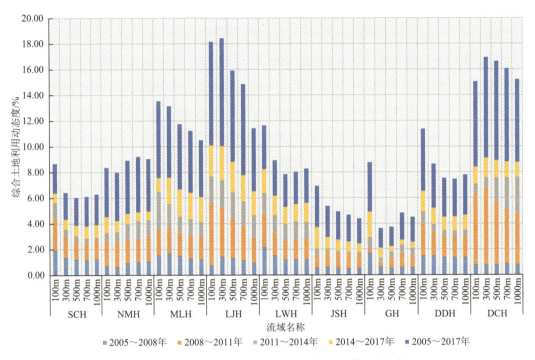

图 3.5　2005~2017 年河岸缓冲区综合土地利用动态度

子流域尺度下，代村河流域、东大河流域、隔河流域、尖山河流域、梁王河流域、路居河流域、马料河流域、牛摩河流域、山冲河流域在 2005~2017 年的综合土地利用动态度最大，其值分别为 6.87%、3.78%、1.97%、1.64%、1.95%、5.13%、5.30%、6.72%、2.50%，表明在 2005~2017 年，各个子流域的 LULC 变化较快且差异明显。其中，代村河流域的值最高，牛摩河流域其次，隔河流域最小。代村河流域、路居河流域、马料河流域、牛摩河流域的 LULC 变化较其他子流域快，属于土地利用慢速变化型，而其余 5 个子流域则属于极缓慢变化型。

河岸缓冲区尺度下，各河岸缓冲区在 2005~2017 年的综合土地利用动态度较大且差异明显。东大河流域、隔河流域、尖山河流域、梁王河流域、马料河流域在 100m 缓冲区的综合土地利用动态度最大，而代村河流域、路居河流域则在 300m 缓冲区的值最大，牛摩河流域和山冲河流域则分别在 700m、1000m 缓冲区的值最大。在土地利用变化类型方面，路居河流域在 300m 缓冲区的综合土地利用动态度值最大（8.38%），马料河流域在 100m 缓冲区的值最大（5.97%），代村河流域在 300m 缓冲区的值最大（7.82%），说明路居河流域和代村河流域在 300m 缓冲区内土地利用开发活动强，土地利用变化较快，而马料河流域则在 100m 缓冲区内的值最大。各个缓冲区在各个时段内的综合土地利用动态度值均大于 5%，说明该河岸缓冲区内的土地利用变化属于慢速变化型。同时，路居河流域的土地利用变化强度高于其他河岸尺度，其他河岸（如东大河、隔河、尖山河、梁王河、牛摩河、山冲河）的各个缓冲区在各个时段内的综合土地利用动态度均小于 5，说明该河岸缓冲区内的土地利用变化属于极缓慢变化型，其中，以山冲河流域的综合土地利用动态度最小，说明该河岸尺度下土地利用变化小。

2. 单一土地利用动态度分析

全流域的单一土地利用动态度如图 3.6 所示。

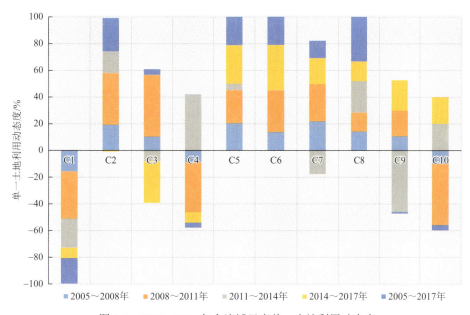

图 3.6　2005～2017 年全流域尺度单一土地利用动态度

从图 3.6 可以看出，在全流域尺度下，各土地利用类型年变化率差异明显。人工堆掘地面积变化最快，以 33.49%的年变化速率迅速增加，园地其次，其年变化速率为 12.34%。而水域的年变化速度最慢，其余各地类年变化率由大到小依次为：构筑物、房屋建筑（区）、道路、耕地、荒漠与裸露地表、草地、林地。2005～2017 年抚仙湖流域土地利用类型主要有以下 4 点变化。

（1）耕地不断减少。耕地以 1.13%的年变化率递减。由于流域人口的逐年增加，城镇化水平的提高，占用了大量的耕地，另外，自 2005 年以来，流域实施了退耕还林还草政策，一部分耕地转变为林地，从而使耕地面积不断减少。

（2）林地不断增加。林地以 0.09%的年变化率递增。主要原因是流域推行了退耕还林还草政策，一部分耕地转变林地，以及流域生态环境保护政策有效实施，自 2006 年以后流域内磷矿停止开发，磷矿开发区的植被得到恢复，从而增加了林地面积。

（3）园地不断增加。园地以 12.34%的年变化率递增，主要原因是流域产业结构与种植结构的调整。以抚仙湖丰富的淡水资源和湖盆区平坦的地形为依托，流域内种植了大量的经济作物，如大棚蔬菜、果园等。

（4）人工建筑用地大幅增加。人工堆掘地、构筑物、房屋建筑（区）、道路的年增长率均大于 1%。其中，人工堆掘地以 33.49% 的年变化速率迅速增加，构筑物以 6.09% 的年变化速率位居其次。流域人口和社会经济的快速增长，导致居民用地不断增加，此外，流域旅游业的发展也进一步促进了人工建筑用地面积大幅增加。

河岸缓冲区的单一土地利用动态度如图 3.7 所示。

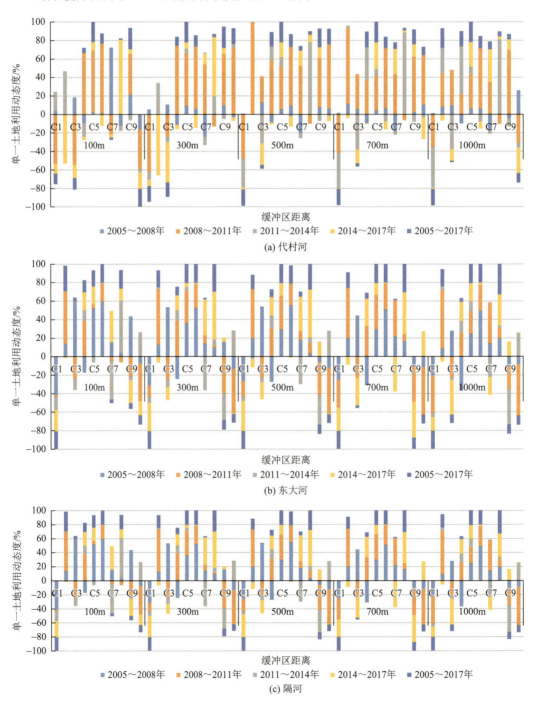

(a) 代村河

(b) 东大河

(c) 隔河

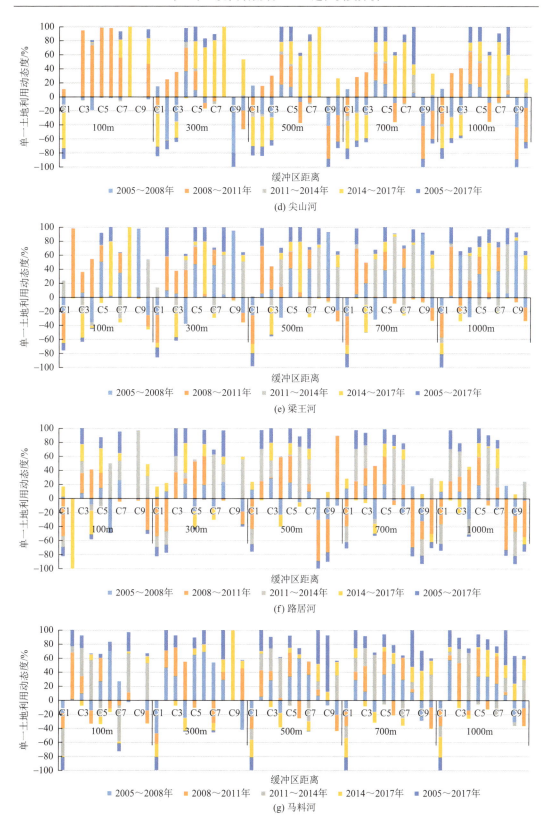

(d) 尖山河

(e) 梁王河

(f) 路居河

(g) 马料河

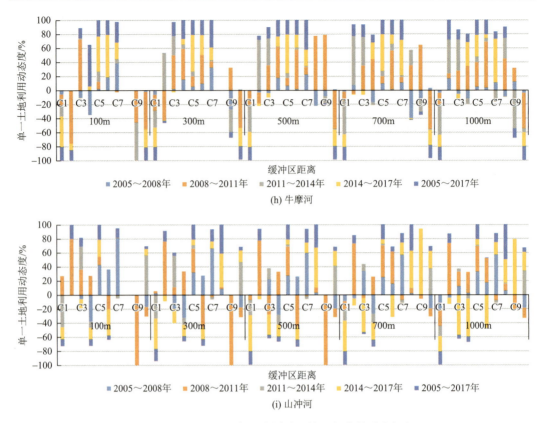

图 3.7 2005～2017 年河岸缓冲区单一土地利用动态度

从图 3.7 可以看出，在河岸缓冲区尺度下，2005～2017 年，荒漠与裸露地表在代村河河岸 300m 缓冲区的增长速度最大，为 50.6%，100m 缓冲区内为 40.63%，随着缓冲区距离增大至 1000m，其增长速率变为 14.7%，而在隔河河岸缓冲区以 8% 左右的速率减少。

人工堆掘地在代村河河岸 100～1000m 缓冲区内，其增长率由 100m 缓冲区内的 4.44% 增长至 1000m 缓冲区的 11.89%；在东大河河岸增长速度均保持在 30% 左右，在 300m 缓冲区内最大，为 39.85%；在尖山河河岸 700m 缓冲区范围内的年增长速度最大，为 276.36%；在梁王河河岸 300m 缓冲区范围内的年增长速度为 163.83%；在山冲河河岸尺度下则由 202.24% 锐增至 240.96%。

园地在东大河河岸 100m 缓冲区范围内的年增长速度最大为 65.44%；在梁王河河岸 300m 缓冲区范围内的年增长速度最大，为 344.63%，随着距离增大至 1000m，其增长速率变为 23.78%。

构筑物在隔河河岸 700m 缓冲区范围内的年增长速度最大，为 12.5%；而在尖山河河岸 100m 缓冲区范围内的年增长速度为 65.31%，随着缓冲区距离增大至 1000m，其增长速率变为 12.88%；在路居河河岸 100m 缓冲区范围内的年增长速度最大，为 70.51%，随着缓冲区距离增大至 1000m，其增长速率变为 13.27%。构筑物在马料河河岸缓冲区范围内的年增长速度较快，随着缓冲区距离增大至 1000m，其增长速率由 100m 缓冲区处的 87.15% 变为 160.84%。构筑物在牛摩河河岸 100m 缓冲区的年增长速率最大，为 44.05%，随着缓冲区距离增大至 1000m，其增长速率变为 6.38%。构筑物在山冲河河岸的年增长速率最大，随着缓冲区距离增大至 1000m，其增长速率由 28.93%锐减至 17.51%。

草地则在牛摩河河岸 100m 缓冲区的年增长速率最大，为 56.17%，随着缓冲区距离增大至 1000m，锐减至 1.48%。

由上述分析可以得出，河岸缓冲区 LULC 类型变化显著的有：代村河河岸的荒漠与裸露地表、尖山河河岸的人工堆掘地、梁王河河岸的园地、马料河河岸的构筑物和牛摩河河岸的草地。

3.3 流域 LULC 空间变化分析

3.3.1 流域 LULC 空间变化分析方法

转移矩阵被广泛应用于 LULC 类型相互转化定量化研究（Pontius et al.，2006；Bai et al.，2009；刘瑞和朱道林，2010），可全面刻画区域 LULC 变化的结构特征和 LULC 类型变化的方向，便于掌握研究期初各类型土地的流向以及研究期末各土地利用类型的来源与构成（朱会义和李秀彬，2003），其表达式为

$$\boldsymbol{P} = \begin{bmatrix} p_{11} & p_{12} & \cdots & p_{1n} \\ p_{21} & p_{22} & \cdots & p_{2n} \\ \vdots & \vdots & & \vdots \\ p_{n1} & p_{n2} & \cdots & p_{nn} \end{bmatrix} \tag{3.3}$$

式中，$\boldsymbol{P}$ 为土地利用转移矩阵；n 表示 LULC 类型数；i、j 分别表示研究初期与末期的 LULC 类型。

转移分析如表 3.2 所示。

表 3.2 土地利用转移分析

时间	地类 1	地类 2	地类 3	地类 j	总量时间 1	支出量
时间 1						
地类 1	P_{11}	P_{12}	P_{13}	P_{1j}	P_{1+}	$P_{1+} - P_{11}$
地类 2	P_{21}	P_{22}	P_{23}	P_{2j}	P_{2+}	$P_{2+} - P_{22}$
地类 3	P_{31}	P_{32}	P_{33}	P_{3j}	P_{3+}	$P_{3+} - P_{33}$
⋮	⋮	⋮	⋮	⋮	⋮	⋮
地类 j	P_{j1}	P_{j2}	P_{j3}	P_{jj}	P_{j+}	$P_{j+} - P_{jj}$
总量时间 2	P_{+1}	P_{+2}	P_{+3}	P_{+j}		
收入量	$P_{+1} - P_{11}$	$P_{+2} - P_{22}$	$P_{+3} - P_{33}$	$P_{+j} - P_{jj}$		

依据表 3.2，可从地类的"收入"和"支出"的量来进一步挖掘地类间的转移规律（王慧敏等，2016）。在此需要界定几个概念。

（1）地类的恒量。地类的恒量表示在 t_1、t_2 时期内地类未发生变化的面积比，即转移矩阵的对角线位置所对应的数值 P_{jj}。

（2）地类的收入 G_j。表示在 t_1、t_2 时期内由其他地类转入到地类 j 的面积百分比，再用地类 j 在总量时间 2 中的比例 P_{+j} 减去该地类的不变量 P_{jj}：

$$G_j = P_{+j} - P_{jj} \tag{3.4}$$

（3）地类的支出 L_j。t_1、t_2 时期内某地类 j 转移部分土地类型的面积占比，为时段 1 中地类 j 的比例 P_{j+} 减去该地类的不变量 P_{jj}：

$$L_j = P_{j+} - P_{jj} \tag{3.5}$$

（4）地类的总变化量 T_j。表示地类 j 在 t_1、t_2 时期的收入 L_j 与支出 G_j 之和：

$$T_j = L_j + G_j \tag{3.6}$$

（5）地类的交换量 S_j。地类的交换量表示地类 j 在 t_1、t_2 时期内收入 L_j 和支出 G_j 两者最小值的两倍：

$$S_j = 2 \times \text{Min}(L_j, G_j) \tag{3.7}$$

（6）地类的净变化量 N_j。地类的净变化量表示地类 j 在 t_1、t_2 时期内的绝对变化量，为该地类在 t_1、t_2 时期的面积百分比差值的绝对值：

$$N_j = |P_{+j} - P_{j+}| \tag{3.8}$$

地类的净变化量反映的是 LULC 类型数量的绝对变化量，在分析时应注意：当其值为 0 时，并不能说明 LULC 无变化，而是表征了 LULC 空间位置的变化。

由于流域是一个封闭完整的系统，地类的收入与支出相等，即一种 LULC 类型的收入，则意味着另外一种 LULC 类型的支出。

3.3.2　流域 LULC 空间变化特征分析

虽然研究时段是等时间间隔的，但由于各年间各类型的转移速率不一样，故利用转移矩阵并不能直接表示 LULC 类型的年变化量。依据 2005～2008 年，2008～2011 年、2011～2014 年、2014～2017 年、2005～2017 年 5 个时段土地利用变化转移矩阵（限于篇幅，仅列出 2005～2017 年的转移矩阵，详见表 3.3，由地类的收入与支出可计算出每个时段内地类的收入与支出量（表 3.4），以便进一步分析 LULC 变化规律。

表 3.3　抚仙湖流域 2005～2017 年 LULC 变化矩阵　　　（单位：hm²）

2005 年	2017 年										
	耕地	园地	林地	草地	房屋建筑（区）	道路	构筑物	人工堆掘地	荒漠与裸露地表	水域	总计
耕地	12629.08	524.50	896.77	645.86	213.70	101.62	208.69	487.12	10.09	81.45	15798.88
园地	34.93	249.00	68.30	17.79	3.58	1.48	4.86	6.32	0.16	0.09	386.51
林地	603.90	100.34	19757.75	820.79	80.17	53.02	72.74	294.64	11.70	11.03	21806.08
草地	275.95	36.46	1145.93	3245.02	29.16	24.09	52.72	125.95	32.00	24.32	4991.60
房屋建筑（区）	8.28	3.06	16.37	5.69	1212.21	7.48	19.17	15.03	5.62	0.30	1293.21

续表

2005 年	2017 年										
	耕地	园地	林地	草地	房屋建筑（区）	道路	构筑物	人工堆掘地	荒漠与裸露地表	水域	总计
道路	9.93	2.14	20.59	5.28	8.21	591.10	5.56	6.18	0.62	0.59	650.19
构筑物	33.68	21.81	33.91	19.05	39.38	6.82	155.15	9.26	2.30	4.28	325.65
人工堆掘地	12.01	5.23	19.46	42.02	16.94	9.20	27.81	68.65	0.02	1.47	202.80
荒漠与裸露地表	10.78	2.48	33.80	35.35	1.52	1.01	2.84	2.11	22.09	6.87	118.86
水域	31.98	13.96	36.95	43.21	3.66	5.29	14.29	2.62	30.42	21776.09	21958.48
总计	13650.52	958.98	22029.84	4880.06	1608.54	801.09	563.83	1017.89	115.02	21906.48	67532.26

表 3.4　抚仙湖流域 2005～2017 年 LULC 收入与支出变化

类型	时段	总获得量	总失去量	总变化量	净变化量	总交换量
耕地	2005～2008 年	0.93	1.59	2.52	0.66	1.86
	2008～2011 年	1.05	2.47	3.52	1.43	2.09
	2011～2014 年	0.43	1.24	1.67	0.82	0.85
	2014～2017 年	0.91	1.19	2.11	0.28	1.83
林地	2005～2008 年	1.87	1.66	3.53	0.21	3.32
	2008～2011 年	2.54	1.58	4.12	0.96	3.16
	2011～2014 年	0.67	0.86	1.53	0.19	1.34
	2014～2017 年	0.51	1.17	1.68	0.66	1.02
园地	2005～2008 年	0.23	0.07	0.30	0.16	0.14
	2008～2011 年	0.69	0.27	0.96	0.42	0.54
	2011～2014 年	0.34	0.06	0.40	0.28	0.12
	2014～2017 年	0.21	0.23	0.44	0.02	0.42
草地	2005～2008 年	1.38	1.48	2.86	0.10	2.76
	2008～2011 年	1.63	2.04	3.67	0.41	3.26
	2011～2014 年	1.02	0.58	1.60	0.44	1.16
	2014～2017 年	0.55	0.64	1.19	0.09	1.10
房屋建筑（区）	2005～2008 年	0.16	0.04	0.20	0.12	0.08
	2008～2011 年	0.22	0.08	0.30	0.14	0.16
	2011～2014 年	0.06	0.03	0.09	0.03	0.06
	2014～2017 年	0.24	0.06	0.30	0.18	0.12
道路	2005～2008 年	0.07	0.03	0.10	0.04	0.06
	2008～2011 年	0.16	0.08	0.24	0.08	0.16
	2011～2014 年	0.02	0.02	0.04	0.00	0.04
	2014～2017 年	0.12	0.02	0.14	0.10	0.04
构筑物	2005～2008 年	0.25	0.10	0.35	0.15	0.20

续表

类型	时段	总获得量	总失去量	总变化量	净变化量	总交换量
构筑物	2008~2011 年	0.46	0.21	0.67	0.25	0.42
	2011~2014 年	0.09	0.31	0.40	0.22	0.18
	2014~2017 年	0.36	0.18	0.54	0.18	0.36
人工堆掘地	2005~2008 年	0.19	0.06	0.25	0.13	0.12
	2008~2011 年	0.37	0.19	0.56	0.18	0.38
	2011~2014 年	0.50	0.07	0.57	0.43	0.14
	2014~2017 年	0.79	0.33	1.12	0.46	0.66
荒漠与裸露地表	2005~2008 年	0.19	0.10	0.29	0.09	0.20
	2008~2011 年	0.18	0.16	0.34	0.02	0.32
	2011~2014 年	0.03	0.09	0.12	0.06	0.06
	2014~2017 年	0.04	0.02	0.06	0.02	0.04
水域	2005~2008 年	0.04	0.09	0.13	0.05	0.08
	2008~2011 年	0.04	0.27	0.31	0.23	0.08
	2011~2014 年	0.12	0.02	0.14	0.10	0.04
	2014~2017 年	0.16	0.06	0.22	0.10	0.12

表 3.3 表明，2005~2017 年：①从转移的数量比例来看，水域变化极小，保持 99.17%不变，其次是房屋建筑（区）、道路、林地，分别保持 93.74%、90.91%、90.61%不变；而荒漠与裸露地表变化极大，仅保持 18.58%不变；②从类型转移的方向来看，耕地主要向林地、园地、草地、人工堆掘地转换，园地主要向林地、耕地、草地、人工堆掘地转换，林地主要向草地、耕地、人工堆掘地转换，草地主要向林地、耕地、人工堆掘地转换，房屋建筑（区）主要向构筑物和林地转换，构筑物主要向房屋建筑（区）、耕地、林地转换，人工堆掘地主要向草地、林地、房屋建筑（区）转换，荒漠与裸露地表主要向草地、林地、耕地转换。

流域土地利用类型转移方向表明，流域水体面积变化较小，人类活动对其干扰较小；耕地向林地转换表明，流域退耕还林政策实施的成效较好；而各个地类均有向人工堆掘地转移的现象，表明流域范围内人类活动对地表干预程度较大。

从表 3.4 中可以看出：①从地类的变化量来看，抚仙湖流域林地总变化量最大，四个时段变化量的和占土地总面积的 10.86%，其次是耕地和草地，分别占 9.82%和9.32%，道路和荒漠与裸露地表相对较小，分别占 0.52%和0.81%；②从地类的变化构成来看，林地、草地和耕地主要表现为交换变化，而人工堆掘地和构筑物则为净变化。林地、草地的总变化量最大，其净变化量分别达到 2.02%、1.04%，占总变化量的 18.60%、11.16%，表明林地、草地的变化主要表现为数量的减少。而荒漠与裸露地表、道路、房屋建筑（区）、水域的净变化量仅为 0.19%、0.22%、0.47%、0.48%，交换变化量几乎等于总变化量，表明荒漠与裸露地表、道路、房屋建筑（区）、水域的变化主要表现为空间位置的转移。

3.4 流域 LULC 景观格局变化分析

3.4.1 流域 LULC 景观格局分析方法

多尺度空间格局分析（尤其是特征尺度的识别）是进行尺度效应分析的基础。常用的分析方法有空间统计学方法、景观指数法和分维分析法等（Turner et al.，2001；Wu and Hobbs，2002）。结合研究区具体情况，基于常用性、简化性等原则，最终选择 8 个景观格局指数开展流域 LULC 格局分析（表 3.5）。

表 3.5 景观格局指数

指数类型	指数名称	计算公式	生态学意义
景观破碎化指数	景观斑块类型的总数（number of patch，NUMP）	$\text{NUMP} = N_i$（N_i 表示景观斑块的数目）	景观的完整性和破碎化，斑块数目越多，斑块完整性越低，破碎化越严重
	斑块面积标准差（patch size standard deviation，PSSD）	$\text{PSSD} = \sqrt{\dfrac{\sum\limits_{i=1}^{m}\sum\limits_{j=1}^{n}\left[a_{ij}-\left(\dfrac{A}{N}\right)\right]^2}{N}}$（$a_{ij}$ 表示斑块间的面积；A 表示景观斑块总面积；N_i 表示景观斑块的总数量）	某一类型景观中所有斑块面积的差异，表征斑块面积的变化量和各类型面积均衡的水平，度量斑块面积的差异
景观边缘特征指数	边缘密度（edge density，ED）	$\text{ED} = \dfrac{1}{A}\sum\limits_{i=1}^{m}\sum\limits_{j=1}^{n}P_{ij}$（$P_{ij}$ 表示斑块之间的边界长度；A 表示景观斑块总面积）	景观类型的边界弯曲程度，边缘密度越大，越利于其自身与外界类型在物质和能量中的交换
景观形状指数	平均形状指数（mean shape index，MSI）	$\text{MSI} = \dfrac{\sum\limits_{i=1}^{m}\sum\limits_{j=1}^{n}\left(\dfrac{0.25P_{ij}}{\sqrt{A_{ij}}}\right)}{N}$（$P_{ij}$ 表示斑块之间的周长；A_{ij} 表示斑块之间的面积；N_i 表示景观斑块的总数量）	斑块形状的复杂程度，其值越高，表示斑块多样性越高，斑块的自我相似性越小，几何形状越趋于复杂化，人类对景观类型的干扰越大
面积加权平均分维数	面积加权平均分维数（fractall area-weighted mean，FRAC-AM）	$\text{FRAC-AM} = 2\ln(P/K)/\ln(A)$（$P$ 表示周长；A 表示斑块面积；Fd 表示分维数；K 表示常数）	1＜FRAC-AM＜2。FRAC-AM 大于 1 表示偏离欧几里得几何形状。当斑块形状极为复杂时，面积加权平均分维数趋于 2
景观多样性指数	香农多样性指数（Shannon's diversity index，SHDI）	$\text{SHDI} = \sum\limits_{i=1}^{m}[P_i\ln(P_i)]$（$P_i$ 表示斑块在景观中的面积比例）	景观类型信息的多样性，其值越高表示该景观多样性越丰富，在生态系统稳定的分析中表示整个系统异质性高，均衡度好
	香农均匀度指数（Shannon species evenness index，SHEI）	$\text{SHEI} = \dfrac{H}{H_{\max}}$（$H$ 表示实际多样性指数；$H_{\max}$ 表示最大多样性指数）	景观斑块类型分配的均匀程度。SHEI 值较小时优势度一般较高，可反映出景观受到一种或少数几种优势斑块类型所支配；SHEI 趋近 1 时优势度低，说明景观中没有明显的优势类型且各斑块类型在景观中均匀分布
景观物理连接度	斑块连通性指数（patch cohesion index，COHES）	$\text{COHES} = \left(1-\dfrac{\sum\limits_{i=1}^{m}P_{ij}}{\sum\limits_{i=1}^{m}P_{ij}\times\sqrt{a}}\right)\times\left(1-\dfrac{1}{\sqrt{A}}\right)$；（$P_{ij}$ 表示斑块之间的边界长度；A 表示景观斑块总面积；a 表示斑块面积）	类型水平尺度上，取值范围为 0～100。0 表示景观中某斑块类型的比例降低且不断细化，连通性降低，随着组成比例提高，值相应增加

3.4.2 流域 LULC 景观格局变化特征分析

利用 ArcGIS10.1 中的 Patch Analyst 模块计算选取的 8 个景观格局指数,从景观水平层次开展抚仙湖流域 2005～2017 年 LULC 景观格局多尺度特征分析。

1. 全流域 LULC 景观格局变化特征

经计算,2005 年、2008 年、2011 年、2014 年、2017 年全流域尺度 LULC 景观格局指数变化如表 3.6 所示。

表 3.6　全流域尺度 LULC 景观格局指数变化

指数	年份				
	2005	2008	2011	2014	2017
NUMP	17098	18965	20127	20830	20936
COHES	97.60	97.92	97.74	97.75	97.57
ED	55.70	56.63	58.50	59.04	60.28
FRAC-AM	1.19	1.19	1.19	1.19	1.19
MSI	1.21	1.20	1.21	1.20	1.20
PSSD	368.00	377.77	361.80	354.93	343.79
SHDI	1.46	1.48	1.51	1.53	1.56
SHEI	0.64	0.64	0.66	0.66	0.68

从表 3.6 可以看出,斑块数目由 2005 年的 17098 个增加至 2017 年的 20936 个,增加 22%左右,说明一定程度上,人类活动对地表的扰动日趋加强。斑块数排序为:林地＞草地＞耕地＞房屋建筑(区)＞构筑物＞水域＞荒漠与裸露地表＞道路＞园地＞人工堆掘地。2005～2017 年斑块面积标准差 PSSD 由 368.00 减小至 343.79;边缘密度 ED 呈小幅增加趋势,由 2005 年的 55.70 增加至 2017 年的 60.28;香农多样性指数 SHDI 由 1.46 增加至 1.56,呈逐年增加趋势;而平均形状指数 MSI、面积加权平均分维数 FRAC-AM、斑块连通性指数 COHES、香农均匀度指数 SHEI 波动很小,变化甚微。例如,斑块连通性指数 COHES 保持在 97 附近;FRAC-AM 保持在 1.19 左右,平均形状指数 MSI 在 1.20～1.21;SHEI 由 0.64 增加至 0.68。

斑块之间的面积差异缩小,大面积斑块结构较为稳定,变化较小,主要由小面积斑块的变化引起。受自然和人为活动的干扰,一些异质斑块被其他类型斑块融合而消失,一些斑块生境得到改善,面积扩大,二者均会使小面积的斑块面积增大,从而与大面积斑块的面积差异缩小。流域斑块面积标准差最大的景观类型为水域、林地、耕地,其中水域为所有景观类型中标准差最大。这主要是因为水域景观类型中存在极大斑块(抚仙湖)与极小斑块(小水塘),从而导致整体水域斑块的标准差增大。

2005～2017 年边缘密度 ED 呈增加趋势,表明流域内景观破碎化程度加剧且差异显著。流域耕地与林地景观的边界密度指数最大，边界效应显著。这主要是因为耕地与林地开放性强，易于与周围斑块发生物质能量流，稳定性较差，景观破碎化程度高，而草地、构筑物、堆掘地、裸地、水域景观的边界密度较低，景观稳定性较高。2014～2017 年其边缘密度 ED 呈变大的趋势，主要原因是流域退耕还林还草政策的进一步推进，林草景观在一定程度得到恢复，分散耕地斑块的退耕致使破碎斑块得以连接成片，边界弯曲度增大，边缘密度增加，有利于自身与外界类型的物质能量交换。

2. 子流域 LULC 景观格局变化特征

2005～2017 年子流域 LULC 景观格局指数变化如表 3.7 所示。

表 3.7　2005～2017 年子流域 LULC 景观格局指数变化

指数	子流域	2005 年	2008 年	2011 年	2014 年	2017 年
NUMP	DCH	547	566	725	710	699
	DDH	1884	1963	2166	2181	2268
	GH	72	84	78	75	80
	JSH	1061	1108	1168	1190	1274
	LWH	1693	1748	1801	1804	1703
	LJH	507	563	561	598	550
	MLH	559	597	604	681	709
	NMH	177	179	291	299	303
	SCH	891	936	989	1024	1007
COHES	DCH	98.75	98.45	98.18	98.08	97.63
	DDH	98.05	98.12	97.91	97.88	97.39
	GH	97.45	97.25	97.52	97.54	97.34
	JSH	98.84	98.85	98.84	98.72	98.59
	LWH	98.85	99.14	98.58	98.59	98.82
	LJH	98.67	98.79	98.95	98.89	98.82
	MLH	96.82	96.55	96.37	96.08	95.38
	NMH	97.67	97.76	95.75	94.27	94.41
	SCH	98.60	98.45	98.46	98.44	98.30
ED	DCH	203.19	201.59	229.32	222.89	223.34
	DDH	184.23	183.74	192.13	191.70	193.49
	GH	197.79	211.43	197.04	193.01	205.75
	JSH	174.82	175.69	179.86	181.12	186.63
	LWH	173.19	178.22	183.86	181.91	182.25
	LJH	163.38	176.07	178.04	181.07	173.15
	MLH	171.01	183.83	191.60	205.23	210.66
	NMH	201.66	207.31	241.18	247.70	251.64
	SCH	191.99	196.11	200.86	203.02	207.31

续表

指数	子流域	2005 年	2008 年	2011 年	2014 年	2017 年
FRAC-AM	DCH	1.29	1.28	1.28	1.26	1.25
	DDH	1.26	1.26	1.26	1.25	1.24
	GH	1.20	1.20	1.20	1.20	1.20
	JSH	1.29	1.29	1.29	1.29	1.28
	LWH	1.29	1.30	1.28	1.28	1.29
	LJH	1.27	1.29	1.29	1.29	1.28
	MLH	1.19	1.19	1.19	1.19	1.18
	NMH	1.22	1.23	1.20	1.18	1.18
	SCH	1.28	1.27	1.27	1.27	1.27
MSI	DCH	1.38	1.36	1.36	1.36	1.38
	DDH	1.37	1.35	1.33	1.34	1.34
	GH	1.40	1.41	1.37	1.35	1.42
	JSH	1.37	1.36	1.36	1.36	1.36
	LWH	1.30	1.30	1.30	1.30	1.32
	LJH	1.41	1.40	1.40	1.38	1.39
	MLH	1.27	1.29	1.31	1.31	1.31
	NMH	1.33	1.33	1.31	1.34	1.33
	SCH	1.34	1.33	1.32	1.32	1.34
PSSD	DCH	22.78	19.23	16.34	15.63	14.03
	DDH	23.91	25.56	20.42	20.21	16.87
	GH	10.81	9.96	10.59	10.82	10.41
	JSH	33.32	32.66	32.67	31.09	29.25
	LWH	33.87	44.41	26.87	26.83	33.90
	LJH	32.34	31.36	34.43	32.75	32.96
	MLH	13.16	12.18	11.74	10.76	9.44
	NMH	13.84	13.73	8.08	6.14	6.01
	SCH	26.66	25.22	24.45	23.89	23.10
SHDI	DCH	1.31	1.29	1.38	1.59	1.64
	DDH	1.31	1.32	1.36	1.40	1.47
	GH	0.88	0.93	0.88	0.87	0.93
	JSH	1.01	1.00	1.01	1.02	1.09
	LWH	1.18	1.22	1.23	1.24	1.24
	LJH	1.09	1.07	1.08	1.09	1.12
	MLH	1.38	1.48	1.53	1.58	1.70
	NMH	1.38	1.38	1.43	1.55	1.60
	SCH	1.29	1.33	1.31	1.34	1.43
SHEI	DCH	0.57	0.56	0.60	0.69	0.71
	DDH	0.57	0.57	0.59	0.61	0.64

续表

指数	子流域	2005 年	2008 年	2011 年	2014 年	2017 年
SHEI	GH	0.42	0.42	0.42	0.42	0.45
	JSH	0.44	0.43	0.46	0.46	0.50
	LWH	0.51	0.53	0.53	0.54	0.54
	LJH	0.48	0.49	0.49	0.47	0.49
	MLH	0.63	0.67	0.70	0.72	0.74
	NMH	0.60	0.60	0.62	0.67	0.70
	SCH	0.59	0.58	0.60	0.58	0.62

从表 3.7 可以看出，各子流域的斑块类型的总数 NUMP、边缘密度 ED 均呈增加趋势，而斑块面积标准差 PSSD 则呈减小趋势，其余指标变化甚微。其中，东大河流域斑块类型的 NUMP 总数由 2005 年的 1884 个增加至 2017 年的 2268 个，增加了 20.38%左右，增幅最大，表明东大河流域人类对地表的干预程度较其他流域强；而隔河流域仅增加了 8 个。

2017 年，斑块面积标准差 PSSD 排序为：梁王河>路居河>尖山河>山冲河>东大河>代村河>隔河>马料河>牛摩河。从斑块面积标准差 PSSD 的变化情况来看，2005～2017 年，9 个子流域中，只有路居河流域和梁王河流域呈增加趋势，其余 7 个子流域均为减小趋势。路居河流域由 32.34 增加至 32.96，增加了 0.62；其次是梁王河流域，由 33.87 增加至 33.90，增加了 0.03，而代村河流域减幅最大，由 22.78 减少至 14.03，减少了 8.75；其次是牛摩河，由 13.84 减少至 6.01，减少了 7.83。

2017 年斑块连通性指数 COHES 排序为：梁王河 = 路居河>尖山河>山冲河>代村河>东大河>隔河>马料河>牛摩河。从斑块连通性指数 COHES 的变化情况来看，2005～2017 年，9 个子流域中，只有路居河流域呈增加趋势，其余 8 个子流域为减少趋势。路居河流域由 98.67 增加至 98.82，增加了 0.15，而牛摩河流域减幅最大，由 97.67 减少至 94.41，减少了 3.26。

2017 年边缘密度 ED 排序为：牛摩河>代村河>马料河>山冲河>隔河>东大河>尖山河>梁王河>路居河。从边缘密度 ED 的变化情况来看，2005～2017 年，9 个子流域的斑块数均呈增加趋势。牛摩河流域由 201.66 增加至 251.64，增加了近 50；其次是代村河流域，由 203.19 增加至 223.34，增加了近 20；隔河流域增幅最小，由 197.79 增加至 205.75，仅增加了 7.96。

2017 年面积加权平均分维数 FRAC-AM 排序为：梁王河>路居河 = 尖山河>山冲河>代村河>东大河>隔河>牛摩河 = 马料河。从面积加权平均分维数 FRAC-AM 的变化情况来看，2005～2017 年，9 个子流域中，除路居河流域为增加趋势外，有 7 个子流域均为减少趋势。路居河流域由 1.27 增加至 1.28，增加了 0.01；隔河流域无变化；而代村河和牛摩河流域减幅最大，分别由 1.29 减少至 1.25、由 1.22 减少至 1.18，都减少了 0.04。

2017 年平均形状指数 MSI 排序为：隔河>路居河>代村河>尖山河>东大河 = 山冲河>牛摩河>梁王河>马料河。从平均形状指数 MSI 的变化情况来看，2005～2017 年，

9 个子流域中，马料河、梁王河、隔河有增加趋势，马料河增幅最大，由 1.27 增加至 1.31，增加了 0.04；山冲河几乎没有变化；而尖山河、东大河、路居河为减少趋势，路居河的减幅最大，由 1.41 减小至 1.39，为 0.02。

2017 年，香农均匀度指数 SHEI 排序为：马料河＞代村河＞牛摩河＞东大河＞山冲河＞梁王河＞尖山河＞路居河＞隔河。从香农均匀度指数 SHEI 的变化情况来看，2005～2017 年，9 个子流域均呈增加趋势，代村河的增幅最大，由 0.57 增加至 0.71，增加了 0.14；其次是马料河，由 0.63 增加至 0.74，增幅为 0.11；路居河增幅最小，由 0.48 增加至 0.49，仅增加了 0.01。

2017 年，香浓多样性指数 SHDI 排序为：马料河＞代村河＞牛摩河＞东大河＞山冲河＞梁王河＞路居河＞尖山河＞隔河。从 SHDI 的变化情况来看，2005～2017 年，9 个子流域均呈增加趋势，代村河的增幅最大，由 1.31 增加至 1.64，增幅为 0.33，其次是马料河，由 1.38 增加至 1.70，增幅为 0.32；路居河增幅最小，由 1.09 增加至 1.12，增幅为 0.03。

3. 河岸缓冲区 LULC 景观格局变化特征

2005～2017 年河岸缓冲区景观格局指数如图 3.8 所示。从图 3.8 可看出，河岸缓冲区 LULC 景观格局特征表现为：①随着时间的推移和缓冲区距离的增大，NUMP 均呈现不同程度的增加，梁王河增加最大，东大河次之；②PSSD 与 NUMP 相似；③COHES 呈小幅增加，呈现波动现象，有增有减，变动范围在 91～98；④ED 均呈现不同程度的减少，各河岸均为 100m 范围内的值最大，1000m 最小，隔河最大，路居河最小；⑤FRAC-AM 在各个河岸不同缓冲区内差异极小，在 1.14～1.25 区间内波动，增减值不超过 0.1，总体而言，在 1000m 内的值最大，山冲河河岸的值大于其余河岸；⑥MSI 与 FRAC-AM 相似，

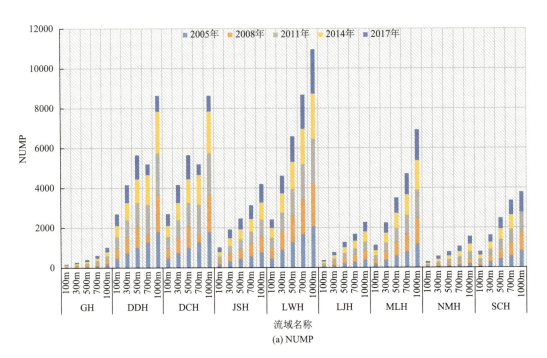

(a) NUMP

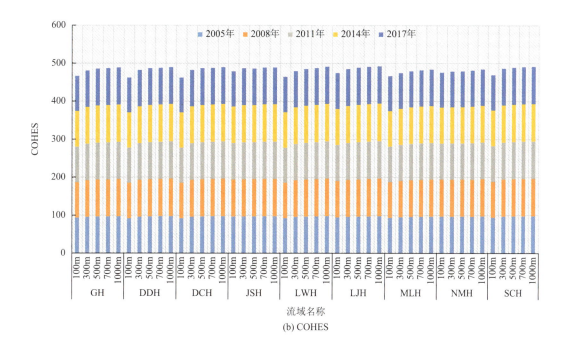

(b) COHES

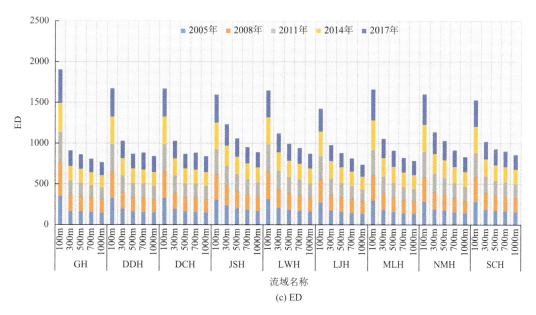

(c) ED

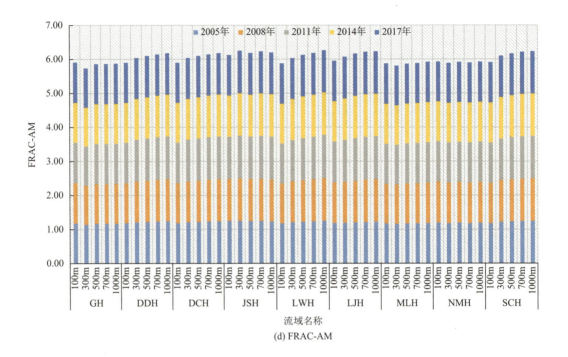

(d) FRAC-AM

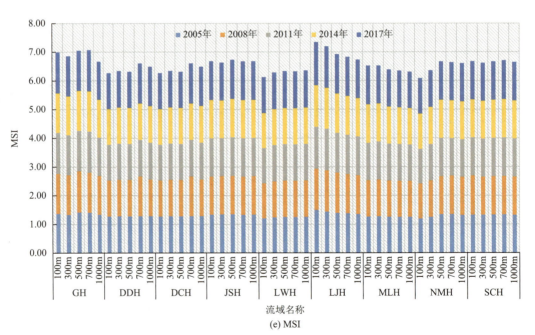

(e) MSI

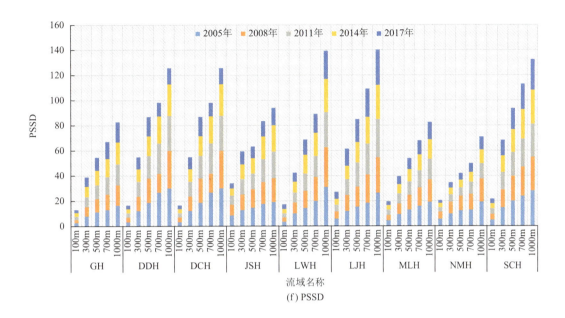

(f) PSSD

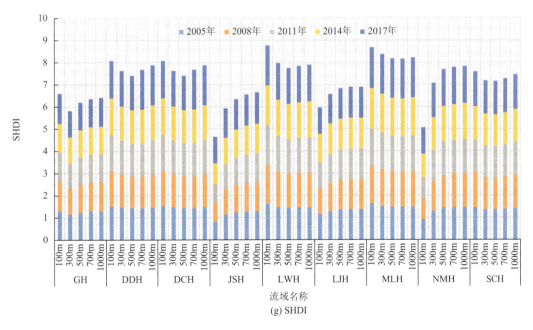

(g) SHDI

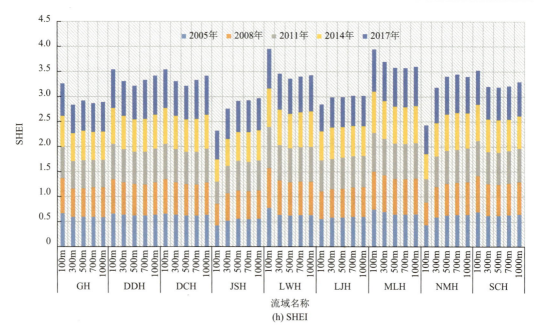

图 3.8　2005～2017 年河岸缓冲区 LULC 景观格局指数

其值在 1.2～1.50 波动，路居河在 100m 范围内最大，牛摩河的值总体较小；⑦SHDI 在 100m 范围内，梁王河和马料河的值最大，分别为 1.81 和 1.84，而尖山河和牛摩河仅为 0.83 和 0.92；⑧SHEI 与 SHDI 相似，梁王河和马料河的值最大，分别为 0.82 和 0.84，而尖山河和牛摩河仅为 0.43 和 0.44。

在河岸缓冲区内，林地与耕地景观比较破碎，也是最易产生物质能量流交互的景观。由于耕地与林地是缓冲区内的基质景观，面积大、斑块多，但多以碎小斑块存在，因此稳定性较差。从边缘密度指数的变化来看，所有年份在 100m 缓冲区变化最大，说明在 100m 缓冲区内景观最为破碎，且不稳定。主要原因有：一是人为对 100m 缓冲区内的景观进行切分，导致斑块人为破碎化；二是 100m 河岸地带人类活动干扰强，易受河流洪水影响，造成斑块边界不稳定。500～700m 的河岸缓冲区面积加权平均分维数最大，表明斑块与基质的交互作用大，随缓冲区距离的增加，此范围内斑块的破碎化与离散程度增加，主要原因是随着缓冲区范围扩大，多种景观类型共生，景观斑块增加。而在 300～1000m 缓冲区内边缘密度指数 ED 变化不大，尤其是 700～1000m 缓冲区变化最小，说明景观随缓冲区距离的增大而趋于稳定，破碎化程度进一步弱化。

3.5　流域 LULC 时空演变过程分析

3.5.1　流域 LULC 时空演变过程分析方法

1. 变化轨迹方法概述

变化轨迹分析方法是一种描述地理空间要素随时间尺度变化的新方法，即对地理空间要素变化时间格局的动态刻画。通过栅格叠加计算的方式，将不同时间节点的栅格状态重新合并成一个新的栅格数据，形成一个新的变化轨迹图谱，通过对变化轨迹图谱进行统计分析来揭示时间变化中的地理空间要素时空变化特征（黄勇等，2015）。利用变化轨迹分析方法可刻画一个给定像元在一定时间段内所发生的所有 LULC 类型的转变过程（黄方和张学敏，2015）。

2. 流域 LULC 变化轨迹表达方法

LULC 变化时间序列过程常用轨迹代码来表示，如 11111、11211、22233、AAABB、AAABE 等，字母和数字代表一个时间节点相应栅格内的 LULC 类型。栅格叠加的计算方法（Wang et al.，2012）为

$$T_{ij} = (G1)_{ij} \times 10^{n-1} + (G2)_{ij} \times 10^{n-2} + (G3)_{ij} \times 10^{n-3} + \cdots + (Gn)_{ij} \times 10^{n-n} \qquad (3.9)$$

式中，T_{ij} 为栅格叠加后形成的结果栅格图像中第 i 行第 j 列栅格的轨迹代码值，无数学意义，表征 LULC 变化过程；n 为时段数；$(G1)_{ij}, (G2)_{ij}, \cdots, (Gn)_{ij}$ 为每个时段栅格的 LULC 类型代码值。

一般而言，若 LULC 类别数小于 10，用数字来表示 LULC 类型；而大于 10 时，则采用字母表示。在变化轨迹图谱中，轨迹斑块的代码表示斑块在研究时段内的类型变化过程。如斑块轨迹代码"ABCDD"（种植土地→林草覆盖→不透水表面→其他用地→水域）表示在 5 个时段内地类变化过程，即从第一个时间节点到第二个时间节点由种植土地变为林草覆盖地，第二个时间节点到第三个时间节点由林草覆盖地变为不透水表面，第三个时间节点到第四个时间节点由不透水表面变为其他用地，最后一个时间点由其他用地变为水域。

3.5.2　流域 LULC 时空演变结果分析

依据流域 LULC 变化轨迹表达方法，由于 LULC 最小图斑面积为 100m²，故将流域每年 LULC 矢量转换成 10m×10m 栅格数据，并重新编码，将耕地、林地、园地、草地、房屋建筑（区）、道路、构筑物、人工堆掘地、荒漠与裸露地表、水域依次编码为 A、B、C、D、E、F、G、H、I、J。利用 ArcGIS 对 5 个时间节点的 LULC 数据进行 Combine 叠加，生成新的栅格属性值图层，利用该图层可计算出 5 个时段内 10 个 LULC 类型转换的类型有 3894 种，选取每种类型转换轨迹数量排序前五的作为典型的地类变化轨迹（表 3.8 和图 3.9）。根据生产的栅格属性值，在 JQuery 和 ECharts 环境中，以 javaScript 为开发语言，实现 LULC 变化轨迹网络动态可视化（图 3.9）。具体步骤包括：

（1）首先把变化轨迹.xlsx 表里字段规范化，防止编码中出现字母外的其他数字或标点符号，然后生成 json 文件；

（2）通过 js 读取 json 文件，对五年内相邻两年中一种地类转换为另一种地类的次数以及转换前地类和转换后地类做统计记录，5 年中共统计 4 个相邻两年时间段变化情况。去除相同地类的转换，5 年内 10 种地类共统计出 90 种不同地类之间的转换；

（3）运用 echarts 在页面里生成十个点，代表 10 种地类，通过之前的统计记录，进行两地类间连线，次数越多，则线越粗。同时设置样式，每种地类向其他地类转换的线颜色为同一种颜色，共十种颜色，转换趋势用箭头表示，同时为每条线附上文字描述。

表 3.8　2005～2017 年抚仙湖流域 LULC 变化轨迹面积及占比

类别 1	类别 2	主要变化轨迹(2005 年→2008 年→2011 年→2014 年→2017 年)	面积/km²	占比/%
未变化	耕地	AAAAA	120.05	17.78
	林地	BBBBB	1.97	0.29
	园地	CCCCC	192.83	28.55
	草地	DDDDD	27.41	4.06
	房屋建筑（区）	EEEEE	11.96	1.77
	道路	FFFFF	5.82	0.86
	构筑物	GGGGG	1.36	0.20
	人工堆掘地	HHHHH	0.56	0.08
	荒漠与裸露地表	IIIII	0.13	0.02
	水域	JJJJJ	217.01	32.13
变化	耕地	ACCCC、AACCC、AABBB、AAAAH、AADDD	13.32	1.97
	林地	BBCCC、BBABB、BBAAA、BABBB、BBBBA	1.01	0.15
	园地	CDDDD、CCDDD、CDCCC CAAAA、CCCCA	10.78	1.59
	草地	DDCCC、DCCCC、DCDDD、DDDCC、DDAAA	12.65	1.87
	房屋建筑（区）	EEEEH、EECCC、EEGGG、EGGGG、EEFFF	0.32	0.04
	道路	FFCCC、FFEEE、FCCCC、FFAAA、FFFFH	0.28	0.04
	构筑物	GGAAA、GGCCC、GGBBB、GGGGB、GGGGA	0.36	0.05
	人工堆掘地	HHCCC、HHEEE、HHAAA、HAAAA、HBBBB	0.31	0.04
	荒漠与裸露地表	IDDDD、ICCCC、IACCC、IAAAA、ICIII	0.31	0.04
	水域	JJDDD、JJIIII、JJCCC、JJJJD、JJAAA	0.72	0.10

从表 3.8 可以看出，2005～2017 年，耕地、园地、草地变化较大，耕地变化主要有五种方式，面积为 13.32km²，占比为 1.97%。未变化面积较大的有：水域（面积为 217.01km²，占比为 32.13%）、园地（面积为 192.83km²，占比为 28.55%）、耕地（面积为 120.05km²，占比为 17.78%）、草地（面积为 27.41km²，占比为 4.06%），同其他地类相比，水域、园地、耕地、草地的变化不大，而水域变化最小。

图 3.9 揭示了抚仙湖流域 LULC 变化方式的空间分异。从图 3.9 可以看出，变化显著的区域主要分布在地势平坦，距离居民地、水源和道路较近的抚仙湖北岸坝区、东岸海口片区和南岸阳光海岸等区域。而地势陡峭和距离居民地、水源和道路较远的山区地类变化极小。

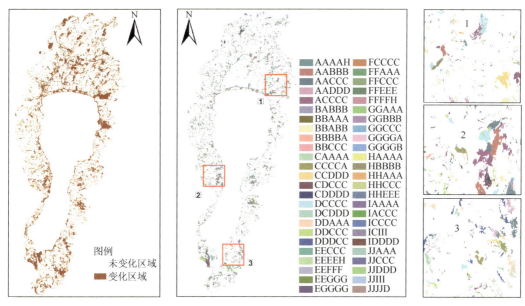

图 3.9　抚仙湖流域 LULC 变化与未变化的典型轨迹分布

从图 3.10 可看出，研究区地类主要在 A、B、C、D、G、H 之间转化，表明耕地主要向园地、林地、人工堆掘地、草地转换；林地主要向园地、耕地转换；园地主要向草

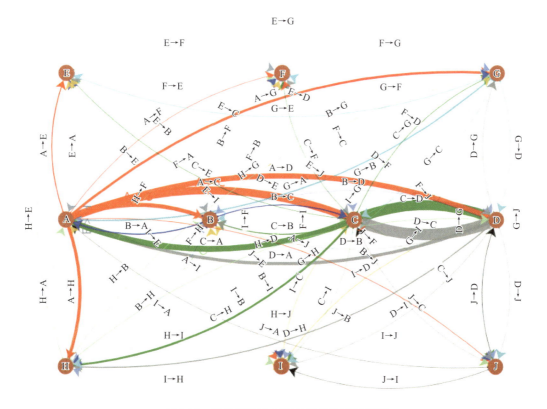

图 3.10　抚仙湖流域 LULC 变化轨迹网络图

地、耕地转换；草地主要向园地、耕地转换；房屋建筑（区）主要向人工堆掘地、园地、构筑物转换；道路主要向人工堆掘地、草地、耕地、房屋建筑（区）转换；构筑物主要向耕地、草地、林地转换；人工堆掘地主要向园地、耕地、房屋建筑（区）、林地转换；荒漠与裸露地表主要向园地、耕地、草地转换；而水域主要向园地、耕地、草地转换。

3.6 流域 LULC 强度空间分异

3.6.1 流域 LULC 强度空间分异分析方法

1. LULC 强度指数

人类活动导致土地自然综合体的原始自然属性不断降低，从而使土地利用类型发生改变。不同的土地利用类型在一定程度上表征人类活动的扰动程度或土地利用强度的大小。土地利用强度反映了土地被利用的深度与广度（徐岚和赵后羿，1993）。为定量描述土地利用强度，庄大方和刘纪远（1997）提出了土地利用强度分析方法，依据土地自然综合体在社会因素影响下的自然平衡保持状态，把土地利用强度分为 4 级，并赋值 1～4（表 3.9），每个级别对应相应的土地利用类型，计算方法为

$$L = 100 \times \left(\sum_{i=1}^{4} A_i \times S_i / S \right) \qquad (L \in [100, 400], i = 1, 2, 3, 4) \qquad (3.10)$$

式中，L 代表土地利用强度综合指数；A_i 为第 i 级土地利用强度分级指数；S_i 为第 i 级土地利用面积；S 为土地总面积。

表 3.9 土地利用强度分级赋值表

土地利用类型	未利用土地级	林、草、水用地级（林地、草地、湿地）	农业用地级（耕地）	城镇聚落用地级（建设用地）
分级指数	1	2	3	4

2. 空间自相关分析方法

地理数据由于受空间相互作用和空间扩散的影响，彼此之间不可能相互独立，具有空间自相关性。空间自相关指一些变量在同一个分布区内的观测数据之间潜在的相互依赖性，包括全局和局部空间自相关。全局空间自相关是对属性在整个区域空间特征的描述；局部空间自相关是研究范围内各空间位置与邻近位置的同一属性相关性。局部空间自相关常用局部莫兰（local Moran's I）指数来衡量，安瑟兰（Anselin）将其称为 LISA，用来揭示空间地域单元与其邻近空间单元属性特征值之间的相似性或相关性，也常用来识别"热点区域"或用于数据的异质性检验，其空间集聚类型与全局相关的空间聚集类型相同。常用的计算空间自相关的方法有 Moran's I、Jion count、Getis、Geary's C 等。而Moran's I 应用最多（邱炳文等，2007）。全局 Moran's I（global Moran's I）指数（I）、局部 Moran's I 指数（I_i）计算公式如下：

$$I = \frac{n \sum\limits_{i=1}^{n} \sum\limits_{j \neq 1}^{n} w_{ij}(x_i - \overline{x})(x_j - \overline{x})}{\left(\sum\limits_{i=1}^{n} \sum\limits_{j=1}^{n} w_{ij} \right) \sum\limits_{i=1}^{n} (x_i - \overline{x})^2} \tag{3.11}$$

$$I_i = \frac{(x_i - \overline{x})}{\sum\limits_{i=1}^{n} (x_i - \overline{x})^2 / n} \sum\limits_{j}^{n} w_{ij}(x_i - \overline{x}) \tag{3.12}$$

式中，$i \neq j$；n 为空间单元数；x_i 和 x_j 分别为 x 在空间单元 i 和 j 上的观测值；$\overline{x}$ 是 x 的平均值；w_{ij} 为空间权重矩阵，相邻时取值为 1，不相邻时取值为 0。

Moran's I $\in [-1,1]$，在限定的显著性水平下，大于 0 表示各单元间存在空间正相关，单元内的观察值有趋同趋势，其值越大，表明观察值自相关性越强，其聚集性也强，其相似值呈现高-高值或低-低值的空间聚集；小于 0 表示各单元存在空间负相关，单元内的观察值有差异趋势，其相似值呈高-低值或低-高值空间聚集；等于 0 表示各单元存在空间不相关，属于独立随机分布。依据生成的 Moran 散点图，可将区域空间差异划分为五种类型：高-高聚集（HH）、低-低聚集（LL）、高-低聚集（HL）、低-高聚集（LH）和无显著。

高-高聚集表示格网本身与邻近格网单元格土地利用程度均显著增高，空间差异程度小；低-低聚集表示两者均显著降低，但两者的差异程度也小；低-高聚集表示格网本身土地利用强度降低，而邻近格网的值增高，差异程度大；高-低聚集则与之相反。如果格网本身与邻近格网单元格的土地利用强度增减不显著，则说明两者无显著的空间差异。

半变异函数是地统计分析的特有函数，主要用于区域化变量的空间局部最优模拟和空间结构分析（赵小风等，2009），其表达式为

$$r(h) = \frac{1}{2N(h)} \sum\limits_{i=1}^{N(h)} [Z(x_i) - Z(x_i + h)]^2 \tag{3.13}$$

式中，h 为两样本点空间分隔距离；$N(h)$ 是分隔距离为 h 时的样本点对总数；$Z(x_i)$ 和 $Z(x_i + h)$ 为在空间 x_i 和 $(x_i + h)$ 点的观测值。

如果以 h 为横轴，$r(h)$ 为纵轴，则典型化的半变异函数图如图 3.11 所示。

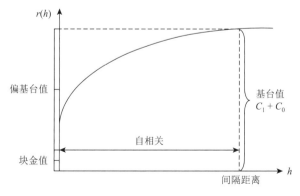

图 3.11　典型化的半变异函数图

半变异值随着距离的增加而增加。当两事物相距越近时,其相似度越高,其半变异值越小,反之亦然。测量误差和空间变异导致即便两采样点的间距为 0 时,其半变异函数值也不为 0,即存在块金值。当采样点间的距离 h 增大时,半变异函数 $r(h)$ 从初始的块金值到达一个相对稳定的常数时,该常数值称为基台值。当 $r(h)$ 值超过基台值时,即函数值不随采样点间隔距离而改变时,空间自相关性消失或不存在。偏基台值即为基台值与块金值的差值。变程是指当半变异函数的取值由初始的块金值达到基台值时采样点的间隔距离,它表示在某种观测尺度下的空间自相关性作用范围,其大小受观测尺度制约。在变程范围内,样点的距离越小,空间自相关性越大。而当 $h>R$ 时,区域变量空间自相关性不存在。说明当某点与已知点的距离大于变程时,该点数据不能用于内插或外推(周晓虹,2008)。

在进行空间结构分析和空间插值时,半变异函数图可用理论半变异模型拟合,常见的拟合模型见表 3.10。

表 3.10 含基台值的半方差理论模型

序号	模型名称	模型表达式	
1	球体模型	$r(h) = \begin{cases} C_0 + C_1 \left[\dfrac{3h}{2a} - \dfrac{1}{2}\left(\dfrac{h}{a}\right)^3 \right] \\ C_0 + C_1 \end{cases}$	$(0<h<a)$
2	线性模型	$r(h) = \begin{cases} C_0 + bh \\ C_0 + C_1 \end{cases}$	$(h \geqslant a)$
3	指数模型	$r(h) = C_0 + C_1(1 - e^{-h/a})$	$(0<h<a)$
4	高斯模型	$r(h) = C_0 + C_1(1 - e^{-h^2/a^2})$	$(h \geqslant a)$

3.6.2 流域 LULC 强度空间分异分析

1. 流域 LULC 强度的空间分异

土地利用强度反映了人类活动对土地利用干扰的程度。深入分析流域土地利用强度空间分异及其变化,并进一步识别出土地利用强度类型,可辅助辨析流域土地利用中存在的问题,对流域土地资源管理具有重要意义。

为实现流域土地利用强度指数的空间分析,结合流域 5 期土地利用类型的最小图斑(100m²),经统计得出,5 期土地利用类型的图斑平均面积约为 346667m²(186m×186m)。以 200m×200m 的格网对 5 期土地利用图进行等间距采样,得到 17380 个网格(图 3.12),再统计各年度每个格网的土地利用强度值,如图 3.13 所示。

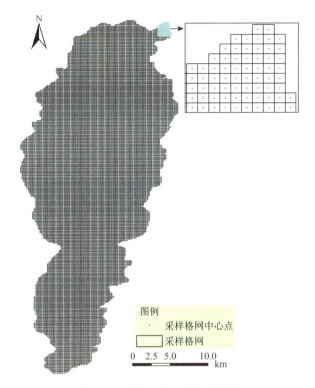

图 3.12　流域土地利用强度采样

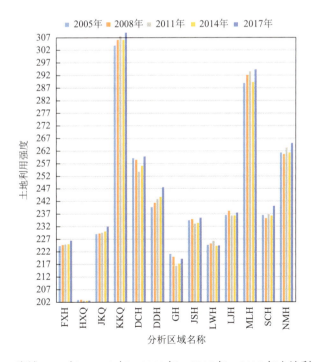

图 3.13　流域 2005 年、2008 年、2011 年、2014 年、2017 年土地利用强度

注：FXH 表示抚仙湖流域；HXQ 表示抚仙湖流域核心保护区；JKQ 表示抚仙湖流域禁止开发区；
KKQ 表示抚仙湖流域控制开发区。

以图 3.13 为基础，统计 2005～2017 年流域土地利用强度的 Moran's I 值，如图 3.14 所示。

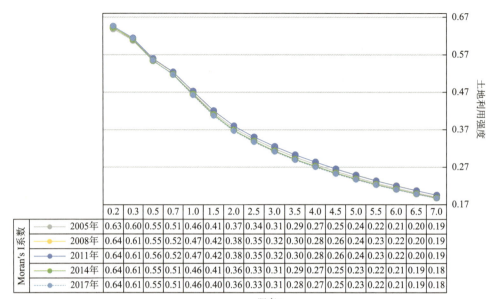

图 3.14　流域 2005 年、2008 年、2011 年、2014 年、2017 年土地利用强度的 Moran's I 系数的空间尺度变化

从图 3.14 可以看出：①2005～2017 年，流域土地利用强度的 Moran's I 值均大于 0，且呈增加趋势，由 2005 年的 0.63 增加到 2017 年的 0.64，说明流域土地利用强度在空间上呈区域聚集分布，整体上呈正相关关系；②流域土地利用强度在全局上存在显著的尺度效应，即随着空间距离的增大，空间自相关性减小，这主要是由于 Moran's I 系数对距离的非线性特征和数据平均时的滤波特性所致（谢花林等，2006）。这种变化趋势在 3km 时尤为明显，2011 年的 Moran's I 系数在不同的尺度上总体大于其余年份，空间聚集性较弱。

由于全局指标难以表现局部状态的不稳定性，所以在探测空间自相关性时还需采用局部指标（邱炳文等，2007）。利用 GeoDa9.0 计算抚仙湖流域 17380 个网格 2005 年、2008 年、2011 年、2014 年、2017 年土地利用强度的局部空间自相关的 LISA 值（表 3.11 和图 3.15），并进行 Z 检验（$P < 0.005$）。

表 3.11　2005 年、2008 年、2011 年、2014 年、2017 年流域土地利用强度聚集类型统计（单位：像元数）

年份	类型			
	HH	HL	LH	LL
2017	2626	9	13	633
2014	2653	10	13	638
2011	2630	11	12	638
2008	2670	13	16	636
2005	2669	12	15	646

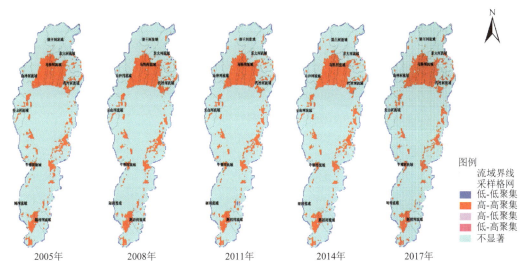

图 3.15　流域 2005 年、2008 年、2011 年、2014 年、2017 年土地利用强度聚集类型

由图 3.15 可以看出，高-高聚集和低-低聚集是整个流域土地利用强度聚集的主导类型，整个流域的土地利用强度值表现出高度的聚集与相似性。抚仙湖北岸、南岸以高-高聚集为主，在流域边界线附近以低-低聚集为主，这一现象与流域土地利用现状较为一致。抚仙湖北岸主要是澄江市市区所在地，地势较平坦，城镇化水平较高，随着南岸旅游业的发展，南岸的开发强度较大，表现出较高的土地利用强度。在流域边界附近，主要为林地覆盖，又处在禁止开发区内，故土地利用强度表现出低-低聚集。从子流域尺度上看，东大河流域、马料河流域、代村河流域、路居河流域、牛摩河流域土地利用强度表现出高-高聚集，而其他流域的土地利用强度较低，表现出高-低聚集、低-高聚集类型零星分布的特征。

2. 土地利用强度变化的空间异质性

半变异函数是进行空间异质性探索的有效工具。在实际工作中，采样点位并未处于正规网格节点上，甚至较为离散。故在计算半变异函数值时，要考虑角度容差和距离容差，理论上，$x + h$ 数据是足够的，但实际上 $x + h$ 数据又极少，因此必须考虑容差。在矢量 h 的角度容差和距离容差范围内，都可以看作是 $x + h$，这样才能计算半变异函数值。在半变异函数的求解中，最方便又常用的软件就是 GS + 和 Surfer，并且，在使用 ArcGIS 的 Ordinary Kriging 插值时，也需要用 GS + 获得相应的参数。

采用 GS + 软件实现半变异函数理论模型的拟合（表 3.12）。从表 3.12 可看出，流域土地利用强度的空间结构分析模型具有时间尺度差异性。2005 年、2008 年、2011 年土地利用强度的空间结构分析应基于球状模型计算，而 2014 年、2017 年应基于指数模型计算。

表 3.12　2005 年、2008 年、2011 年、2014 年、2017 年流域土地利用强度变异函数理论模型参数表

年份	拟合模型	C_0（块金值）	$C_0 + C_1$（基台值）	A(变程度)/km	$C_0/(C_0 + C_1)$（C 偏基台值）	R^2（复相关性系数）	RSS（残差）
2005	线性	0.0135	0.0196	27.49	0.31	0.442	5.28×10^{-4}
	球状	0.0062	0.0177	7.71	0.65	0.932	6.51×10^{-5}

年份	拟合模型	C_0（块金值）	C_0+C_1（基台值）	A(变程度)/km	$C_0/(C_0+C_1)$（C偏基台值）	R^2（复相关性系数）	RSS（残差）
2005	指数	0.0034	0.0178	7.50	0.81	0.929	6.78×10^{-5}
	高斯	0.0078	0.0177	6.48	0.562	0.919	7.69×10^{-5}
2008	线性	0.0138	0.0200	27.49	0.312	0.442	5.55×10^{-4}
	球状	0.0065	0.0181	7.94	0.638	0.935	6.65×10^{-5}
	指数	0.0036	0.0182	7.62	0.803	0.93	6.52×10^{-5}
	高斯	0.0080	0.1804	6.53	0.555	0.921	7.86×10^{-5}
2011	线性	0.0143	0.0205	27.49	0.305	0.434	5.80×10^{-4}
	球状	0.0067	0.0186	7.78	0.642	0.942	5.95×10^{-5}
	指数	0.0038	0.0187	7.56	0.797	0.938	6.40×10^{-5}
	高斯	0.0082	0.0186	6.39	0.562	0.929	7.33×10^{-5}
2014	线性	0.0142	0.0206	27.49	0.311	0.474	5.20×10^{-4}
	球状	0.0073	0.0187	8.15	0.607	0.944	5.49×10^{-5}
	指数	0.0041	0.0188	7.77	0.78	0.947	5.27×10^{-5}
	高斯	0.0086	0.0866	6.65	0.538	0.93	6.97×10^{-5}
2017	线性	0.0151	0.0271	27.49	0.305	0.472	5.60×10^{-4}
	球状	0.0079	0.0197	8.12	0.597	0.941	6.26×10^{-5}
	指数	0.0045	0.0978	7.68	0.77	0.945	5.87×10^{-5}
	高斯	0.0093	0.0197	6.62	0.525	0.926	7.88×10^{-5}

从表 3.12 可以看出，块金值较小，表明在 200m 的尺度下土地利用强度的变异性不大，可忽略其内部微小的差异。这也证明了所选的尺度能有效揭示流域土地利用强度的空间分异特征。2005～2017 年，变程度呈先增加后减少的趋势，表明在很短的距离内土地利用强度的差异性变化很大。这与流域土地利用开发、城镇化水平有关。随着流域土地利用开发与整治，抚仙湖北岸与环湖公路周边的建设用地大幅增加，且较为分散。史丹和李艳（2006）认为：块金值与基台值之比 $C_0/(C_0+C_1)$ 小于 0.25，则表明变量具有强烈的空间相关性，若比值大于 0.75，则空间相关性很弱。2005 年、2008 年、2011 年、2014 年、2017 年的块金值与基台值的比值分别为 0.65、0.638、0.642、0.78、0.77，均大于 0.25。其中，2014 年和 2017 年的值大于 0.75，表明变量的空间相关性很弱。总体来看，2008～2017 年，其比值呈先增加后略有减小的趋势，说明该时间段内人类活动对流域土地利用强度空间分异的干扰不断加强，导致流域土地利用强度的空间差异性加大而聚集性降低。随着《云南省抚仙湖保护条例（修正版）》的实施，该条例加大了对抚仙湖的保护力度，实施了核心保护区内"退房环湖还湿地"措施，致使核心保护区内尤其是抚仙湖北岸县城及周边出现了大量的建筑工地，这些区域土地利用强度较高，且呈集中分布。

不同方向上的变异函数图可反映区域化变量的各向异性。如果在各个方向上区域化变量的变异性相同或相近，则称区域化变量是各向同性的，反之则称各向异性。计算流域土地利用强度在 NE0°、NE45°、NE90°、NE135°方向上的半变异函数（角度容差为±22.5°），再分别计算各向异性比 $K(h)$（图 3.16），$K(h)$ 等于或接近 1，表示空间异质性为各向同性，反之则为各向异性。

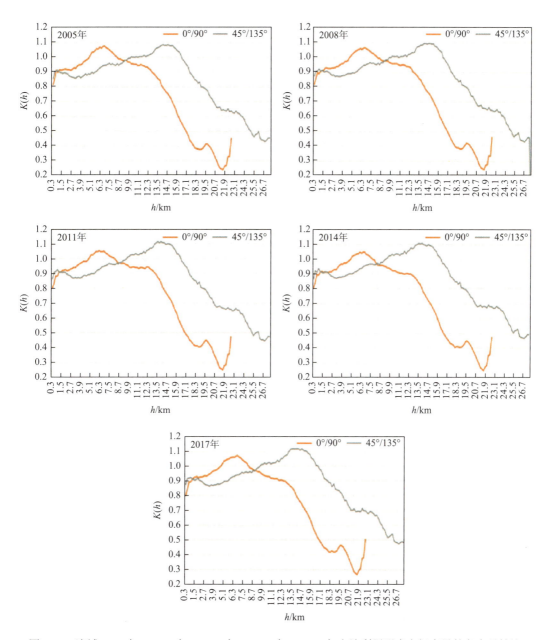

图 3.16　流域 2005 年、2008 年、2011 年、2014 年、2017 年土地利用强度空间变异的各向异性比

从图 3.16 可以看出，2005 年、2008 年、2011 年、2014 年、2017 年两组垂直方向上

的各向异性比 $K(h)0°/90°$ 和 $K(h)45°/135°$ 的均值均接近 1，表明抚仙湖流域在空间尺度上土地利用强度呈现各向同性的空间变异。而从时间变化来看，$K(h)$ 变动幅度大，尤其在 NE0° 和 NE90° 方向上较为明显，表明在这两个方向上流域土地利用强度的空间差异性变化最大。随着时间和空间尺度的变化，$K(h)0°/90°$ 和 $K(h)45°/135°$ 均值均小于 1，并呈逐步接近 0 的趋势，说明当研究尺度大于 12km 时，流域土地利用强度的空间变异各向异性，尤其是在 NE0° 和 NE90° 两个相互垂直的方向上表现最为明显。2005～2017 年，随着抚仙湖流域总体规划的实施及城镇化水平的提高，其范围逐渐向北和向东扩张。东北部大量的耕地转变为建设用地，故其土地利用强度也相应增加。而流域的西南部土地利用变化也较大，因此体现在 45° 方向上土地利用强度的变异性也较大。而在 135° 方向上，由于地势陡峭，地表覆盖主要以林草覆盖为主，且土地开发难，所以其土地利用变化的强度变化不大。而流域东南部地处山区，主要是村落聚集，距离城区远，土地利用变化小，故在 135° 方向上的土地利用强度的变异性也小。上述分析表明，流域城市化水平高的区域，其土地利用强度往往也相对较强，随着空间尺度的增大，土地利用强度的空间变异性从同性逐渐向异性转变。

3.7　流域 LULC 变化驱动力分析

3.7.1　流域土地利用变化驱动力分析方法

　　LULC 变化主要受自然生物、社会经济及技术因素等影响，分析方法和驱动因子的选取依据研究区域的特点而定。一般而言，影响因子（如土壤内部特征和高程）与 LULC 类型密切相关。然而，对于一个特定 LULC 类型，土地管理决策不仅取决于该区域的土壤、地形等特征，还包括如乡镇中心、河流或道路等标明 LULC 变化区域与重要位置远近的空间位置指标，同时，也包括人口密度等表示当地人口变化对 LULC 变化的空间滞后指标。

　　考虑到数据的可获取性、可量化性，选取距最近乡镇中心的距离、距最近河流的距离、距最近道路的距离、高程、坡度、坡向、年平均降水量、年平均气温、流域人口密度、流域第三产业增加值、流域第一产业增加值及土壤含水率等因子作为流域 LULC 变化的驱动因子，利用逻辑斯谛（Logistic）回归分析方法开展 LULC 类型与驱动因子间的相关性分析和驱动因子之间的共线性分析（图 3.17）。

　　图 3.17 表明，所选择的 12 个驱动因子都不存在共线性问题，共线性系数都小于 0.02，满足模型的共线性要求，年平均降水量和流域第一、第三产业增加值的共线性系数为 0.72，需舍去一个，其次是年平均降水量与年平均气温的共线性系数达到 0.42，但是远远小于极值 0.8，并不影响模拟。因此，选取距最近乡镇中心的距离、距最近河流的距离、距最近道路的距离、高程、坡度、坡向、年平均降水量、年平均气温、流域人口密度、流域第三产业增加值、土壤含水率共 11 个因子作为流域 LULC 变化的驱动因子，驱动因子与 LULC 类型的相关性如表 3.13 所示。

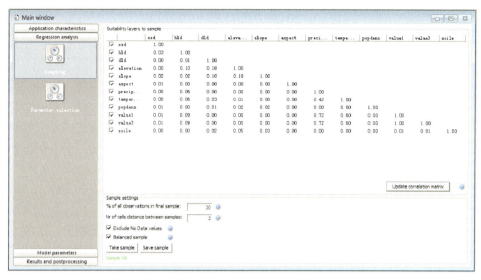

图 3.17　流域 LULC 变化驱动因子共线性检测

表 3.13　LULC 类型和驱动因子相关性（AUC）

年份	地类									
	耕地	园地	林地	草地	房屋建筑（区）	道路	构筑物	人工堆掘地	荒漠与裸露地	水域
2005	0.85	0.72	0.90	0.81	0.90	0.72	0.81	0.61	0.52	0.98
2008	0.86	0.71	0.91	0.82	0.91	0.73	0.83	0.60	0.55	0.99
2011	0.87	0.75	0.90	0.82	0.91	0.74	0.82	0.61	0.51	0.99
2014	0.86	0.73	0.92	0.82	0.91	0.76	0.85	0.63	0.52	0.99
2017	0.84	0.73	0.91	0.81	0.92	0.73	0.82	0.59	0.54	0.98

注：AUC（area under curve）为曲线下面积。

　　若将 LULC 类型设为 Y，则 10 种 LULC 类型分别为耕地（Y_0）、园地（Y_1）、林地（Y_2）、草地（Y_3）、房屋建筑（区）（Y_4）、道路（Y_5）、构筑物（Y_6）、人工堆掘地（Y_7）、荒漠与裸露地（Y_8）和水域（Y_9）。11 个驱动因子分别为距最近乡镇中心的距离（X_1）、距最近河流的距离（X_2）、距最近道路的距离（X_3）、高程（X_4）、坡度（X_5）、坡向（X_6），年平均降水量（X_7）、年平均气温（X_8）、流域人口密度（X_9）、流域第三产业增加值（X_{10}），土壤含水率（X_{11}）。则两者的线性回归关系可表示为

$$Y_0 = 1.8759 - 6.5737X_1 - 0.0002X_2 - 0.0021X_3 - 0.010X_4 - 0.0388X_5 - 0.0045X_6 \quad (3.14)$$

$$Y_1 = 4.1807 - 0.0027X_3 + 0.1965X_{11} \quad (3.15)$$

$$\begin{aligned} Y_2 = &\ 6.4643 - 0.0004X_3 + 0.0021X_4 + 0907X_5 + 0.0017X_6 \\ &+ 0.0045X_7 - 0.02046X_8 + 0.0006X_9 \end{aligned} \quad (3.16)$$

$$Y_3 = -7.4955 - 0.0001X_1 - 0.0004X_3 - 0.0024X_4 - 0.0481X_5 + 0.0047X_5 \quad (3.17)$$

$$\begin{aligned} Y_4 = &\ 4.8933 - 4.7205X_1 - 0.0058X_3 - 0.0037X_4 - 0.0668X_5 \\ &+ 0.0028X_7 - 0.1382X_8 + 0.0006X_9 \end{aligned} \quad (3.18)$$

$$Y_5 = -0.8997 - 0.0026X_4 + 0.0048X_6 + 0.0009X_9 \quad (3.19)$$

$$Y_6 = 14.2048 - 0.0015X_4 + 0.0079X_6 \tag{3.20}$$

$$Y_7 = -5.944 - 8.8322X_1 + 0.0006X_{11} \tag{3.21}$$

$$Y_8 = -5.388 - 0.1965X_{10} + 0.1128X_{11} \tag{3.22}$$

$$Y_9 = 28.1717 + 0.0005X_2 + 0.0029X_3 - 0.0151X_4$$
$$- 0.1966X_5 - 0.0098X_6 - 0.0112X_9 + 0.1025X_{11} \tag{3.23}$$

式（3.14）～式（3.23）所构建模型的 R^2 平均为 0.842，表明构建的回归方程拟合度较好。

3.7.2　流域 LULC 时空演变驱动分析

从构建的 LULC 变化回归关系式［式（3.14）～式（3.23）］可以看出，坡度、高程和距最近道路的距离是流域 LULC 变化的主要驱动因子。但各地类变化的驱动因子又有所差异，如园地主要受距最近道路的距离和土壤含水率的驱动，人工堆掘地主要受距最近乡镇中心的距离和土壤含水率驱动，房屋建筑（区）主要受距最近乡镇中心距离、距最近道路距离、高程、坡度和流域人口密度驱动。

2005～2017 年的 13 年来，人类活动和经济发展以及产业结构的优化调整对抚仙湖流域的土地利用产生了一定的影响，房屋建筑（区）、道路、构筑物、人工堆掘地、荒漠与裸露地表和园地的面积明显呈增加的趋势，而耕地、林地、草地和水域的面积则呈减少趋势。抚仙湖流域草地和林地减少，植被覆盖率明显下降，到 2008 年后趋于平稳，说明自 2006 年实施退耕还林还草政策以来，生态环境有所改善，耕地的扩张趋势减缓，但由于各种基础设施的建设，房屋建筑（区）、道路等与人民生活相关的地表类型仍处于扩张趋势，而水域的变化与气候、人文等方面都有很大的关联，加上近几年云南地区连续干旱、城市化建设的提速、抚仙湖旅游业快速发展，均对水域面积有较大影响。

3.8　本 章 小 结

在 2005 年、2008 年、2011 年、2014 年、2017 年的流域 LULC 分类结果基础上，采用变化轨迹方法，对生成的变化轨迹图谱开展空间统计分析，可得出研究时段内 LULC 时空动态变化特征。在揭示 LULC 时空演变特征时，刻画一个给定图斑或视窗范围内图斑在一定时间段内所发生的所有 LULC 转变过程。利用土地利用变化指数、景观格局指数、土地利用变化强度指数开展流域 LULC 格局和强度特征分析。本章主要内容总结如下。

（1）揭示了流域 LULC 类型的转移特征。利用变化轨迹方法，根据 5 个时段叠加产生的栅格属性值，在 JQuery 和 ECharts 环境中，以 JavaScript 为开发语言，实现 LULC 变化轨迹动态可视化，展示各地类在研究时段的转移路径，揭示 2005～2017 年 LULC 变化较大的类型及其地类间的主要转移方式。

（2）揭示了流域 LULC 时空演变特征。利用单一土地利用动态度和综合土地利用动态度分析流域 LULC 变化的时间特征。全流域尺度下，2005～2017 年综合土地利用动态度最大，表明土地利用变化速度快，土地开发活动较为剧烈，土地利用面积转变较大。总体来看，流域 LULC 变化属于极缓慢变化型。子流域尺度下，各个子流域的土地利用变化较快，但各子流域的综合土地利用动态度表现出明显的差异。河岸缓冲区尺度下，各河岸缓冲区在 2015~2017 年的综合土地利用动态度较大，在各个缓冲区内的综合土地利用动态度也表现出明显的差异。同时，基于土地利用变化转移矩阵，从地类的收入与支出的角度进一步分析了流域 LULC 多尺度变化规律。结果表明，各地类的变化构成存在差异，其中林地、草地和耕地的主导变化为交换变化，而人工堆掘地和构筑物则为净变化。林地、草地的变化主要表现为数量的减少，而荒漠与裸露地表、道路、房屋建筑（区）、水域的变化主要表现为空间位置的转移。坡度、高程和距最近道路的距离是流域 LULC 变化的主要驱动因子，但各地类变化的主要驱动因子有所差异。

（3）揭示了流域 LULC 格局变化特征。利用选取的 8 个景观格局指数，从景观水平层次，对抚仙湖流域 2005~2017 年 LULC 景观空间格局进行分析发现：①流域景观类型以林地为基质；②斑块总数呈增加趋势；③景观破碎化程度加剧；④斑块面积差异弱化；⑤斑块形状进一步复杂化；⑥斑块自然连通性变化甚微。

（4）证实了流域土地利用强度具有明显的空间尺度依赖性。随着空间尺度增加，流域土地利用强度的空间自相关性下降，表明相邻土地利用强度的差异性在增强，而相似性减小。流域土地利用强度总体以较强为主，但在不同的区域差异显著。抚仙湖北岸是澄江市市区所在地，地势较平坦，城镇化水平较高，随着南岸旅游业的发展，南岸的开发强度较大，故表现出较高的土地利用强度。而在流域边界线附近，主要为林地覆盖，又处在禁止开发区内，故土地利用强度表现出低-低聚集。从子流域尺度上看，东大河流域、马料河流域、代村河流域、路居河流域、牛摩河流域土地利用强度表现出高-高聚集，而其他子流域的土地利用强度较低，表现出高-低聚集、低-高聚集类型零星分布的特征，这与流域的自然环境条件和发展现状相符合。流域开发活动强的区域，其土地利用强度也较高。空间分析尺度的增大促进了土地利用强度的空间变异性从同性逐渐向异性转变。

（5）融合 RS 与 GIS 技术开展抚仙湖流域 LULC 时空演变特征及其驱动机制研究，有利于解决高原湖泊生态脆弱区土地利用与社会发展之间的矛盾，协调区域人-地关系，为人地系统的合理调控提供数据、资料支持，对区域生态安全与可持续发展具有重要的现实意义。在开展驱动机制分析时，人为因素的不确定性导致 LULC 时空演变驱动分析具有不确定性，如何有效剔除或降低其不确定性将是 LULC 时空演变驱动分析研究的重要方向。

参 考 文 献

韩会庆，杨广斌，张凤太，2015. 基于地貌特征的贵州省土地利用时空变化分析. 南京林业大学学报：自然科学版，39（5）：99-105.

黄方，张学敏，2015. 白山市土地利用/覆被变化轨迹分析与趋势预测. 应用基础与工程科学学报（3）：439-451.

黄勇，王凤友，蔡体久，等，2015. 环渤海地区景观格局动态变化轨迹分析. 水土保持学报，29（2）：314-319.

刘纪远，张增祥，庄大方，等，2005. 20 世纪 90 年代中国土地利用变化的遥感时空信息研究. 北京：科学出版社.

刘瑞，朱道林，2010. 基于转移矩阵的土地利用变化信息挖掘方法探讨. 资源科学，32（8）：1544-1550.

邱炳文，王钦敏，陈崇成，等，2007. 福建省土地利用多尺度空间自相关分析. 自然资源学报，22（2）：311-320.

史丹，李艳，2006. 地统计学在土壤学中的应用. 北京：中国农业出版社.

王慧敏，危小建，刘耀林，2016. 武汉城市圈公路沿线土地利用变化规律分析. 长江流域资源与环境，25（10）：1585-1593.

王秀兰，包玉海，1999. 土地利用动态变化研究方法探讨. 地理科学进展，18（1）：81-87.

谢花林，刘黎明，李波，等，2006. 土地利用变化的多尺度空间自相关分析——以内蒙古翁牛特旗为例. 地理学报，61（4）：389-400.

徐岚，赵后羿，1993. 马尔科夫过程预测东陵区土地利用格局的变化. 应用生态学报，4（3）：272-277.

赵小风，黄贤金，张兴榆，等，2009. 区域 COD、SO_2 及 TSP 排放的空间自相关分析：以江苏省为例. 环境科学，30（6）：1580-1586.

朱会义，李秀彬，2003. 关于区域土地利用变化指数模型方法的讨论. 地理学报，58（5）：643-650.

周晓虹，2008. 基于 GIS 的杭锦后旗浅层地下水化学分析与水质评价. 北京：首都师范大学.

庄大方，刘纪远，1997. 中国土地利用程度的区域分异模型研究. 自然资源学报（2）：10-16.

Bai G C，Xia J G，Wang C Q，et al.，2009. Land use transition in Dongpo District，Meishan City in China based on a tendentious model for analyzing spatial transition of land use types. Resources Science，31（10）：1793-1799.

Pontius R G，Shusas E，Mceachern M，2006. Detecting important categorical land changes while accounting for persistence. Agriculture，Ecosystems & Environment，113（1/4）：254-263.

Risser P G，Iverson L R，2013. 30 years later-landscape ecology：Directions and approaches. Landscape Ecology，28（3）：367-369.

Turner M U，Uardner R H，O'neill R V，2001. Landscape Ecology in Theory and Practice：Pattern and Process. New York：Springer.

Wang D，Gong J，Chen L，et al.，2012. Spatio-temporal pattern analysis of land use/cover change trajectories in Xihe watershed. International Journal of Applied Earth Observation & Geoinformation，14（1）：12-21.

Wu J，Hobbs R，2002. Key issues and research priorities in landscape ecology：An idiosyncratic synthesis.Landscape Ecology，17：355-365.

第4章 抚仙湖流域 LULC 变化与水质关系

已有研究结果表明，气候变化在较长时间尺度上对水资源的影响明显，而在短期内，LULC 变化是水文变化的主要驱动因素之一（Vörösmarty et al.，2000）。LULC 变化对水资源的影响主要包括水量、水质和空间分布三个方面。目前，LULC 水环境效应研究主要包括：基于 LULC 的河流水量水质模拟（Beasley et al.，1980；Young et al.，1989；Amold et al.，1994）和基于 LULC 格局与河流水质的空间耦合关系研究（Basnyat et al.，1999；于兴修和杨桂山，2003；金洋等，2007）。基于水文数据的统计方法和基于水文过程（机理）模型是分析 LULC 水环境效应的主要方法。水文过程模型虽然具有明确的物理机理和较高的模拟精度，但由于当前对营养盐在土壤及水土界面的输移过程和机理的认识有限，模型涉及参数多（难以全部获取），且不同区域下垫面的差异较大而导致其径流过程也各不相同，在应用中需将参数本地化才能得出可靠的结论，从而在应用中限制较多，故主要用于河流面源污染负荷估算或营养盐输送通量估算（晏维金，2006；陈能汪等，2009；姜德娟和毕晓丽，2010）。然而，对于河流水质浓度模拟，无论是数值精度还是空间精度都难以满足实际应用要求。

在 LULC 变化与水质关系讨论中，由于水质与化肥施用量、农药施用量、种植结构、种植习惯、农作管理方式、距受纳水体的距离与地形等因素密切相关，且表征有机物污染的 COD、TN、TP 负荷较难估计、空间数量化存在不确定性。一般而言，LULC 中的种植土地面积决定了化肥与农药的施用量，即化肥和农药的施用量与 LULC 变化存在显著的正相关和共线性。针对如何准确有效剥离 LULC 对水环境影响的贡献这个问题，有学者认为通过选择对特定的 LULC 活动有显著响应的水质指标来评估，或者通过对比不同时空尺度下各影响因素的差异与水质特征的差异的方法来实现。也有学者认为，利用统计分析方法（方差和 t 检验等）可以剥离 LULC 和其他因素对水环境的影响（张洪等，2012）。因此，以流域水文过程观测数据和 LULC 变化数据为基础，利用统计分析方法开展 LULC 水环境效应研究是行之有效的方法之一。

基于以上事实，本章在前面章节流域 LULC 类型及格局演变特征的基础上，采用统计分析方法，进一步探索流域 LULC 变化与水质多尺度关系。

4.1 研究尺度选择

4.1.1 尺度的界定

尺度选择关系尺度研究中的试验设计和信息收集，是研究的起点和基础。不同尺度的选择在一定程度上会影响对生态学格局、过程及其相互作用规律的把握程度，最终对研究成果的科学性和实用性产生影响（吕一河和傅伯杰，2001）。在讨论 LULC 类型及格局与水质之间的相互作用关系时，尺度的选择尤为重要，受空间尺度和季节变化的影响，LULC 变化与水质变化关系表现出明显的时空尺度效应。

在空间尺度方面，河岸带和流域尺度是 LULC 变化与水生态系统响应关系的关注焦点，但对于究竟用流域尺度还是用缓冲区的尺度分析 LULC 类型对水质影响更有效这个问题仍存在争论（Wilson，2015；Álvarez-Cabria et al.，2016）。造成这种不确定性的原因主要是每个流域的自然属性各异，每个流域水质的污染物复杂多样，再加上其迁移转化过程的差异，导致很难确定一个对任何流域都适用的研究尺度。而河岸带缓冲区影响水质变异的显著尺度也存在差异性，但大多数研究表明，90m（Maillard and Santos，2008）、100m（官宝红等，2008）和 200m（刘庆，2016）是最显著的尺度。

在时间尺度方面，较多的研究关注了河流水质的年变化和季节变化，而未采用与河流水质监测同步的 LULC 变化数据开展其响应研究。

依据所获得的水质数据和 LULC 数据的时间节点，以 2005～2017 年每 3 年作为一个时间分界点，探索在此时间尺度下 LULC 变化与水质的尺度关系。用于 LULC 信息提取的原始遥感影像时相均为当年 1～3 月，河流和湖泊水质数据为入湖口监测点和湖心监测点的月均数据。

4.1.2　尺度的选取

抚仙湖流域的入湖河流普遍源近流短，且坡降大，大部分河流汇流面积在 5km^2 以下，多为季节性河流，河道径流调节能力差，以致大多数河流为间歇性径流，暴涨暴落，汇流时间短，难以有效采样。从玉溪市环境保护局编制的历年抚仙湖和入湖河流水质监测分析报告中得知，流域污染来源主要有点源（城镇居民生活污染、餐饮宾馆污染、工业及旅游企业污染、磷矿磷化工污染）、农村农业面源（农村生活污染、畜禽养殖污染、农田面源污染）、城镇面源污染、水土流失、湖面干湿沉降等。

因此，综合考虑流域污染源构成、地形地貌特征、LULC 分布等因素，选取受磷矿污染、受城市发展污染、受村落农田污染三类具有代表性的河流作为分析对象，即选取受城镇污染较为严重的马料河，受磷矿山和磷化工企业污染严重的代村河和东大河，受村落农田面源污染严重的梁王河、山冲河、尖山河、牛摩河、路居河、隔河。开展上述全流域尺度、三类区域的 9 条入湖河流水质与所对应的子流域尺度和缓冲区尺度 LULC类型和格局的响应关系研究。在参考前人研究结果的基础上，将水质与 LULC 关系探索的空间尺度界定为：九条河流的河岸缓冲区尺度（100m、300m、500m、700m、1000m）、子流域尺度（马料河、隔河、路居河、山冲河、东大河、代村河、梁王河、尖山河、牛摩河）和全流域（图 4.1）。时间尺度则界定为年际尺度。

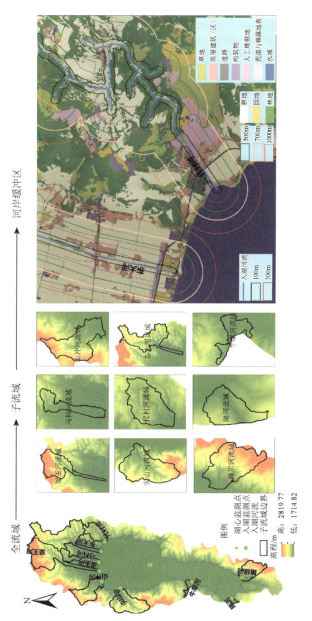

图 4.1　研究的空间尺度

4.2　抚仙湖流域水质变化特征分析

4.2.1　水质监测数据获取

就多数湖泊而言，氮（N）和磷（P）是影响藻类异常繁殖的限制性营养元素，是导致湖泊富营养化的关键因素，并与其他水质指标（如叶绿素 a、悬浮物、浊度和透明度等）密切相关，化学需氧量（COD）是表征水体受工农业以及生活有机物污染的重要指标。中国环境科学研究院、玉溪市环境保护局利用多年的抚仙湖流域污染物排放量数据估算结果表明，流域内污染负荷产生量总氮（TN）为 2872.1t/a，总磷（TP）为 651.3t/a，污染负荷入湖量分别是总氮（TN）为 1099.6t/a，总磷（TP）为 173.1t/a；而抚仙湖水环境承载力为总氮（TN）为 821.9t/a，总磷（TP）为 115.8t/a。由此可见，抚仙湖流域污染负荷产生量较大，且随着流域经济发展呈现较快的增长趋势，污染物负荷量尤其是 TP 负荷量已严重超过抚仙湖 I 类水质标准。从污染负荷空间分布来看，不考虑干湿沉降时，抚仙湖北部坝区、东北部磷矿区、南部坝区分别是污染负荷的重点贡献区域，其 TN 入湖量分别占 34.2%、19.5% 和 9.1%，其 TP 入湖量分别占 31.7%、26.5% 和 7.6%。整个流域北部区域（含北部坝区和东北部磷矿区）TN、TP 入湖量分别占总入湖量的 53.7% 和 58.2%（王晓学等，2017）。从污染源发生量来看，农村污染（包括人畜粪便及农村废水）TN、TP、CODcr 排放量分别占总排放量的 65.3%、65.7% 和 77.3%，其中人畜粪便是最主要的贡献源。

因此，选择 TN、TP、COD 三个水质指标来表征流域水质对 LULC 变化的响应。本书收集了三类区域的 9 条入湖河流及湖体 2005 年、2008 年、2011 年、2014 年和 2017 年5 个时间段入湖口、湖心污染负荷量最高的 TN、TP、COD 三个指标年均值为响应因子。数据来源：2005 年、2008 年数据来自玉溪市环境监测站，2011 年数据来源于玉溪市生态环境局的环境简报（月报），2014 年和 2017 年数据来源于澄江市环境监测站。湖心和入湖口水质监测点位见图 4.1。

4.2.2　湖心和入湖河流水质总体特征分析

抚仙湖被群山环抱，水量来自于周围雨水补给，而周边湖积平原为人类活动频繁区域，人类活动所产生的污染物经过雨水冲刷后大多流入湖体内，严重影响湖体水质。经调查，2005～2017 年抚仙湖流域内的河流主要受农田面源、村落面源、水土流失、磷矿山和磷化工等工业以及市区污水的污染，水质普遍较差，部分河流常年为劣 V 类水质，对抚仙湖水质构成严重威胁。

采用描述性统计方法，对选取的 9 条主要入湖河流和湖心 3 个水质指标 COD、TN、TP 浓度进行分析，结果显示，入湖河流的 COD 浓度范围在 1.10～100.17mg/L，均值为 20.76mg/L，TP 浓度范围在 0.025～2.54mg/L，均值为 0.32mg/L，TN 浓度范围在 0.322～32.91mg/L，均值为 7.75mg/L（表 4.1）；而湖心的 3 个水质指标变化极小，尤其是 TP、TN 浓度基本无变化。

表 4.1　湖心与入湖河流水质统计

点位	水质指标	样本数/个	最小值/(mg/L)	最大值/(mg/L)	均值/(mg/L)	标准差/(mg/L)	方差/(mg/L)
入湖河流	COD 浓度	540	1.10	100.17	20.76	20.67	426.87
	TP 浓度	540	0.025	2.54	0.32	0.43	0.19
	TN 浓度	540	0.322	32.91	7.75	7.18	51.49
湖心	COD 浓度	60	1.03	1.44	1.206	0.195	0.038
	TP 浓度	60	0.001	0.007	0.004	0.002	8.00×10^{-6}
	TN 浓度	60	0.155	0.177	0.166	0.009	8.00×10^{-5}

根据《地表水环境质量标准》(GB 3838—2002),利用单项指数统计法对 9 条河流 5 个时间段 3 个水质指标进行分析发现:45 个断面中,COD 浓度处于Ⅲ类~劣Ⅴ类的比例为 46.67%,而 TP 则为 75.55%;TN 超标非常严重,劣Ⅴ类占比约为 90%(表 4.2)。而湖心的水质仍然处于Ⅰ类。

表 4.2　2005~2017 年入湖河流水质类别占比

水质类别	COD 占比/%	TP 占比/%	TN 占比/%
Ⅰ类		0.00	0.00
Ⅱ类	53.33	24.44	2.22
Ⅲ类	17.78	26.67	0.00
Ⅳ类	15.56	24.44	6.67
Ⅴ类	4.44	2.22	2.22
劣Ⅴ类	8.89	22.23	88.89

4.2.3　入湖河流污染源分析

通过对抚仙湖流域入湖河流的全面调查和分析,依据河流污染源构成、地形地貌、径流区 LULC 类型等特点,将入湖河流分为 3 种类型:受村落农田面源污染严重的河流(梁王河、山冲河、尖山河、牛摩河、路居河及隔河);受磷矿和磷化工企业污染严重的河流(东大河、代村河);受城镇污染较为严重的河流(马料河)。

1)村落农田面源污染

除东岸以外,抚仙湖流域其他区域入湖河流两岸均分布着大量的村落和农田。根据现场调查,2005~2017 年村落的绝大部分(约 70%)生活污水未经处理就直接排放,经入湖河流汇入抚仙湖。流域内的农田约有 9 万亩,农灌沟渠散布田间,并与入湖河流相互连通,将农田面源污染带入入湖河流。

2)磷矿和磷化工企业污染

抚仙湖东北岸的代村河、东大河径流区分布着丰富的磷矿资源,其上游磷矿数量较多。磷污染进入河流的途径较多,如降尘、地下水渗透、雨水冲刷等,致使代村河、东大河成为磷污染严重的河流。磷矿开采和磷化工开发始于 1984 年，由于部分企业无序开采，2000 年先后封停了 48 个规模小、浪费大、生态环境破坏严重的磷矿开采点。2003 年查封了 9 个无证磷矿开采点。2004 年，澄江市对帽天山自然保护区周边的 14 个磷矿开采点实施了封停，目前，抚仙湖径流区内已全面禁采磷矿，但磷矿开采迹地给流域生态系统留下了不同程度的隐患，生态修复过程漫长。

3）城镇污染

在所有的入湖河流中，仅马料河流经澄江市区，而流域内仅有澄江市 1 个市，其他乡镇人口较少。城镇污染源主要集中在澄江市凤麓街道。由于市区人口密集，再加上城区污水收集系统不健全，污水处理厂的处理能力有限，致使部分生活污水直接入河，对河流的水质影响较大。

4.2.4　入湖河流污染源区水质变化分析

1. 村落农田面源污染区的入湖河流水质变化分析

梁王河、山冲河、尖山河、牛摩河、路居河、隔河等 6 条河流受村落农田面源污染严重，2005 年、2008 年、2011 年、2014 年、2017 年 6 条河流 COD、TP、TN 浓度的变化趋势如图 4.2～图 4.4 所示。

从图 4.2～图 4.4 可以看出，2005～2017 年受农业面源污染较为严重的 6 条河流 COD、TP、TN 浓度的变化趋势差异明显。山冲河和路居河的 COD 浓度随时间推移不断增大，其余 4 条河流大体上呈逐渐递减的趋势。6 条河流污染物浓度在 2008～2011 年波动较大，山冲河、牛摩河及尖山河 2008 年的值显著高于 2011 年，而隔河与路居河恰好相反。除山冲河外，其余 5 条河流在绝大多数年份中 TP 浓度均在 0.5 以下，变化趋势不显著。山冲河 TP 浓度变化非常大，且呈不断增长的趋势。总体上，TN 浓度排序为：山冲河＞路居河＞牛摩河＞尖山河＞梁王河＞隔河。

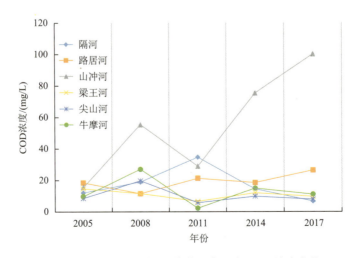

图 4.2　受村落农田面源污染的入湖河流 COD 浓度变化

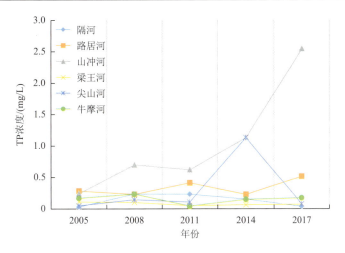

图 4.3　受村落农田面源污染的入湖河流 TP 浓度变化

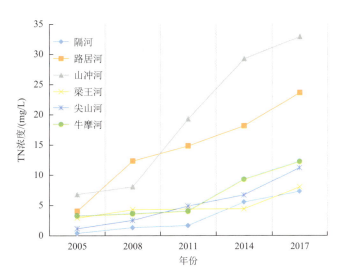

图 4.4　受村落农田面源污染的入湖河流 TN 浓度变化

2. 磷矿和磷化工企业污染区的入湖河流水质变化分析

受磷矿和磷化工企业污染严重的河流主要为东大河、代村河两条河流，对这两条河流 2005 年、2008 年、2011 年、2014 年、2017 年的 COD、TP、TN 浓度进行统计分析，结果如图 4.5～图 4.7 所示。

从图 4.5～图 4.7 可以看出，东大河 COD 浓度呈逐年递增的趋势，上升趋势显著；代村河 COD 浓度呈 U 形变化，2011 年最低，为 1.1mg/L，其后急剧攀升，变化幅度非常大。代村河与东大河 TP 浓度上升趋势较为显著，尤其是代村河，自 2011 年后呈现出快速增长趋势，并且代村河 TP 浓度整体上比东大河高。总体上 TN 浓度呈波浪形增长趋势，代村河的波动幅度较大。

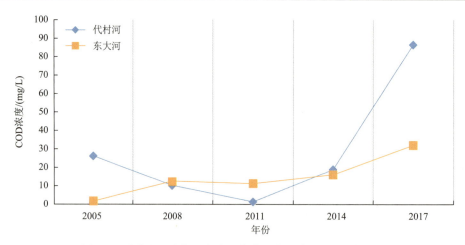

图 4.5　受磷矿和磷化工企业污染的入湖河流 COD 浓度变化

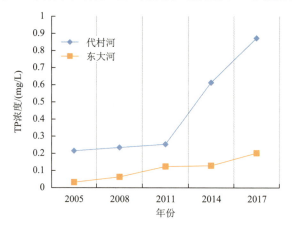

图 4.6　受磷矿和磷化工企业污染的入湖河流 TP 浓度变化

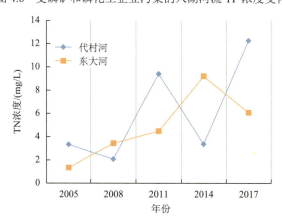

图 4.7　受磷矿和磷化工企业污染的入湖河流 TN 浓度变化

3. 城镇污染区的入湖河流水质变化分析

受城镇污染严重的河流主要为马料河,对该河流 2005～2017 年的 COD、TP、TN 浓度进行统计分析,分别得到图 4.8 和图 4.9。

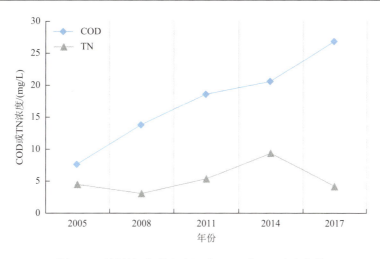

图 4.8　受城镇污染的入湖河流 COD 和 TN 浓度变化

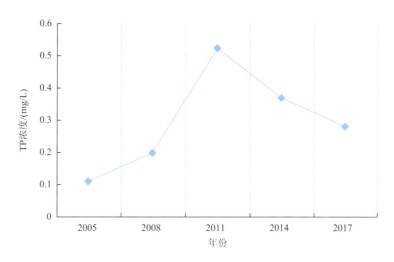

图 4.9　受城镇污染的入湖河流 TP 浓度变化

从图 4.8 和图 4.9 可以看出，马料河的 COD 浓度一直处于稳步上升趋势，而 TN 浓度则出现一定的波动，呈现减少—增加—减少的变化趋势；TP 浓度呈先升后降的趋势，2005～2011 年不断上升，2011 年达到峰值后开始逐年下降。

4.3　LULC 类型与水质的多尺度关系

4.3.1　LULC 类型与水质的多尺度关系分析方法

基于统计分析软件 SPSS 中皮尔森（Pearson）相关性分析方法，以抚仙湖流域 9 条入湖河流和湖心 2005 年、2008 年、2011 年、2014 年、2017 年的水质指标（TP 浓度、

TN 浓度、COD 浓度）为响应变量，将流域 LULC 类型作为解释变量，分析水质与 LULC 类型的相关关系，并利用逐步多元回归方法建立流域水质与 LULC 类型的关系模型。

1. 相关性分析

相关性分析是一种研究随机变量之间相关关系的统计方法。通过对两个或多个具有相关性的变量元素进行分析，从而衡量两个变量的密切程度。相关性分析结果包括正相关、负相关和不相关，常用 R 值来表示因子之间的相关性所属类型。R 值范围为$-1\sim1$，当 $R>0.95$ 时，存在显著性正相关；当 $R\geqslant0.8$ 时，高度正相关；当 $0.5\leqslant R<0.8$ 时，中度正相关；当 $0.3\leqslant R<0.5$ 时，低度正相关；当$-1<R<-0.95$ 时，存在显著性负相关；当$-0.95<R\leqslant-0.8$ 时，高度负相关；当$-0.8<R<-0.5$ 时，中度负相关；当$-0.5<R\leqslant-0.3$ 时，低度负相关；当$-0.3<R<0.3$ 时，关系极弱，表示不相关。

2. 逐步多元回归

逐步多元回归的基本思想是逐步引入自变量，筛选出影响显著的变量，剔除影响不显著的变量，最终使得回归方程拟合度趋于完美。逐步筛选变量的方法有强行进入法、消去法、向前引入法、向后剔除法和逐步引入-剔除法，其原理详见相关文献（胡国定，1990）。逐步引入-剔除法是向前引入法和向后剔除法的结合。与向前选择法一致，回归方程中的变量从无到有主要根据 F 统计量，按显著水平决定该变量是否入选；当模型选入变量后，与向后剔除法相似，根据 F 统计量按显著水平剔除不显著的变量，依次类推，直到无变量可入选和剔除或入选变量就是刚剔除的变量，则逐步筛选过程终止。

采用逐步引入-剔除法，利用 SPSS 软件，在 $P<0.05$ 水平下，以水质指标为因变量，LULC 类型为自变量，建立入湖河流水质对 LULC 类型的关系模型，模型的进入概率为 0.05，剔除概率为 0.1。

4.3.2 全流域尺度下 LULC 类型与湖心水质关系

1. 全流域尺度下 LULC 类型与湖心水质相关关系分析

为凸显自然地表覆盖和人工地表覆盖类型对水质影响的差异，根据 LULC 类型分类标准，对 LULC 类型进行合并处理：耕地、园地合并为种植土地[①]，林地、草地合并为林草覆盖，房屋建筑（区）、道路、构筑物合并为不透水表面，人工堆掘地、荒漠与裸露地表合并为其他用地，水域不变。利用合并后的 LULC 类型（图 4.10）开展 LULC 类型与入湖河流水质的相关性分析。

---

① 种植土地指经过开垦种植农作物并经常耕耘管理的土地，以及连片人工种植的多年草本和木本作物，以采集果实、叶、根、茎等为主、作物覆盖度一般大于 50%的土地，包括熟耕地、新开发整理荒地、以农为主的草田轮作地；以种植农作物为主，间有零星果树、桑树或其他树木的土地（林木覆盖度一般在 50%以下）；被地膜或人不能在内部进行生产活动的简易塑料棚覆盖的耕作土地；各种乔灌木、热带作物以及果树、苗圃花圃等种植用地。

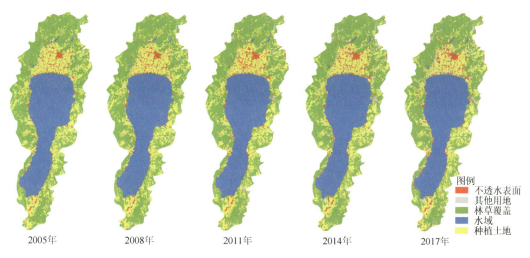

图 4.10   流域 LULC 类型合并

利用 SPSS 相关性分析方法，对抚仙湖湖心水质与 LULC 类型面积占比进行相关性分析，结果如表 4.3 所示。

表 4.3   全流域 LULC 类型与湖心水质的相关关系

水质指标	种植土地	林草覆盖	不透水表面	其他用地	水域
COD 浓度	−0.794	0.272	0.612	0.901*	−0.008
TP 浓度	0.941*	−0.532	0.769	0.933*	−0.327
TN 浓度	−0.444	−0.159	0.722	0.491	−0.228

注：*表示 Sig.在 0.05 级别（双侧）相关性显著。

由表 4.3 可知：①COD 浓度与其他用地、种植土地和不透水表面关系密切，其中，COD 浓度与其他用地呈显著正相关关系，与不透水表面也具有正相关性，而与种植土地呈负相关关系，表明种植土地对 COD 浓度具有一定的削减作用。其他用地即人工堆掘地、荒漠与裸露地表，主要是指被人类活动影响形成的弃置地或经人工开掘、正在进行大规模土木工程而出露的地表以及裸露地表。从其定义来看，该类型容易导致水土流失，流失的泥沙易挟带污染物汇入河流和湖泊中，从而导致水质恶化。不透水表面与 COD 浓度呈正相关关系，说明随着城镇化的快速发展和人口的急剧增加，由此而产生的污染物随降水汇入河流中，严重影响了入湖河流水质，导致 COD 浓度不断升高。②TP 浓度与种植土地、其他用地呈显著正相关关系，与不透水表面呈正相关关系，而与林草覆盖、水域呈中度负相关关系，但显著性均较低。由于种植土地施用大量的磷肥，以及自抚仙湖周边磷矿停采政策实施以来，流域出现了大量的废弃工厂、磷矿迹地、人工堆掘地以及自然退化的荒漠与裸露地表，这些富含大量磷元素的裸露地表在风化、微生物等作用下变得十分疏松，极易被雨水冲刷，后随地表径流汇入附近的沟渠、河道，最终汇入抚仙湖，促使 TP 含量不断升高。③TN 浓度除了与不透水表面呈中度正相关外，与其他地类均无相关性。

2. 全流域尺度下水质与 LULC 类型的关系模型

在相关性分析结果基础上，以显著变量 $P<0.05$ 为约束，在 SPSS 软件中采用逐步引入-剔除法建立全流域尺度下的水质与 LULC 类型多元回归方程（表 4.4）。

表 4.4　全流域尺度下水质与 LULC 类型的关系模型

水质指标	回归方程	R^2	调整 R^2	Sig.
COD 浓度	COD = 0.857 + 0.901OthL	0.811	0.749	0.037
TP 浓度	TP = −0.057 + 0.941FarmL	0.886	0.848	0.017
TN 浓度	自变量未进入回归模型	—	—	—

注：FarmL 代表种植土地面积；OthL 代表其他用地面积。

由表 4.4 中的回归方程可知，全流域 COD 浓度对其他用地的响应最强，而 TP 浓度则与种植土地关联性最强，TN 浓度对 LULC 类型响应不显著，未达到设定的显著性 P 值标准，这与相关性分析的结果一致。说明全流域的 COD 浓度与其他用地类型的回归模型拟合度最好，这进一步印证了流域磷矿开采点、裸露地表、人工堆掘地等是导致 COD 浓度升高的重要因素。通过回归模型发现，种植土地的面积占比对 TP 浓度具有较高的解释，这表明种植土地的面积决定了化肥农药的施用量，进而影响 TP 的浓度。

4.3.3　子流域尺度下 LULC 类型与入湖河流水质关系

利用流域 LULC 合并后的结果可以进一步分析村落农田面源污染区、磷矿和磷化工企业污染区、城镇污染区地类特征（图 4.11～图 4.13）。

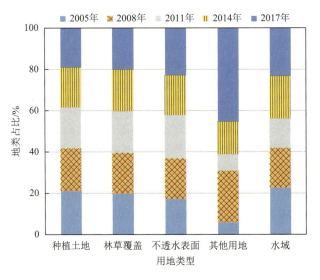

图 4.11　村落农田面源污染区地类占比与变化

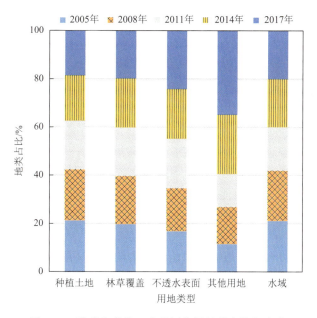

图 4.12　磷矿和磷化工企业污染区地类占比与变化

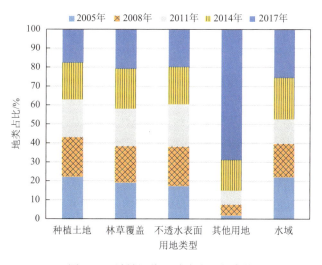

图 4.13　城镇污染区地类占比与变化

1）村落农田面源污染区流域 LULC 分析

从图 4.11 可以看出，2005～2017 年，林草覆盖和种植土地是村落农田面源污染区的主导 LULC 类型，分别约占村落农田面源污染区面积的 65% 和 27%，其次是不透水表面和水域，其面积约占村落农田面源污染区面积的 6%、1%，最小的是其他用地，仅占 0.3% 左右。

2005～2017 年的 12 年内，村落农田面源污染区不透水表面的面积总体呈增加趋势。可见，由于流域经济发展和人类活动的增强，这些与人类经济活动密切相关的类型呈现出很强的增长势头；村落农田面源污染区的种植土地面积呈减少趋势，这与退耕还林政策有关，流域种植主要以经济作物为主，如大棚蔬菜、花圃与苗圃、经济林木等。不透水表面面积的增加表明，村落农田面源污染区的人类活动对地表改造的程度加强，城镇化水平逐步提高。而林草覆盖则呈现小幅减少的趋势，表明山区流域仍然存在人为对林地的破坏现象，以及自然演替、土地退化等导致林地的减少。其他用地则表现出逐年增加的趋势，主要原因是随着山区土地利用开发强度的增加，出现了大量人工堆掘地和荒漠与裸露地表。水域面积则基本维持不变。

2）磷矿和磷化工业企业污染区流域 LULC 分析

从图 4.12 可以看出，2005~2017 年，林草覆盖和种植土地也是磷矿和磷化工业企业污染区的主导 LULC 类型，其面积分别约占总面积的 57% 和 33%，其次是不透水表面和其他用地，其面积分别约占磷矿和磷化工业企业污染区面积的 5%、3%，水域仅占 1.4% 左右。

2005~2017 年的 12 年内，磷矿和磷化工业企业污染区的种植土地面积总体呈减少趋势，这主要是因为抚仙湖径流区内的磷矿开采和磷化工开发主要集中在东北部山区的代村河径流区和东大河径流区。虽然抚仙湖流域已全面禁采磷矿，但磷矿开采迹地给该区域留下了不同程度的隐患，对土壤和农作物的影响较大，致使种植土地面积减少。不透水表面和其他用地呈增加的趋势，这主要是因为自流域全面禁采磷矿的政策实施后，该区域出现了大量的废弃工厂、磷矿迹地、人工堆掘地以及自然退化的荒漠与裸露地表，同时，随着对磷矿区的改造与生态恢复工程的实施，增加了该区域的不透水表面和林草覆盖。水域面积则基本维持不变。

3）城镇污染区流域 LULC 分析

从图 4.13 可以看出，2005~2017 年，林草覆盖、种植土地、不透水表面是城镇污染区流域的主导 LULC 类型，其面积分别约占城镇污染区流域面积的 48%、30%、20%，而其他用地和水域分别仅占 1.9% 和 1.1%。

2005~2017 年的 12 年内，城镇污染区的种植土地和林草覆盖面积总体呈减少趋势，这主要是城区城镇化水平提高所致，城区大量的房地产、公共设施、道路等土地开发项目的实施，占用了一定数量的种植土地和林草覆盖，致使其面积减少。不透水表面和其他用地呈现增加趋势。水域面积则基本维持不变。

1. 子流域尺度下 LULC 类型与入湖河流水质相关关系分析

1）城镇污染区流域 LULC 类型与入湖河流水质的关系

抚仙湖流域内主要城镇区为澄江市区、龙街街道、右所镇、海口镇和路居镇，2016 年末径流区总人口为 20.08 万人，其中 88.5% 的人口集中在位于澄江市区的凤麓街道，城镇污染源也主要集中于此。马料河经过澄江市区，由于市区人口密集，加之污水收集系统不健全和污水处理能力有限，致使部分生活污水直接排入河流，加剧河流水质污染问题。同时，该区域内人类活动最为活跃，LULC 类型变化剧烈。利用 SPSS 相关性分析方法，对入湖河流水质与 LULC 类型面积占比进行相关性分析，结果如表 4.5 所示。

表 4.5 城镇污染区入湖河流水质与 LULC 的相关关系

水质指标	种植土地	林草覆盖	不透水表面	其他用地	水域
COD 浓度	−0.994**	−0.949*	0.975**	0.823	0.255
TP 浓度	−0.473	−0.692	0.405	0.048	−0.558
TN 浓度	−0.187	−0.543	0.174	−0.087	0.106

注：**表示 Sig.在 0.01 级别（双侧）相关性显著；*表示 Sig.在 0.05 级别（双侧）相关性显著。

由表 4.5 可知：①COD 浓度与种植土地、林草覆盖和不透水表面关系密切，其中，种植土地与 COD 浓度呈显著性负相关。2005～2017 年，马料河流域种植土地面积呈不断减少的趋势，而 COD 浓度呈现与之相反的变化趋势，这表明该子流域种植土地对 COD 浓度具有一定的削减作用。林草覆盖与 COD 浓度也呈显著性负相关关系，森林、草地对污染物具有一定的过滤功能，故而降低了河流中的 COD 浓度，对水体有较好的保护作用。不透水表面与 COD 浓度呈显著性正相关关系，说明随着城镇化的快速发展和人口的急剧增加，由此所产生的污染物随降水汇入河流中，严重影响了入湖河流水质，导致 COD 浓度不断增长。其他用地与 COD 浓度的 Pearson 相关度虽然达到了 0.823，但显著性相对较低。②TP 浓度与林草覆盖、水域为中度负相关关系，但显著性均较低，与种植土地呈低度负相关关系，与不透水表面为低度正相关关系，而与其他用地没有相关性。这表明在该流域 LULC 类型与 TP 浓度的敏感性较低，林地与草地对 TP 的过滤、削减作用明显小于对 COD 的影响。③TN 浓度除了与林草覆盖呈中度负相关关系外，与其他地类均无相关性。综上，城镇污染区 LULC 类型与 COD 浓度具有较强的相关性，且不透水表面的增加是造成水质恶化的重要原因。

2）磷矿和磷化工企业污染区流域 LULC 类型与入湖河流水质的关系

截至 2006 年抚仙湖周边共有磷矿开采点 25 个，主要集中于抚仙湖东北岸。其中，18 个开采点集中分布在东大河流域和代村河流域。在这 18 个开采点中，正在开采的矿区有 2 个，停采并已复垦的有 12 个，停采未复垦的有 4 个。矿山开采和磷化工企业生产对抚仙湖产生十分严重的影响，其污染物入湖途径主要有：①矿山开采对地表植被造成严重的破坏，这些裸露的地表在风化、微生物等作用下变得十分疏松，极易被雨水冲刷，后随地表径流汇入附近的沟渠、河道，最终汇入抚仙湖；②磷化工企业生产的原料、废渣均采用露天堆放方式，有一部分被雨水冲刷，后随地表径流进入抚仙湖；③磷化工企业在生产过程中会排放大量的废气，这些废气通过扩散，以降雨或降尘的方式进入抚仙湖；④矿山磷化工企业废水均实行封闭循环使用，外排废水含磷量极高，雨季循环池溢流水和事故外排废水通过地表径流进入抚仙湖，另外，由于回用水池没有经过防渗处理，对地下水也有一定的影响；⑤多年来被雨水冲刷下来的含磷量较高的废土、小颗粒矿石、废渣等在河道里沉积，对抚仙湖也造成了巨大的影响。

利用 SPSS 软件的 Pearson 相关性分析方法，对东大河、代村河入湖河流水质与 LULC 类型面积百分比进行相关性分析，结果如表 4.6 所示。

表 4.6　磷矿和磷化工企业污染区入湖河流水质与 LULC 的相关关系

水质指标	种植土地	林草覆盖	不透水表面	其他用地	水域
COD 浓度	0.532	−0.118	0.620	0.848**	−0.0275
TP 浓度	0.924**	−0.406	0.925**	0.821**	−0.0622
TN 浓度	0.477	0.078	0.538	0.427	−0.0158

注：**表示 Sig.在 0.01 级别（双侧）相关性显著。

　　复垦后的磷矿开采区多以人工堆掘地、裸露及种植用地等 LULC 状态存在，停采未复垦及开采中的矿区主要归为人工堆掘地和裸露地表。这一特点在表 4.6 的分析结果中得到了较好的体现，COD 浓度、TP 浓度均与其他用地（即人工堆掘地、荒漠及裸露地表）呈高度正相关关系，TP 浓度与种植土地、不透水表面呈高度正相关关系。

　　3）村落农田面源污染区流域 LULC 类型与入湖河流水质的关系

　　村落农田面源污染区主要以农村生活污水和农业面源污染为主。农村生活污水是抚仙湖污染源的重要组成部分，这些污染物主要来自日常生活，如淘米、洗菜、洗衣、沐浴、排泄和生活垃圾等，而农业面源污染则主要来源于农业生产活动过程中所使用的农药、化肥以及种植土地水土流失等。因此，选取流域内村落农田面源污染严重的梁王河、山冲河、尖山河、牛摩河、路居河以及隔河 6 个子流域为研究对象，利用 SPSS 软件对上述 6 条入湖河流水质与 LULC 类型面积占比进行 Pearson 相关性分析，结果如表 4.7 所示。

表 4.7　村落农田面源污染区入湖河流水质与 LULC 的相关关系

水质指标	种植土地	林草覆盖	不透水表面	其他用地	水域
COD 浓度	−0.784	−0.626	0.753	0.774	−0.093
TP 浓度	−0.955*	−0.922*	0.892*	0.810	−0.403
TN 浓度	−0.986**	−0.966**	0.929*	0.797	−0.600

注：**表示 Sig.在 0.01 级别（双侧）相关性显著；*表示 Sig.在 0.05 级别（双侧）相关性显著。

　　由表 4.7 可以看出：①COD 浓度与不透水表面、其他用地（即人工堆掘地、荒漠与裸露地表）等呈中度正相关关系，与种植土地、林草覆盖呈中度负相关关系，但显著性均较低；②TP 浓度与种植土地呈显著性负相关关系，与林草覆盖和不透水表面均呈高度相关关系，但林草覆盖是对 TP 产生抑制作用，而不透水表面则是促进作用，其他用地与 TP 浓度也为高度正相关，但显著性较低；③TN 浓度与种植土地和林草覆盖均为显著性相关，且 Sig.值均在 0.01 级别，不透水表面与 TP 浓度呈高度正相关关系，其他用地和 TP 浓度呈中度相关关系。

　　综上可知，种植土地、林草覆盖和不透水表面对 TP、TN 浓度的影响显著，种植用地的减少并没有使水质变好，说明该区域使水质恶化的重要原因之一是不透水表面面积的快速增加，而林草覆盖则对水质能起到很好的净化作用；人工堆掘地、荒漠与裸露地表的增多导致水质恶化，但两者之间的敏感性较低。

2. 子流域尺度下入湖河流水质与 LULC 的关系模型

在相关性分析基础上，以显著变量 $P<0.05$ 为约束，在 SPSS 软件中采用逐步引入-剔除法建立子流域尺度下的水质与 LULC 类型多元回归方程（表 4.8）。

表 4.8　子流域尺度下入湖河流水质与 LULC 类型的关系模型

尺度	水质指标	回归方程	R^2	调整 R^2	Sig.
城镇污染区	COD 浓度	COD = 99.199−1.733FarmL	0.988	0.984	0.001
	TP 浓度	自变量未进入回归模型	—	—	—
	TN 浓度	自变量未进入回归模型	—	—	—
磷矿和磷化工企业污染区	COD 浓度	COD = −19.68 + 12.27OthL	0.719	0.684	0.002
	TP 浓度	TP = −0.44 + 0.089ISA + 0.061OthL	0.950	0.936	0.000
	TN 浓度	自变量未进入回归模型	—	—	—
村落农田面源污染区	COD 浓度	自变量未进入回归模型	—	—	—
	TP 浓度	TP = 2.525−0.104FarmL	0.912	0.883	0.11
	TN 浓度	TN = 78.632−3.171FarmL	0.973	0.964	0.02

注：FarmL 代表种植土地面积占比；OthL 代表其他用地面积占比；ISA 代表不透水表面面积占比。

从表 4.8 中的回归模型可知，城镇污染区马料河流域 COD 浓度对种植土地的响应最强，其他水质指标对 LULC 类型响应不显著，未达到设定的显著性 P 值标准，这与相关性分析的结果一致；在磷矿和磷化工业企业污染区，TP 浓度与其他用地类型和不透水表面的回归模型拟合度最好，这进一步印证了该区域磷矿开采点、裸露地表及不透水表面是导致 TP 浓度升高的重要因素之一；在村落农田面源污染区，种植土地是导致水中 TP、TN 浓度变高的重要因素之一。

4.3.4　缓冲区尺度下 LULC 类型与入湖河流水质关系

河岸带作为陆地生态系统和河流生态系统进行物质和能量交换的过渡带，其特殊的地理位置决定其具有重要的功能和研究价值，河岸带 LULC 类型、结构和功能会对河流水质产生一系列的影响（刘旭拢等，2016）。本小节以 3 种不同 LULC 类型区域的 9 条入湖河流为中心，以 100m、300m、500m、700m 和 1000m 生成河流缓冲带，在分别统计各缓冲带 LULC 结构的基础上探索其与水质的相关关系，并构建响应模型。

1. 缓冲区尺度下 LULC 类型与入湖河流水质关系分析

1）城镇污染区流域缓冲区 LULC 类型与入湖河流水质的关系

将城镇污染区入湖河流水质指标与相应 5 个河岸缓冲带 LULC 类型的面积占比进行相关性分析，结果如表 4.9 所示。

表 4.9　城镇污染区入湖河流水质与河岸缓冲带 LULC 类型的相关关系

LULC 类型	河岸缓冲带/m	COD 浓度/(mg/L)	TP 浓度/(mg/L)	TN 浓度/(mg/L)
种植土地	100	−0.939*	−0.491	−0.539
	300	−0.992**	−0.631	−0.314
	500	−0.999**	−0.538	−0.292
	700	−0.990**	−0.498	−0.327
	1000	−0.978**	−0.466	−0.320
林草覆盖	100	−0.816	−0.288	−0.625
	300	−0.703	−0.258	−0.748
	500	−0.717	−0.371	−0.798
	700	−0.775	−0.437	−0.771
	1000	−0.798	−0.419	−0.720
不透水表面	100	−0.341	0.339	−0.372
	300	0.277	0.757	−0.084
	500	0.463	0.849	0.085
	700	0.618	0.914*	0.197
	1000	0.827	0.877	0.203
其他用地	100	0.839	0.171	0.449
	300	0.894*	0.192	0.107
	500	0.854	0.107	−0.008
	700	0.849	0.094	−0.028
	1000	0.862	0.109	0.052
水域	100	0.393	−0.414	0.701
	300	0.283	−0.486	0.192
	500	0.414	−0.402	0.114
	700	0.497	−0.389	0.075
	1000	0.545	−0.343	−0.018

注：**表示 Sig.在 0.01 级别（双侧）相关性显著；*表示 Sig.在 0.05 级别（双侧）相关性显著。

由表 4.9 可知，城镇污染区河岸缓冲区尺度下，不同 LULC 类型对各个水质指标的影响程度不一，差异较大，但总体上 LULC 类型与 COD 浓度的相关度较为紧密。种植土地、林草覆盖与水质呈负相关关系；不透水表面、其他用地与水质总体呈正相关关系，但也存在部分缓冲区与部分指标呈负相关关系；水域与水质的相关度均较低。说明在该尺度上，不透水表面、其他用地是导致水质恶化的重要因素之一。

（1）种植土地与 COD 浓度呈负相关关系，说明在该区域农业面源污染不是 COD 恶化的原因。从空间尺度上看，种植土地与 COD 浓度的显著性依次为：500m＞300m＞700m＞1000m＞100m，除 100m 尺度显著性水平在 0.05 外，其余各尺度上显著性均为 0.01。TP、TN 浓度也与种植土地呈一定的负相关关系，但相关系数远小于 COD。

（2）林草覆盖与水质呈负相关关系，说明林草覆盖对污染物有过滤作用，能减轻水质污染。在城区入湖河流缓冲区尺度上，林草覆盖对 COD 浓度的影响最大，TN 次之，TP 最小。

（3）不透水表面面积变化反映了城市的扩张情况。抚仙湖流域的主要城区范围——凤麓街道位于马料河流域内。该流域 2005～2017 年不透水表面面积一直呈增长趋势，成为导致水质恶化的重要因素。除个别尺度外，不透水表面与水质基本都呈正相关关系，其中在 500～1000m 尺度上与 COD、TP 浓度的关系最为显著。

（4）其他用地与 COD 浓度呈高度正相关关系，且在 300m 尺度上敏感度较高。但其他用地与 TP、TN 浓度基本没有相关性，表明其他用地对 TP、TN 影响甚微或无影响。

（5）水域面积占比非常小，绝大部分小于 2%，其对水质的影响也非常小，相关性很低。

2）磷矿和磷化工企业污染区流域缓冲区 LULC 类型与入湖河流水质的关系

对磷矿和磷化工企业污染区 2 条入湖河流（东大河与代村河）水质指标与相应 5 个河岸缓冲带 LULC 的面积占比进行相关性分析，结果如表 4.10 所示。

表 4.10　磷矿和磷化工企业污染区入湖河流水质与河岸缓冲带 LULC 类型的相关关系

LULC 类型	河岸缓冲带/m	COD 浓度/(mg/L)	TP 浓度/(mg/L)	TN 浓度/(mg/L)
种植土地	100	−0.443	−0.777**	−0.531
	300	−0.573	−0.882**	−0.643*
	500	−0.612	−0.871**	−0.625
	700	−0.572	−0.755*	−0.579
	1000	−0.434	−0.499	−0.477
林草覆盖	100	−0.283	−0.665*	−0.327
	300	−0.267	−0.718*	−0.378
	500	−0.303	−0.727*	−0.519
	700	−0.315	−0.670*	−0.497
	1000	−0.389	−0.689*	−0.472
不透水表面	100	0.109	0.549	0.324
	300	0.399	0.759*	0.605
	500	0.522	0.863**	0.617
	700	0.629	0.874**	0.754*
	1000	0.584	0.650*	0.788**
其他用地	100	0.863**	0.734*	0.643*
	300	0.842**	0.787**	0.417
	500	0.843**	0.939**	0.363
	700	0.814**	0.958**	0.333
	1000	0.828**	0.919**	0.393
水域	100	−0.313	−0.658*	−0.203
	300	−0.269	−0.573	−0.078
	500	−0.278	−0.585	−0.086
	700	−0.304	−0.607	−0.099
	1000	−0.324	−0.631	−0.149

注：**表示 Sig.在 0.01 级别（双侧）相关性显著；*表示 Sig.在 0.05 级别（双侧）相关显著。

表 4.10 表明，磷矿和磷化工企业污染区河岸缓冲带尺度下，一个较为显著的特点是：除水域相关度较低以外，其他 LULC 类型均与 TP 浓度具有较高的相关性。COD、TN 浓度除了与人工堆掘地、荒漠与裸露地表具有相关性外，与其他 4 种土地利用类型均为弱相关甚至没有相关性。

（1）种植土地和林草覆盖与水质均为负相关关系，与 TP 浓度的相关性均较显著，且在 300m 和 500m 这两个尺度下相关性最高。总体上，种植土地、林草覆盖与 COD、TN 浓度均为低度负相关关系。

（2）不透水表面与水质呈正相关关系，其中与 TP 浓度的显著性最高，在 500m、700m 尺度上尤为显著。不透水表面与 COD、TN 浓度的相关性有随缓冲尺度变大而不断上升的趋势，TN 表现最为明显，从 100m 尺度上的 0.324 增加至 1000m 尺度上的 0.788，表明随缓冲区尺度的增大，汇集的 TN 和 COD 也增多。

（3）以人工堆掘地、荒漠与裸露地表为代表的其他用地与 COD、TP 浓度均呈现出了非常显著的相关性，随河岸缓冲带尺度增大，其他用地与 COD 的相关性逐渐降低，而与 TP 的相关性则逐渐增加，这一特点恰好与该磷矿点分布吻合。因在该尺度磷矿采集点被划分为人工堆掘地或裸露地表类型，也是该区域的主要污染源。其他用地与 TN 浓度在 100m 缓冲带有显著相关性，而在其余尺度下相关性都非常低。

（4）水域与 TP 浓度呈中度负相关关系，但仅在 100m 尺度上具有显著性，说明水体对 TP 具有一定的稀释作用，一定程度上能降低水体污染物的含量，但与 COD、TN 浓度相关性极弱。

综上，磷矿和磷化工企业污染区 TP 浓度与 LULC 类型呈现出了较高的相关性，这充分说明密集分布的磷矿采集点和磷化工企业是该区域磷污染的主要来源。

3）村落农田面源污染区流域缓冲区 LULC 与入湖河流水质的关系

对村落农田面源污染区的 6 条入湖河流（梁王河、山冲河、尖山河、牛摩河、路居河、隔河）水质指标与相应 5 个河岸缓冲带 LULC 类型面积占比进行相关性分析，结果如表 4.11 所示。

表 4.11　村落农田面源污染区入湖河流水质与河岸缓冲带 LULC 类型的相关关系

LULC 类型	河岸缓冲带/m	COD 浓度/(mg/L)	TP 浓度/(mg/L)	TN 浓度/(mg/L)
种植土地	100	−0.365	−0.767	−0.886*
	300	−0.590	−0.891*	−0.976*
	500	−0.600	−0.902*	−0.979*
	700	−0.656	−0.933*	−0.990*
	1000	−0.659	−0.924*	−0.988*
林草覆盖	100	−0.095	−0.371	−0.543
	300	−0.198	−0.589	−0.724
	500	−0.303	−0.684	−0.794
	700	−0.369	−0.711	−0.805
	1000	−0.392	−0.688	−0.760

LULC 类型	河岸缓冲带/m	COD 浓度/(mg/L)	TP 浓度/(mg/L)	TN 浓度/(mg/L)
不透水表面	100	0.551	0.794	0.883*
	300	0.666	0.828	0.909*
	500	0.682	0.828	0.906*
	700	0.736	0.875	0.925*
	1000	0.623	0.783	0.876
其他用地	100	0.830	0.601	0.475
	300	0.824	0.659	0.554
	500	0.760	0.697	0.623
	700	0.676	0.668	0.592
	1000	0.781	0.862	0.804
水域	100	0.689	0.719	0.596
	300	0.526	0.727	0.661
	500	0.576	0.700	0.605
	700	0.619	0.716	0.614
	1000	0.548	0.661	0.570

注：*表示 Sig.在 0.05 级别（双侧）相关性显著。

表 4.11 表明，与城镇污染区、磷矿和磷化工企业污染区相比，村落农田面源污染区水质指标与 LULC 类型敏感度差异显著。在城镇污染区，LULC 类型与 COD 浓度敏感度最高；在磷矿和磷化工企业污染区，则与 TP 浓度敏感度最高；而在村落农田面源污染区，则与 TN 浓度呈现出较为显著的相关性。在村落农田面源污染区，2005～2017 年，6 条入湖河流 TN 浓度均呈逐年上升的趋势。种植土地、林草覆盖与 TN 浓度呈负相关关系，其中，种植土地与 TN 浓度的显著性较高。不透水表面、其他用地、水域与 TN 浓度呈正相关关系，其中，不透水表面与 TN 浓度的显著性最高，说明在该区域随着人口的增长，以房屋建筑（区）、硬化道路为代表的不透水表面的快速增长，加剧了水质的污染程度，不透水表面是流域水质污染加剧的主要因素之一。

（1）种植土地与 COD、TP、TN 浓度均呈负相关关系，其中与 TN 浓度显著性最高，TP 次之，COD 最低。种植土地与 TN 浓度的相关度在各个缓冲区尺度上存在一定的差异性，显著性程度依次为：700m＞1000m＞500m＞300m＞100m，这一趋势基本上与 TP 的一致。种植土地与 COD 浓度相关程度较低，在 500～1000m 为中度负相关，100～300m 为低度负相关。

（2）林草覆盖与 TN、TP 浓度总体上呈中度负相关关系，与 COD 浓度在 500～1000m 为低度负相关，100～300m 相关性不明显。虽然林草覆盖对污染物有吸收和过滤作用，但在该区域这一作用表现并不显著。

（3）不透水表面与水质相关度大小排序为：TN＞TP＞COD，这种规律和其他用地与水质的关系恰好相反。以人工堆掘地、荒漠与裸露地表为主的其他用地与水质相关度大小排序为 COD＞TP＞TN。这一现象说明不透水表面和其他用地扮演了不同的角色，不透水表面主要导致了 TN 浓度的升高，其他用地导致了 COD 浓度的升高。从缓冲区尺度上看，在 700m 的缓冲区内，不透水表面与水质的相关度随缓冲区的距离增加而增大，700m 缓冲区内相关度最高，TN、TP 浓度相关度在 700m 缓冲区内最大。水域面积占比基本在 4%以内，与水质的相关性较小。

2. 缓冲区尺度下入湖河流水质与 LULC 的关系模型

1）城镇污染区流域入湖河流水质与 LULC 的关系模型

以显著变量 $P<0.05$ 为自变量进入条件，在 SPSS 软件中采用逐步引入-剔除法构建城镇污染区的缓冲区尺度下水质与 LULC 类型多元回归方程（表 4.12）。

表 4.12　城镇污染区缓冲区尺度下入湖河流水质与 LULC 类型的关系模型

缓冲区	水质指标	回归方程	R^2	调整 R^2	Sig.
100m	COD 浓度	COD = 80.589−1.562FarmL	0.881	0.841	0.018
	TP 浓度	自变量未进入回归模型	—	—	—
	TN 浓度	自变量未进入回归模型	—	—	—
300m	COD 浓度	COD = 96.942−1.453FarmL + 0.712OthL	1.0	1.0	0.000
	TP 浓度	自变量未进入回归模型	—	—	—
	TN 浓度	自变量未进入回归模型	—	—	—
500m	COD 浓度	COD = 96.819−1.677FarmL	0.999	0.998	0.000
	TP 浓度	自变量未进入回归模型	—	—	—
	TN 浓度	自变量未进入回归模型	—	—	—
700m	COD 浓度	COD = 91.237−1.505FarmL	0.981	0.975	0.001
	TP 浓度	TP = −1.657 + 0.088ISA	0.835	0.780	0.030
	TN 浓度	自变量未进入回归模型	—	—	—
1000m	COD 浓度	COD = 89.959−1.485FarmL	0.957	0.942	0.004
	TP 浓度	自变量未进入回归模型	—	—	—
	TN 浓度	自变量未进入回归模型	—	—	—

注：FarmL 代表种植土地面积；OthL 代表其他用地面积；ISA 代表不透水表面面积。

表 4.12 显示，在城镇污染区缓冲区尺度下，水质与 LULC 类型的关系十分清晰，即 COD 浓度对种植土地的响应非常敏感，且拟合度很高，尤其是在 300m、500m 及 700m 缓冲区内时更高。TP 和 TN 浓度在 $P<0.05$ 条件下几乎和 LULC 类型无法建立响应模型，该结论与相关性分析结果吻合。

2）磷矿和磷化工企业污染区流域入湖河流水质与 LULC 类型的关系模型

以显著变量 $P<0.05$ 为自变量进入条件，在 SPSS 软件中采用逐步引入-剔除法，构建磷矿和磷化工企业污染区的缓冲区尺度水质与 LULC 类型多元回归方程（表 4.13）。

表 4.13　磷矿和磷化工企业污染区缓冲区尺度下入湖河流水质与 LULC 类型的关系模型

缓冲区	水质指标	回归方程	R^2	调整 R^2	Sig.
100m	COD 浓度	COD = −0.201 + 10.676OthL	0.744	0.712	0.001
	TP 浓度	TP = 1.372−0.029FarmL	0.604	0.554	0.08
	TN 浓度	TN = 3.089 + 1.167OthL	0.413	0.340	0.45
300m	COD 浓度	COD = −29.907 + 11.726OthL + 4.495Water	0.878	0.843	0.01
	TP 浓度	TP = 1.118−0.029FarmL + 0.043OthL	0.893	0.862	0.00
	TN 浓度	TN = 18.767−0.395FarmL	0.414	0.341	0.045
500m	COD 浓度	COD = −29.745 + 11.223OthL + 5.198Water	0.860	0.820	0.001
	TP 浓度	TP = 0.844 + 0.065OthL−0.021FarmL	0.990	0.987	0.00
	TN 浓度	自变量未进入回归模型	—	—	—
700m	COD 浓度	COD = −2.252 + 8.166OthL	0.663	0.621	0.04
	TP 浓度	TP = −0.542 + 0.073OthL + 0.8ISA	0.997	0.996	0.00
	TN 浓度	TN = −10.207 + 2.091ISA	0.568	0.514	0.012
1000m	COD 浓度	COD = −10.61 + 12.501OthL	0.685	0.646	0.003
	TP 浓度	TP = −0.11 + 0.148OthL	0.845	0.825	0.000
	TN 浓度	TN = −19.188 + 3.269ISA	0.621	0.573	0.07

注：FarmL 代表种植土地面积；OthL 代表其他用地面积；ISA 代表不透水表面面积；Water 代表水域面积。

在磷矿和磷化工企业污染区缓冲尺度下，入湖河流水质指标对 LULC 类型的响应较为敏感，除在 500m 缓冲区尺度下 TN 浓度响应较弱以外，其他尺度上均能构建出满足引入条件的回归方程。从模型的拟合优度看，除 100m、300m 缓冲区尺度外，其余每个尺度下 TP 浓度与 LULC 类型均表现出较高的拟合度，其次是 COD，而 TN 拟合度最低。就缓冲尺度而言，拟合度排序为：700m＞500m＞300m＞1000m＞100m。其他用地、种植土地和不透水表面是影响水质的主导类型。这一结论与该区域磷矿开采点以裸露地表、人工堆积物和复垦为种植土地的现状相吻合。

3）村落农田面源污染区流域入湖河流水质与 LULC 类型的关系模型

以显著变量 $P<0.05$ 为自变量进入条件，在 SPSS 软件中采用逐步引入-剔除法，构建村落农田面源污染区的缓冲区尺度水质与 LULC 类型多元回归方程（表 4.14）。

表 4.14　村落农田面源污染区缓冲区尺度下入湖河流水质与 LULC 类型的关系模型

缓冲区	水质指标	回归方程	R^2	调整 R^2	Sig.
100m	COD 浓度	自变量未进入回归模型	—	—	—
	TP 浓度	自变量未进入回归模型	—	—	—
	TN 浓度	TN = 55.895−1.032FarmL	0.785	0.713	0.045
300m	COD 浓度	自变量未进入回归模型	—	—	—
	TP 浓度	TP = 2.515−0.057FarmL	0.794	0.725	0.042
	TN 浓度	TN = 79.528−1.863FarmL	0.953	0.937	0.004

缓冲区	水质指标	回归方程	R^2	调整 R^2	Sig.
500m	COD 浓度	自变量未进入回归模型	—	—	—
	TP 浓度	TP = 2.46−0.06FarmL	0.813	0.751	0.036
	TN 浓度	TN = 77.098−1.938FarmL	0.958	0.944	0.004
700m	COD 浓度	自变量未进入回归模型	—	—	—
	TP 浓度	TP = 2.638−0.067FarmL	0.870	0.827	0.021
	TN 浓度	TN = 81.143−2.11FarmL	0.980	0.973	0.001
1000m	COD 浓度	自变量未进入回归模型	—	—	—
	TP 浓度	TP = 2.768−0.073FarmL	0.854	0.805	0.025
	TN 浓度	TN = 85.869−2.319FarmL	0.977	0.969	0.001

注：FarmL 代表种植土地面积。

表 4.14 表明，村落农田面源污染区缓冲尺度下，一个显著的特点是 COD 浓度均未能满足进入条件，无法构建回归模型；除 100m 尺度外，TN 浓度呈现出了较高的拟合度，拟合优度 R^2 趋近于 1；TP 浓度拟合程度也较高，拟合优度 R^2 为 0.8~0.9。另外一个显著的特征是，TP、TN 浓度都与种植土地呈高敏感响应关系，这与该区域特点相符，该区域存在大面积的农田分布，施用了大量的农药、化肥，从而导致大量的 N、P 富集。

4.3.5 LULC 类型对水质影响分析

在逐步多元回归模型中，R^2 为模型的决定系数，表征模型的拟合优度。随着解释变量的不断加入，R^2 随之增大，所以模型加入了调整 R^2 来剔除自变量个数对 R^2 的影响，使 R^2 只反映回归方程的拟合优度。因此，采用调整 R^2 作为不同尺度下 LULC 类型与水质的回归模型决定系数（表 4.15），并以此判断 LULC 类型对水质影响的程度。

表 4.15 LULC 类型与水质的回归模型决定系数

区域	水质参数	决定系数 R^2						
		全流域	子流域	100m 缓冲带	300m 缓冲带	500m 缓冲带	700m 缓冲带	1000m 缓冲带
城镇污染区	COD 浓度	0.749	0.984	0.841	1.0	0.998	0.975	0.942
	TP 浓度	0.848	—	—	—	0.780	—	—
	TN 浓度	—	—	—	—	—	—	—
磷矿和磷化工企业污染区	COD 浓度	0.749	0.684	0.712	0.843	0.820	0.621	0.646
	TP 浓度	0.848	0.936	0.554	0.862	0.987	0.996	0.825
	TN 浓度	—	—	0.340	0.341	—	0.514	0.573
村落农田面源污染区	COD 浓度	0.749	—	—	—	—	—	—
	TP 浓度	0.848	0.883	—	0.725	0.751	0.827	0.805
	TN 浓度	—	0.964	0.713	0.937	0.944	0.973	0.969

从表 4.15 可以看出：①不同区域 LULC 类型对水质指标影响差异明显。城镇污染区对 COD 浓度影响较大，磷矿和磷化工业企业污染区对 TP 浓度影响较大，村落农田面源污染区对 TN 浓度影响较大。②在空间尺度上也存在较大差异。城镇污染区 LULC 类型对 COD 浓度的影响大小排序为：300m＞500m＞子流域＞700m＞1000m＞100m＞全流域；磷矿和磷化工企业污染区 LULC 类型对 COD 浓度的影响大小排序为：300m＞500m＞全流域＞100m＞子流域＞1000m＞700m，磷矿和磷化工企业污染区 LULC 类型对 TP 浓度的影响大小排序为：700m＞500m＞子流域＞300m＞全流域＞1000m＞100m，村落农田面源污染区 LULC 类型对 TN 浓度的影响大小排序为：700m＞1000m＞子流域＞500m＞300m＞100m，村落农田面源污染区 LULC 类型对 TP 浓度的影响大小排序为：子流域＞全流域＞700m＞1000m＞500m＞300m＞100m。从排序上看，城镇污染区和磷矿和磷化工企业污染区在 300m、500m 和 700m 尺度对 COD 浓度和 TP 浓度的影响较大，在村落农田面源污染区则表现为子流域尺度对水质影响大。

4.4　LULC 格局与水质的多尺度关系

4.4.1　LULC 格局与水质的多尺度关系分析方法

排序分析起源于生态学，最初的目的是为揭示物种组成数据和实测或潜在的环境因子之间的关系，依据出现的物种及其丰富度，将样方进行依次排列的多元统计技术，其实质是为便于理解而按其相似性重新排列，后被广泛应用于地理学中的 LULC 与水质、水环境和生态环境关系与效应分析等方面。排序分析包括直接排序和间接排序两种方法（图 4.14）。

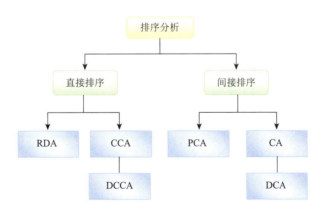

图 4.14　排序分类图

直接排序也称为约束性排序，是指在特定的排序轴上探讨物种的变化情况，冗余分析（redundancy analysis，RDA）、典型对应分析（canonical correspondence analysis，CCA）、去趋势典型对应分析（detrended canonical correspondence analysis，DCCA）等均属于

这一类型。间接排序也称为非约束性排序，是指在潜在的排序轴上寻求最优的解释变量来拟合物种的回归模型，主成分分析（PCA）、对应分析（correspondence analysis，CA）、去趋势对应分析（detrended correspondence analysis，DCA）等均属于这一类型。然而，所有的排序均基于一定的模型，而反映物种和环境之间关系以及在某一环境梯度上的种间关系的模型有两种，即线性模型和单峰模型（图 4.15）。

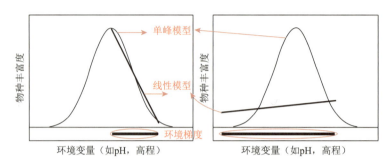

图 4.15　线性模型和单峰模型

上述排序分析方法与模型对照表如表 4.16 所示。

表 4.16　排序方法与排序模型对照表

方法/模型	线性模型	单峰模型
直接排序（约束性排序）	RDA	CCA、DCCA
间接排序（非约束性排序）	PCA	CA、DCA

由于冗余分析（RDA）能够保持各个环境变量对物种的贡献率，且排序图能较为直观地反映环境与物种之间的关系，因此，采用 RDA 来分析 LULC 格局与水质指标的关系，将 LULC 格局作为环境变量，水质指标作为响应变量。分析之前依据 DCA 结果判断采用何种模型，若 DCA 结果的四个轴中梯度最大值超过 4，则应选择单峰模型，若小于 3 则线性模型较为合适，介于 3～4 则两种模型均可。子流域和缓冲区尺度下 DCA 值均小于 3，梯度最大值出现在磷矿和磷化工企业污染区，为 1.123。因此采用冗余分析方法探讨流域 LULC 格局与水质的关系。

在排序角图中，有两种箭头：一是物种箭头，另一种是环境箭头，物种箭头即为水质指标，环境箭头即为 LULC 格局指数。两者之间夹角的余弦值表示它们之间的关系，当夹角在 0°～90°时，两者为正相关关系，夹角越小，相关度越高；当夹角为 90°时不相关；当夹角在 90°～180°时，两者为负相关关系，夹角越大表明相关度越高。箭头长度代表该影响因子所占比例，箭头越长，则表明其影响或作用越大。

4.4.2　LULC 格局与水质的多尺度关系分析

在探讨了 LULC 类型时空演变与水质关系的基础上，本节将进一步分析 LULC 格局与水质的多尺度关系。基于 3.4 节的 LULC 景观格局指数，从 LULC 格局的形态、连接度、破碎度、多样性等方面运用 RDA 方法分析 LULC 格局与水质指标之间的关系。

1. 全流域 LULC 格局与湖心水质关系

利用 RDA 方法分析全流域 LULC 格局与湖心水质的关系，结果如图 4.16 所示。

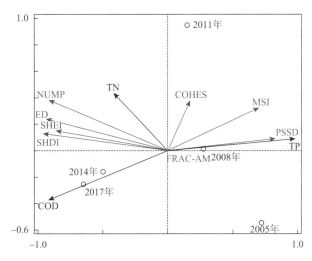

图 4.16　全流域 LULC 格局与湖心水质的 RDA 排序图

图 4.16 表明，斑块面积标准差（PSSD）、平均形状指数（MSI）、斑块连通性指数（COHES）与水质呈正相关关系，面积加权平均分维数（FRAC-AM）几乎与水质无关，其余指数与水质都为负相关关系。PSSD 反映了斑块面积的变化，斑块大小差异越大，PSSD 值越大，斑块形状（MSI）越复杂，斑块连通性指数（COHES）越大，FRAC-AM 值越大。2005～2017 年全流域的 COHES 值基本为下降趋势，但并没有阻碍水质的恶化。斑块数（NUMP）、边缘密度（ED）、香农多样性指数（SHDI）、香农均匀度指数（SHEI）与水质为负相关关系，其中 NUMP 指数与 TN 浓度的相关度较高，高于其他格局指数；PSSD 与 TP 浓度的相关度高于其他格局指数；MSI 与 COD 浓度的相关度高于其他格局指数。SHEI、SHDI 为景观多样性指数，反映 LULC 类型斑块的多样性及均匀程度，而 NUMP 反映了景观的破碎化程度。2005～2017 年，研究区 NUMP、SHEI、SHDI 呈逐年上升趋势，表明破碎化程度加剧，均衡度趋好，地块类型趋于均匀。

2. 子流域和河岸缓冲区 LULC 格局与入湖河流水质的关系

1）城镇污染区 LULC 格局与入湖河流水质的关系

利用 RDA 方法分析城镇污染区流域 LULC 格局与入湖河流水质的关系，结果如图 4.17 所示。

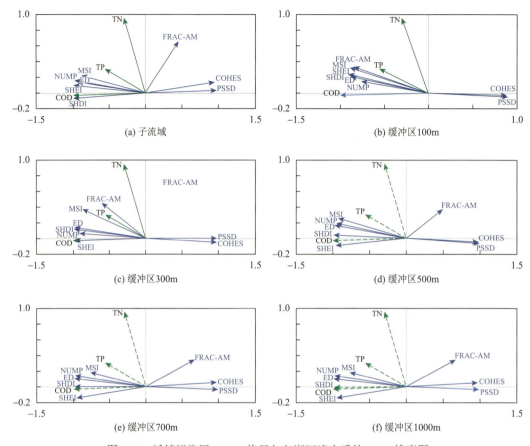

图 4.17　城镇污染区 LULC 格局与入湖河流水质的 RDA 排序图

　　从图 4.17 可知，斑块面积标准差（PSSD）、面积加权平均分维数（FRAC-AM）、斑块连通性指数（COHES）与水质呈负相关关系，而其余指数与水质都为正相关。PSSD、FRAC-AM 反映的是斑块面积的变化，斑块大小差异越大，PSSD 值越大，斑块形状越复杂，FRAC-AM 值越大。而在该区域内，无论是子流域尺度还是缓冲区尺度，PSSD 和 FRAC-AM 的值均呈下降趋势，说明该区域内的各种 LULC 类型斑块形态趋于均匀，面积差异在缩小，这将有利于污染物在不同地块之间的流动，增大河流水质污染风险。COHES 值越大，表明斑块间的连通性越好。2005～2017 年子流域和缓冲区共 6 个尺度的 COHES 值基本为下降趋势，但这并没有阻碍水质的恶化，尤其是 COD 浓度和 TP 浓度。景观斑块数（NUMP）、边缘密度（ED）、平均形状指数（MSI）、香农多样性指数（SHDI）、香农均匀度指数（SHEI）与入湖河流水质均为正相关关系，其中 SHEI、SHDI 两个指标与 COD 浓度的相关度较高，高于其他的格局指数；MSI 与 TP 浓度的相关度高于其他格局指数。研究区 6 个尺度下 SHEI、SHDI 呈逐年上升趋势，表明均衡度趋好，地块类型趋于均匀。结合 LULC 类型变化发现，该区域 2005～2017 年种植土地、林草覆盖地类斑块逐年减少，同期不透水表面地类斑块逐年增加，这一变化说明，地类斑块均匀化程度高的不透水表面对水质中 COD、TP 增长具有促进作用，是其浓度升高的重要推手。

2）磷矿和磷化工企业污染区 LULC 格局与入湖河流水质的关系

利用 RDA 方法分析磷矿和磷化工企业污染区流域 LULC 格局与入湖河流水质的关系，结果如图 4.18 所示。

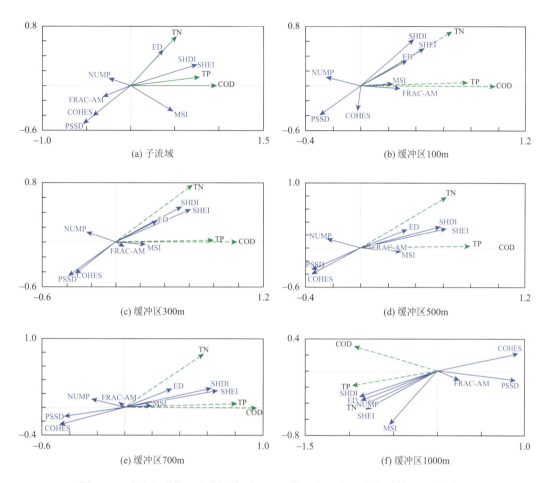

图 4.18　磷矿和磷化工企业污染区 LULC 格局与入湖河流水质的 RDA 排序图

从图 4.18 可知，在各尺度下一个显著的特点是 PSSD、COHES、NUMP 与水质指标基本为负相关关系，其余 5 个指标与水质指标呈正相关关系，其中 PSSD、COHES、SHEI、SHDI 对水质指标的影响较大，而 FRAC-AM 和 MSI 对水质的影响最小。PSSD、NUMP 反映了 LULC 斑块破碎化程度，说明破碎的地块会阻止污染物的流动和迁移。2005～2017 年，磷矿主要分布所在的代村河流域和东大河流域种植土地面积逐渐减小，林草覆盖、不透水表面及其他地类不断增加，LULC 斑块类型增多，使得各种地类斑块的分布趋于均衡，从而导致水质恶化的地类增多。

3）村落农田面源污染区 LULC 格局与入湖河流水质的相关关系

利用 RDA 方法分析村落农田面源污染区流域土地利用格局与入湖河流水质的关系，结果如图 4.19 所示。

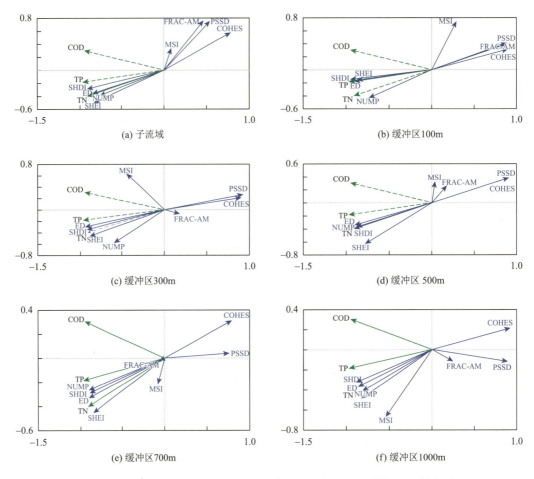

图 4.19   村落农田面源污染区 LULC 格局与入湖河流水质的 RDA 排序图

图 4.19 显示,在大多数尺度下,PSSD、COHES、FRAC-AM 格局指数与水质指标呈负相关关系,而 MSI 与水质指标关系在不同尺度下差异显著。子流域、500m、700m 等尺度下射线很短,说明影响非常小,其余尺度与水质指标的夹角较大,说明相关度较低;其他格局指数与水质基本呈正相关关系,其中 SHEI、SHDI、ED 相关度较高。结合水质指标的变化情况发现,当 LULC 类型斑块大小差异缩小、连通度变低及形状趋于简单时,有利于抑制水质的恶化,而当斑块类型多样性丰富、均匀度趋于平衡及斑块边缘密度变大时,则会进一步导致水质恶化。

4.4.3   LULC 格局与水质的多尺度关系模型

1. 全流域 LULC 格局与湖心水质的关系模型

以显著变量 $P<0.05$ 为自变量进入条件,在 SPSS 软件中采用逐步引入-剔除法,构建全流域尺度水质指标与 LULC 格局的多元回归方程(表 4.17)。

表 4.17　全流域水质对 LULC 格局的关系模型

尺度	水质指标	回归方程	R^2	调整 R^2	Sig.
	COD 浓度	自变量未进入回归模型	—	—	—
全流域	TP 浓度	TP = 0.105−0.937SDI	0.878	0.837	0.019
	TN 浓度	自变量未进入回归模型	—	—	—

表 4.17 的关系模型表明，多元回归分析的结果和冗余分析结果存在一定差异。该区域 TP 浓度对 LULC 格局的敏感性较高，拟合度高。SHDI 揭示景观类型的多样性，值越高，表示该区域景观多样性越丰富，在生态系统稳定的分析中表示整个系统异质性高，均衡度好。从回归方程来看，SHDI 与 TP 呈显著负相关关系。2005～2017 年，研究区 SHDI 逐年上升，表明流域异质性高、均衡度趋好，地块类型趋于均匀。这与流域范围内的磷矿停采后的生态修复有关，大量磷矿迹地和裸露地表的林草修复、停产的工矿厂的改造，导致流域的 SHDI 值增大，这有利于对流域磷矿区的磷流失、下渗、径流等的截流、削减、吸收作用，从而减小水中的磷浓度。

2. 子流域和河岸缓冲区 LULC 格局与入湖河流水质的关系模型

1）城镇污染区流域 LULC 格局与入湖河流水质的关系模型

以显著变量 $P<0.05$ 为自变量进入条件，在 SPSS 软件中采用逐步引入-剔除法，构建城镇污染区水质指标与 LULC 格局的多元回归方程（表 4.18）。

表 4.18　城镇污染区入湖河流水质对 LULC 格局的关系模型

尺度	水质指标	回归方程	R^2	调整 R^2	Sig.
	COD 浓度	COD = −154.349 + 52.106SHDI + 70.832MSI	1.000	1.000	0.000
子流域	TP 浓度	自变量未进入回归模型	—	—	—
	TN 浓度	自变量未进入回归模型	—	—	—
	COD 浓度	COD = −108.067 + 158.879SHEI	0.816	0.754	0.036
100m 缓冲区	TP 浓度	自变量未进入回归模型	—	—	—
	TN 浓度	自变量未进入回归模型	—	—	—
	COD 浓度	COD = −98.622 + 69.293SHDI	0.974	0.965	0.002
300m 缓冲区	TP 浓度	自变量未进入回归模型	—	—	—
	TN 浓度	自变量未进入回归模型	—	—	—
	COD 浓度	COD = 65.583−4.454PSSD	0.987	0.983	0.001
500m 缓冲区	TP 浓度	自变量未进入回归模型	—	—	—
	TN 浓度	自变量未进入回归模型	—	—	—
700m 缓冲区	COD 浓度	COD = 70.231−3.876PSSD	0.977	0.970	0.001

续表

尺度	水质指标	回归方程	R^2	调整 R^2	Sig.
700m 缓冲区	TP 浓度	自变量未进入回归模型	—	—	—
	TN 浓度	自变量未进入回归模型	—	—	—
1000m 缓冲区	COD 浓度	COD = 74.850–3.472PSSD	0.989	0.985	0.000
	TP 浓度	自变量未进入回归模型	—	—	—
	TN 浓度	自变量未进入回归模型	—	—	—

　　表 4.18 的关系模型表明,多元回归分析的结果和冗余分析结果基本一致。该区域 COD 浓度对 LULC 格局的敏感性较高,拟合度高。在子流域尺度,COD 浓度主要受 SHDI 和 MSI 影响,说明斑块均衡度和斑块复杂度是影响 COD 浓度的重要因素。而在缓冲区尺度下存在差异,在 100m 和 300m 尺度下,SHEI 和 SHDI 是主要影响因素;在 500m、700m 及 1000m 尺度下,PSSD 对 COD 浓度的影响程度最大,说明斑块大小差异越大,COD 浓度越高。

　　2)磷矿和磷化工企业污染区流域 LULC 格局与入湖河流水质的关系模型

　　以显著变量 $P<0.05$ 为自变量进入条件,在 SPSS 软件中采用逐步引入-剔除法,构建磷矿和磷化工企业污染区水质指标与 LULC 格局的多元回归方程(表 4.19)。

表 4.19　磷矿和磷化工业企业污染区入湖河流水质对 LULC 格局的关系模型

尺度	水质指标	回归方程	R^2	调整 R^2	Sig.
子流域	COD 浓度	COD = −185.325 + 338.404SHEI	0.540	0.483	0.015
	TP 浓度	TP = −1.939 + 3.937SHEI−0.0001NUMP	0.956	0.944	0.000
	TN 浓度	自变量未进入回归模型	—	—	—
100m 缓冲区	COD 浓度	自变量未进入回归模型	—	—	—
	TP 浓度	TP = −1.089 + 0.004ED	0.576	0.524	0.011
	TN 浓度	TN = −36.155 + 26.039SHDI	0.513	0.453	0.020
300m 缓冲区	COD 浓度	自变量未进入回归模型	—	—	—
	TP 浓度	TP = −3.987 + 18.325SHEI−5.245SHDI	0.842	0.797	0.002
	TN 浓度	TN = −31.987 + 55.838SHEI	0.529	0.471	0.017
500m 缓冲区	COD 浓度	自变量未进入回归模型	—	—	—
	TP 浓度	TP = −1.814 + 3.546SHEI−0.0002NUMP	0.859	0.818	0.001
	TN 浓度	自变量未进入回归模型	—	—	—
700m 缓冲区	COD 浓度	COD = −158.836 + 284.311SHEI	0.418	0.345	0.043
	TP 浓度	TP = 114.918–1.163COHES	0.702	0.665	0.002
	TN 浓度	自变量未进入回归模型	—	—	—
1000m 缓冲区	COD 浓度	COD = −160.466 + 124.796SHDI	0.401	0.326	0.049
	TP 浓度	TP = 145.534–1.471COHES	0.792	0.766	0.001
	TN 浓度	TN = 1436.667–14.489COHES	0.409	0.335	0.047

表 4.19 显示,无论是在子流域尺度还是缓冲区尺度下,TP 浓度都是最为敏感的水质指标,这与该区域为磷矿开采集中区相吻合。总体上,SHDI、SHEI、COHES 是影响水质的主要格局指数。从拟合系数看,TP 的拟合度显著高于 TN 和 COD,子流域尺度和 500m 缓冲区尺度 SHEI 对 TP 的影响最大。

3) 村落农田面源污染区流域 LULC 格局与入湖河流水质的关系模型

以显著变量 $P < 0.05$ 为自变量进入条件,在 SPSS 软件中采用逐步引入-剔除法,构建村落农田面源污染区水质与 LULC 格局的多元回归方程(表 4.20)。

表 4.20　村落农田面源污染区入湖河流水质对 LULC 格局的关系模型

尺度	水质指标	回归方程	R^2	调整 R^2	Sig.
子流域	COD 浓度	自变量未进入回归模型	—	—	—
	TP 浓度	TP = −4.704 + 4.295SHDI	0.901	0.868	0.014
	TN 浓度	TN = −144.979 + 295.05SHEI	0.925	0.900	0.009
100m 缓冲区	COD 浓度	自变量未进入回归模型	—	—	—
	TP 浓度	TP = 28.769−23.469FRAC-AM	0.885	0.847	0.017
	TN 浓度	TN = 4.097−10.943PSSD	0.959	0.945	0.004
300m 缓冲区	COD 浓度	自变量未进入回归模型	—	—	—
	TP 浓度	TP = 2.482−0.283PSSD	0.971	0.962	0.002
	TN 浓度	TN = −113.396 + 216.7SHEI	0.991	0.988	0.000
500m 缓冲区	COD 浓度	自变量未进入回归模型	—	—	—
	TP 浓度	TP = 2.483−0.21PSSD	0.955	0.940	0.004
	TN 浓度	TN = 135.764−5.494PSSD−56.368MSI + 0.067ED + 1.458FRAC-AM	1.000	1.000	0.000
700m 缓冲区	COD 浓度	自变量未进入回归模型	—	—	—
	TP 浓度	TP = −4.085 + 3.493SHDI	0.857	0.810	0.024
	TN 浓度	TN = −879.639 + 0.652ED + 276.286MSI− 11.218SHDI + 3.469COHES	1.000	1.000	0.000
1000m 缓冲区	COD 浓度	COD = 112.431−5.793PSSD	0.791	0.722	0.043
	TP 浓度	TP = 148.78−1.502COHES	0.951	0.934	0.005
	TN 浓度	TN = −124.681 + 238.642SHEI	0.913	0.884	0.011

从表 4.20 可知,TN 浓度对 LULC 格局的敏感度最高,并在每一个尺度下都构建了拟合度较高的多元回归模型,其次是 TP。而 COD 浓度仅在 1000m 缓冲区尺度下构建出了符合条件的回归模型。不同尺度影响水质的格局指数存在较大差异,在子流域,影响水质的主要是景观多样性指数 SHEI 和 SHDI;在 100m 缓冲区,FRAC-AM 和 PSSD 对 TP 和 TN 浓度影响较大;而在 300m 缓冲区,则为 PSSD 和 SHEI 影响较大;在 500m 缓冲区,PSSD 对 TP 浓度有显著影响,而对 TN 浓度影响较大的有 PSSD、MSI、ED、FRAC-AM 等指数;在 700m 缓冲区,SHDI 对 TP 浓度影响较大,ED、MSI、SHDI 和 COHES 对 TN 浓度影响较为明显;在 1000m 缓冲区则是 PSSD、COHES、SHEI 分别影响水质的 COD、TP、

TN 浓度。由此可见，在该区域并没有一个主要的影响指标，不同尺度下的景观格局指数对水质指标影响差异较大，这与该区域涉及的子流域较多且各子流域 LULC 组成复杂有关。

4.4.4　LULC 格局对水质影响分析

整理 LULC 格局与水质回归模型的决定系数，得到表 4.21。

表 4.21　LULC 格局与水质的回归模型决定系数

区域	水质指标	决定系数 R^2						
		全流域	子流域	100m 缓冲区	300m 缓冲区	500m 缓冲区	700m 缓冲区	1000m 缓冲区
城镇污染区	COD 浓度	—	1.000	0.754	0.965	0.983	0.970	0.985
	TP 浓度	0.837	—	—	—	—	—	—
	TN 浓度	—	—	—	—	—	—	—
磷矿和磷化工企业污染区	COD 浓度	—	0.483	—	—	—	0.345	0.326
	TP 浓度	0.837	0.944	0.524	0.797	0.818	0.665	0.766
	TN 浓度	—	—	0.453	0.471	—	—	0.335
村落农田面源污染区	COD 浓度	—	—	—	—	—	—	0.722
	TP 浓度	0.837	0.868	0.847	0.962	0.940	0.810	0.934
	TN 浓度	—	0.900	0.945	0.988	1.000	1.000	0.884

从表 4.21 可以看出，LULC 格局对水质影响的特征与 LULC 类型对水质指标的影响存在共性：城镇污染区对 COD 浓度影响最大，磷矿和磷化工企业污染区对 TP 浓度影响最大，村落农田面源污染区对 TN 浓度影响最大，但尺度差异显著。在城镇污染区，LULC 格局对 COD 浓度的影响大小排序为：子流域＞1000m 缓冲区＞500m 缓冲区＞700m 缓冲区＞300m 缓冲区＞100m 缓冲区；在磷矿和磷化工企业污染区，LULC 格局对 TP 浓度的影响大小排序为：子流域＞全流域＞500m 缓冲区＞300m 缓冲区＞1000m 缓冲区＞700m 缓冲区＞100m 缓冲区；在村落农田面源污染区，LULC 格局对 TN 浓度的影响大小排序为：500m 缓冲区＝700m 缓冲区＞300m 缓冲区＞100m 缓冲区＞子流域＞1000m 缓冲区，对 TP 浓度的影响排序则为：300m 缓冲区＞500m 缓冲区＞1000m 缓冲区＞子流域＞100m 缓冲区＞全流域＞700m 缓冲区。从排序结果来看，在城镇污染区，COD 浓度对 LULC 格局存在明显的尺度依赖性；磷矿和磷化工业企业污染区没有明显的规律，但子流域尺度依然是对 TP 浓度影响最大的尺度，这与空间尺度内的磷矿采集点的格局有关；而在村落农田面源污染区，河岸 300m 和 500m 缓冲区范围的 LULC 格局对 TN、TP 浓度影响较大，与该尺度下不透水表面面积较大有关。

4.5　土地利用强度与水质关系

和入湖河流水质一样，土地利用强度也具有显著的时空差异性，利用相关性分析和回归分析方法分析两者的关系，其相关性系数如表 4.22 所示。

表 4.22　土地利用强度与水质指标的相关性系数表

方法	指标	土地利用强度	COD 浓度	TN 浓度	TP 浓度
Pearson 相关性	土地利用强度	1.000	0.027	−0.025	−0.008
	COD 浓度	0.027	1.000	0.268	0.549**
	TN 浓度	−0.025	0.268	1.000	0.457**
	TP 浓度	−0.008	0.549**	0.457**	1.000
显著性（双侧）	土地利用强度	—	0.858	0.871	0.960
	COD 浓度	0.858	—	0.076	0.000
	TN 浓度	0.871	0.076	—	0.002
	TP 浓度	0.960	0.000	0.002	—

注：**表示 Sig.在 0.01 级别（双侧）相关性显著。

从表 4.22 可以看出，土地利用强度与入湖河流的 COD、TN、TP 浓度的显著性（双侧）分别为 0.858、0.871、0.960，说明他们之间的相关性强。各个空间尺度土地利用强度与水质指标回归分析的结果基本类似，在此不逐一列出。回归分析结果表明，不同污染源区及其不同河流缓冲区尺度的土地利用强度对水质指标具有正效应，土地利用强度越大，COD、TN、TP 浓度越大，其对应的水质环境越差。随着流域城镇化进程的推进，土地利用强度的增大将导致水质环境的进一步恶化。

从图 4.20 可以看出，不同污染源区的土地利用强度呈逐年上升趋势，但上升过程有所差异，城镇污染区呈增加—减少—增加的趋势，而磷矿和磷化工企业污染区和村落农

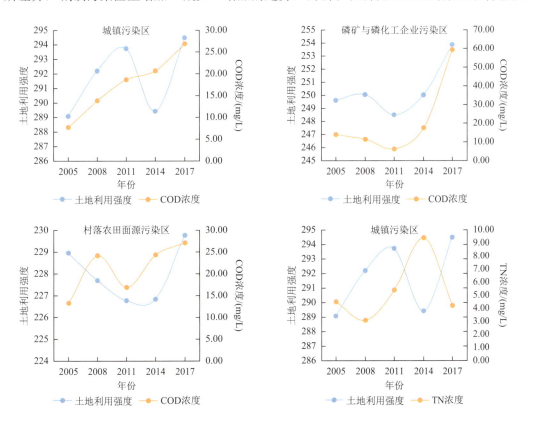

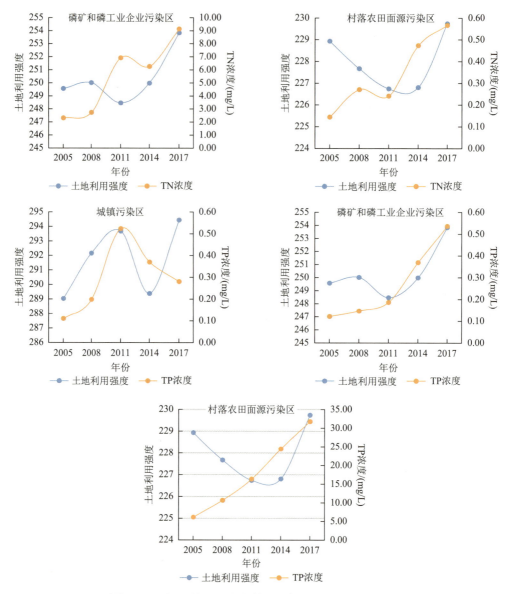

图4.20　不同污染源区土地利用强度与水质指标浓度变化

田面源污染区则呈减少—增加的趋势。土地利用强度与 COD、TP、TN 浓度的变化趋势在不同污染源区差异显著，但也具有共性。在磷矿和磷化工企业污染区，土地利用强度与 COD、TP 浓度的变化趋势基本一致，表现出较强的相关性；而在城镇污染区则与 TP 浓度的变化趋势一致；村落农田面源污染区则与 TN 浓度的变化趋势一致。

4.6　本章小结

本章根据抚仙湖流域污染物来源特点，选取代表流域三类主要污染源的城镇污染区、磷矿和磷化工企业污染区和村落农田面源污染区作为研究区，运用相关性分析法、冗余分析法及多元逐步回归分析方法对 3 类区域 LULC 类型及格局与水质多尺度关系进行分析，探明了 LULC 类型与水质的多尺度关系、LULC 格局与水质的多尺度关系。

1. LULC 类型与水质的多尺度关系

（1）无论是在不同污染源区的全流域还是缓冲区，不透水表面和其他用地（人工堆掘地、荒漠与裸露地表），面积百分比与水质呈正相关关系，对其具有促进作用，与相关研究结论一致（Osborne and Wiley，1988；Basnyat et al.，1999；Sliva and Williams，2001；官宝红等，2008；黄金良等，2011；杨洁等，2017；项颂等，2018）。不透水表面和其他用地占比与 COD 和 TP 浓度呈正相关关系，这主要是由于有机物和磷流失量与径流量及径流中的两者含量密切相关。城市化发展导致人工建筑用地面积增加，从而不透水表面面积也相应增加，道路、广场、屋面等不透水面的污染物更容易汇聚，并携带大量的沉积物、营养物质及重金属污染物随雨水的冲刷而汇入河流中，加剧了河流污染程度。另外，城镇污染区产生的工业和生活废水排入湖内，也会造成水质下降（Fedorko et al.，2005）。

（2）林草覆盖是影响水质的另外一个重要因子。林草覆盖与水质呈负相关关系，这与大众认知的林草覆盖能起到改善水质作用的认识一致。林草覆盖能减少径流，进而减轻水土流失和由于水土流失造成的水质下降。研究结果表明，大部分表征水质下降的水质参数都与林草覆盖面积百分比呈负相关关系，这与其他研究结论一致。而植被作为污染物的"汇"，对污染物的截留与净化作用已被证实（Sliva and Williams，2001；Novotny，2002；Bahar et al.，2008；Lopez et al.，2008；曾立雄等，2012；Putro et al.，2016）。

（3）种植土地并不是影响水质下降的主要因子。在全流域尺度，TP 浓度与种植土地关联性最强，TN 浓度与 LULC 类型响应不显著。种植土地对水质的影响复杂，与 TN、TP 浓度均呈负相关关系，这与农业用地占比与 TN 浓度呈负相关关系的研究结论一致（Lenat and Crawford，1994；Johnson et al.，1997；Sliva and Williams，2001；Chang，2008；Tu and Xia，2008），但这一研究结论也存在争议（Fedorko et al.，2005；Bahar et al.，2008）。这说明农业用地的面积占比不是影响 TN 浓度的主要因子，这与研究区农药化肥施用量、种植结构以及距受纳水体的距离、地形等因素有关。同时，种植土地一方面通过施肥随农田径流向河流输入大量营养盐，另一方面作为植被或湿地系统又对污染物有吸附、吸收和滞留作用。从抚仙湖流域 LULC 的空间分布来看，其耕地主要分布在山区和抚仙湖北岸的平坝地区，入湖河流经坝区耕地汇入抚仙湖。坝区耕地对入湖河流 TN 有着一定截蓄滞留作用（庞燕等，2015），并且与 TN 自然特征及其迁移转化规律有关，耕地中大量的微生物有利于不同形态氮之间的硝化、反硝化作用（曾立雄等，2012；李潇然等，2016）。同时，这与近年来云南省政府和玉溪市政府出台的多项关于抚仙湖流域防治非点源污染的政策实施有关，限制了流域范围内含氮类和磷酸盐化肥以及农药的使用，导致 TN、TP 浓度与种植土地面积之间呈负相关关系。

（4）从 LULC 类型与水质的空间效应来看，LULC 类型与水质之间的关系存在显著的空间尺度差异，且在不同区域的空间尺度差异表现不同。多数研究表明，小流域尺度下 LULC 类型对水质的解释率最高，是对入湖河流水质影响最强的空间尺度（Sliva and

Williams，2001；Tudesque et al.，2014；Ding et al.，2016）。但也有研究发现，相对于全流域尺度，河岸 100m 缓冲区 LULC 类型与水质的关系更显著（Shen et al.，2012），这与本书研究结果存在差异，与研究区自身的 LULC 特征有关。子流域尺度下，林草覆盖为优势地类，面积占比超过 50%，远高于其他地类，优势地类突出且单一致使其与水质的关系解释率较高。而相对于河岸缓冲区尺度，种植土地、不透水表面、林草覆盖共同构成优势地类，地类组分复杂且各地类对水质的影响效果各异，存在叠加或"此消彼长"的作用，导致其对水质的解释率较子流域尺度低（Chang，2008；Tudesque et al.，2014；Yu et al.，2015；项颂等，2018）。研究结果表明，在城镇污染区流域范围内的河岸 300m 缓冲区是 LULC 类型对 COD 浓度影响最强的空间尺度，这与曹灿等（2018）在新疆艾比湖、项颂等（2018）对云南的洱海、刘阳等（2008）在抚仙湖流域的研究结果一致。据此是否可以推断：对于高原湖泊流域而言，河岸 300m 缓冲区是 LULC 类型对 COD 浓度影响最强的空间尺度？这一推断还需进一步论证。由于不透水表面、种植土地对污染物的产生与排放贡献不同，其空间格局不同会对河流水体污染的影响呈现"此消彼长"的强弱关系。因此，合理规划河岸带种植土地类型比例、控制流域城镇用地的发展，对于城区河流水质的改善十分必要。

2. LULC 格局与水质的多尺度关系

1）景观格局指数与水质的相关性

研究发现，无论在子流域还是河岸缓冲区，景观多样性指数 SHDI 和 SHEI 都是影响水质的重要因子。SHDI、SHEI 值越高，表明景观多样性越丰富，这与人类活动导致各 LULC 类型分布的均匀度增加有关（邬建国，2007），或与斑块丰富度和景观结构复杂性高有关（Osborne and Williams，1988）。显然，人类干扰强度越大，SHDI、SHEI 值越高，相应增加了水质变差的风险（陈德超等，2013）。

景观破碎化指数 PSSD 与水质指标有显著的正相关关系，其值越大，意味着景观破碎化程度越高，斑块的几何形状越趋于复杂，斑块面积的大小差异缩小，斑块之间的距离也越大（邬建国，2007），这是人类活动干扰的结果。这与高的斑块密度和破碎度会导致水质变差的研究结论基本一致（Lee et al.，2009；张大伟等，2010；黄金良等，2011；王瑛等，2012；陈德超等，2013；吉冬青等，2015）。这与研究区域的优势 LULC 类型及其特性密切相关。

COHES 与水质具有显著的相关性，在 1000m 缓冲区与 TP、TN 浓度等污染指标呈显著正相关关系。张大伟等（2010）的研究也发现 COHES 与 TP 浓度呈显著正相关关系，并解释为 COHES 值越大，斑块的聚集和连通越明显，且景观中存在着优势斑块（杨洁等，2017），即城镇用地和旱地/水田优势斑块的聚集和良好连通关系导致污染物集中产生与输出，但也有相反结论（张大伟等，2010；王瑛等，2012；吉冬青等，2015），产生不同结果可能与研究区主要景观类型有关，如负相关区域以林地、耕地景观类型为主，正相关区域则以城镇用地、旱地、水田为主。

其余景观格局指数 ED、COHES、FRAC-AM、MSI 与水质也具有显著的相关性，但仍存在一定的不确定性，在不同的污染源区内，不同河岸缓冲区对水质的影响存在显著差异，如在村落农田面源污染区景观破碎化指数 NUMP 与水质关系无法被合理地解释，这也充分说明了 LULC 类型及格局与水质的关联研究仍需进一步探讨。总之，目前利用景观格局指数开展 LULC 类型及格局与水质的响应关系研究尚无定论，比如，Johnson 等（1997）发现斑块密度在某些季节可以解释水体中的变量；Sharpe 等（1981）在一个营养盐径流模型研究中发现，景观指数与水质没有相关性，从而进一步证实了采用多个景观格局指数来揭示 LULC 类型及格局与水质的响应关系或有值得商榷的地方。因为景观格局指数没有顾及非点源污染和污染物在景观中的迁移过程，从而导致其与水质的相关性不好，但这并不能说明景观格局与水质关系不好或不存在相关性，而恰恰说明了采用传统的景观格局指数方法来讨论 LULC 类型及格局与水质的关系面临严峻挑战（黄金良等，2011），亟待在后续的研究中摸索能更好刻画 LULC 格局与水质关系的定量指标和方法。

2）流域 LULC 格局与水质的多尺度关系分析

研究结果表明，LULC 格局对水质影响与 LULC 类型对水质指标影响存在共性，城镇污染区 LULC 类型及格局对 COD 浓度影响最大，磷矿和磷化工企业污染区对 TP 浓度影响最大，村落农田面源污染区对 TN 浓度影响最大。不同区域 LULC 类型对水质指标影响表现为：城镇污染区和磷矿和磷化工企业污染区在缓冲区 300m、500m 和 700m 对 COD 和 TP 浓度的解释率较大，而在村落农田面源污染区则表现为子流域尺度对水质的解释率最大。不同区域 LULC 格局对水质指标影响则表现为：在城镇污染区、磷矿和磷化工企业污染区，COD、TP 浓度在子流域内被更好地解释；而在村落农田面源污染区，TN 浓度在缓冲区 700m 能被更好地解释，而 TP 浓度则在缓冲区 300m 具有较高的解释率。这一结论与 Johnson 等（1997）、Sawyer 等（2004）、黄金良等（2011）研究发现河岸 100m 缓冲区的土地利用结构就足以预测河段水质状况的结论存在差异，这表明，相比于河岸缓冲区，子流域尺度下的景观格局指数对水质解释度更高。

参 考 文 献

曹灿，张飞，朱世丹，等，2018. 艾比湖区域景观格局与河流水质关系探讨. 环境科学，39（4）：1568-1577.

陈德超，杜景龙，李新，等，2013. 胥江流域土地利用变化及其水质响应研究. 城市发展研究，20（1）：60-66.

陈能汪，洪华生，张珞平，2009. 九龙江流域氮的源汇时空模式与机理初探. 环境科学学报，29（4）：830-839.

官宝红，李君，曾爱斌，等，2008. 杭州市城市土地利用对河流水质的影响. 资源科学，30（6）：857-863.

胡国定，1990. 多元数据分析方法. 天津：南开大学出版社.

黄金良，李青生，洪华生，等，2011. 九龙江流域土地利用/景观格局-水质的初步关联分析. 环境科学，32（1）：64-72.

吉冬青，文雅，魏建兵，等，2015. 流溪河流域景观空间特征与河流水质的关联分析. 生态学报，35（2）：246-253.

姜德娟，毕晓丽，2010. 流域-河口-近海系统氮、磷营养盐输移研究综述. 水科学进展，21（3）：421-429.

金洋，李恒鹏，李金莲，2007. 太湖流域土地利用变化对非点源污染负荷量的影响. 农业环境科学学报，26（4）：1214-1218.

李潇然，李阳兵，邵景安，2016. 非点源污染输出对土地利用和社会经济变化响应的案例研究. 生态学报，36（19）：6050-6061.

刘庆，2016. 流溪河流域景观特征对河流水质的影响及河岸带对氮的削减效应. 广州：中国科学院广州地球化学研究所.

刘旭拢，邓孺孺，秦雁，等，2016. 东江流域地表水功能区水质对土地利用的响应. 热带地理，36（2）：296-302.

刘阳，吴钢，高正文，2008. 云南省抚仙湖和杞麓湖流域土地利用变化对水质的影响. 生态学杂志，27（3）：447-453.

吕一河，傅伯杰，2001. 生态学中的尺度及尺度转换方法. 生态学报，21（12）：2096-2105.

庞燕，项颂，储昭升，等，2015. 洱海流域农业用地与入湖河流水质的关系研究. 环境科学，36（11）：4005-4012.

王晓学，胡元明，彭树恒，等，2017. 流域一体化下的生态文明先行示范区建设探索. 水资源保护，33（1）：83-89.

王瑛，张建锋，陈光才，等，2012. 太湖流域典型入湖港口景观格局对河流水质的影响. 生态学报，32（20）：6422-6430.

邬建国，2007. 景观生态学：格局过程尺度与等级. 北京：高等教育出版社.

项颂，庞燕，窦嘉顺，等，2018. 不同时空尺度下土地利用对洱海入湖河流水质的影响. 生态学报，38（3）：876-885.

晏维金，2006. 人类活动影响下营养盐向河口/近海的输出和模型研究. 地理研究，25（5）：825-835.

杨洁，许有鹏，高斌，等，2017. 城镇化下河流水质变化及其与景观格局关系分析——以太湖流域苏州市为例. 湖泊科学，29（4）：827-835.

于兴修，杨桂山，2003. 典型流域土地利用/覆被变化及对水质的影响——以太湖上游浙江西苕溪流域为例. 长江流域资源与环境，12（3）：211-217.

张大伟，李杨帆，孙翔，等，2010. 入太湖河流武进港的区域景观格局与河流水质相关性分析. 环境科学，31（8）：1775-1783.

张洪，陈震，张帅，等，2012. 云南省高原湖泊流域土地利用与水环境变化异质性研究. 水土保持通报，32（2）：255-260.

曾立雄，黄志霖，肖文发，等，2012. 三峡库区不同土地利用类型氮磷流失特征及其对环境因子的响应. 环境科学，33（10）：3390-3396.

Álvarez-Cabria M，Barquín J，Peñas F J，2016. Modelling the spatial and seasonal variability of water quality for entire river networks：Relationships with natural and anthropogenic factors. Science of The Total Environment，545：152-162.

Amold J G，Williams J R，Srinivasan，et al.，1994. SWAT-soil and water assessment tool-user manual. Agricultural Research Service. Grassland，Soil and water Research Lab，US Department of Agriculture.

Bahar M M，Ohmori H，Yamamuro M，2008. Relationship between river water quality and land use in a small river basin running through the urbanizing area of Central Japan. Limnology，9（1）：19-26.

Basnyat P，Teeter L D，Flynn K M，et al.，1999. Relationships between landscape characteristics and nonpoint source pollution inputs to coastal estuaries. Environmental Management，23（4）：539-549.

Beasley D B，Huggins L F，Monke E J，1980. Answers：a model for watershed planning. Transactions of the Asae，23（4）：938-944.

Braak C J F T，Smilauer P，2002. CANOCO Reference Manual and CanoDraw for Windows User's Guide：Software for Canonical Community Ordination（version 4.5）. New York：Center for Biometry Wageningen.

Chang H，2008. Spatial analysis of water quality trends in the Han River basin，Korea. Water Research，42（13）：3285-3304.

Ding J，Jiang Y，Liu Q，et al.，2016. Influences of the land use pattern on water quality in low-order streams of the Dongjiang River basin，China：A multi-scale analysis. Science of the Total Environment，551-552：205-216.

Fedorko E J，Pontius Jr R G，Aldrich S P，et al.，2005. Spatial distribution of land type in regression models of pollutant loading. Journal of Spatial Hydrology，5（20）：60-80.

Johnson L，Richards C，Host G，et al.，1997. Landscape influences on water chemistry in Midwestern stream ecosystems. Freshwater Biology，37（1）：193-208.

Lee S W，Hwang S J，Lee S B，et al.，2009. Landscape ecological approach to the relationships of land use patterns in watersheds to water quality characteristics.Landscape and Urban Planning，92（2）：80-89.

Lenat D R，Crawford J K，1994. Effects of land use on water quality and aquatic biota of three North Carolina Piedmont streams. Hydrobiologia，294（3）：185-199.

Lopez R D，Nash M S，Heggem D T，et al.，2008. Watershed vulnerability predictions for the Ozarks using landscape models. Journal of Environmental Quality，37（5）：1769-1780.

Maillard P，Santos N A，2008. A spatial-statistical approach for modeling the effect of non-point source pollution on different water quality parameters in the Velhas river watershed-Brazil. Journal of Environmental Management，86（1）：158-170.

Novotny V，2002. Water Quality：Diffuse Pollution and Watershedagement（2 nd edition）. New York：John Wiley & Sons.

Osborne L L，Wiley M J，1988. Empirical relationships between land use/cover and stream water quality in an agricultural watershed. Journal of Environmental Management，26（1）：9-27.

Osborne L L，Kovacic D A，2010. Riparian vegetated buffer strips in water-quality restoration and stream management. Freshwater Biology，29（2）：243-258.

Putro B，Kjeldsen T R，Hutchins M G，et al.，2016. An empirical investigation of climate and land-use effects on water quantity and quality in two urbanising catchments in the southern United Kingdom. Science of the Total Environment, 548-549: 164-172.

Sawyer J, Stewart P, Mullen M, et al., 2004. Influence of habitat, water quality, and land use on macro-invertebrate and fish assemblages of a southeastern coastal plain watershed, USA. Aquatic Ecosystem Health & Management, 7 (1): 85-99.

Sharpe D M, Stearns F W, Burgess R L, et al., 1981. Spatio-temporal patterns of forest ecosystems in man-dominated landscapes// Tjallingii S P, Deveer A A. Perspectives in Landscape Ecology: Proceedings of International Congress Organized by Netherlands Society for Landscape Ecology, Veldhoven, the Netherlands.

Shen Z, Hou X, Li W, et al., 2015. Impact of landscape pattern at multiple spatial scales on water quality: A case study in a typical urbanised watershed in China. Ecological Indicators, 48 (48): 417-427.

Sliva L, Williams D D, 2001. Buffer zone versus whole catchment approaches to studying land use impact on river water quality. Water Research, 35 (14): 3462-3472.

Tu J, Xia Z G, 2008. Examining spatially varying relationships between land use and water quality using geographically weighted regression: Model design and evaluation. Science of the total Environment, 407 (1): 358-378.

Tudesque L, Tisseuil C, Lek S, 2014. Scale-dependent effects of land cover on water physico-chemistry and diatom-based metrics in a major river system, the Adour-Garonne basin (South Western France). Science of the Total Environment, 466-467 (1): 47-55.

Vörösmarty C J, Green P, Salisbury J, et al., 2000. Global water resources: vulnerability from climate change and population growth. Science, 289 (5477): 284-288.

Wilson C O, 2015. Land use/land cover water quality nexus: quantifying anthropogenic influences on surface water quality. Environmental Monitoring & Assessment, 187 (7): 1-23.

Young R A, Onstad C A, Bosch D D, et al., 1989. AGNPS, agricultural nonpoint source pollution model for evaluating agricultural watersheds. Journal of Soil and Water Conservation, 44 (2): 164-172.

Yu X, Hawleyhoward J, Pitt A L, et al., 2015. Water quality of small seasonal wetlands in the Piedmont ecoregion, South Carolina, USA: Effects of land use and hydrological connectivity. Water Research, 73: 98-108.

第5章 抚仙湖流域水质变化情景模拟与调控

5.1 流域 LULC 变化情景模拟

LULC 变化对多种生态环境因素产生直接或间接的影响，进而影响区域和全球的可持续发展，其动态变化研究是全球和区域环境变化的重要课题（李秀彬，1996；Wijesekara et al.，2012）。分析 LULC 变化特征，揭示其不同时空尺度的演变并预测未来变化，有助于揭示人类社会影响下区域生态环境变化过程与机理，从而为区域生态保护及可持续发展提供决策依据。为此，开展 LULC 空间和数量变化动态模拟具有重要的理论和实际意义。由于传统的 LULC 变化分析多以定性和定量分析为主，缺乏空间解释能力，而基于空间定位基础上发展的 LULC 变化空间模型可直观地揭示区域 LULC 变化的时空演变过程。目前主要的 LULC 变化模拟模型有系统动力学模型、CLUE-S 模型、多智能体模型、马尔可夫模型、CA-markov、FLUS 模型等（摆万奇，2000；段增强等，2004；侯西勇等，2004；除多等，2005；刘小平等，2006；秦贤宏等，2009；肖明等，2012；liu et al.，2017）。每个模型都有自身的优势和不足，其中，CLUE-S 模型在反映 LULC 空间变化上的等级性、关联性和竞争性方面具有明显的优势，并对政策控制下的 LULC 变化模拟与优化独具优势（Veldkamp and Verburg，2002），被广泛应用于流域、山区、城市等 LULC 变化模拟（彭建等，2007；许小亮等，2016；李斌等，2017；卞子浩等，2017）。

5.1.1 流域 LULC 变化情景模拟方法

1. CLUE-S 模型

Verburg（2002）对 CLUE 模型进行改进后形成了 CLUE-S 模型。它是一种动态的、较小尺度上的 LULC 变化的空间分布模拟模型，其模型框架由空间分配模型和非空间需求模块构成。非空间需求模块以自然和社会经济分析为基础，预测研究区未来每年 LULC 类型的需求面积。而空间分配模型则以 LULC 需求为驱动，以栅格化的空间数据为基础，依据 LULC 转换规则和 LULC 空间分布概率对期年 LULC 类型的需求变化进行空间分配，从而实现 LULC 变化的空间模拟。

CLUE-S 模型假设某个区域的 LULC 变化由该区域的 LULC 需求驱动，且 LULC 分布格局与该区域的土地需求、自然环境和社会经济状况处在动态的平衡状态。其核心思想是根据 LULC 与驱动因子的关系来模拟 LULC 变化，其空间分配的依据是每个栅格可能出现某种 LULC 类型的概率，而并非 LULC 类型之间的转换概率（Verburg，2002）。相比其他模型，CLUE-S 最大的优势是在模拟的过程中充分考虑了不同 LULC 类型之间的竞争关系。

CLUE-S 模型主要应用 Logistic 回归方法来定量分析 LULC 类型与驱动因子的关系，其原理如下：

$$\text{Log}\{P_i / (1 - P_i)\} = \beta_0 + \beta_1 X_{1i} + \beta_2 X_{2i} + \cdots + \beta_n X_{ni} \qquad (5.1)$$

式中，P_i 是网格单元 i 转变为某种 LULC 类型的概率；X 为驱动因子，因变量为 LULC 类型，通过逻辑回归分析得出回归系数 β。

应用 Logistic 回归方法可筛选出显著影响 LULC 变化的因子。采用 Pontius 等（2006）提出的相对操作特性（relative operating characteristic，ROC）方法对回归效果进行检验，ROC 的值为 0.5～1，0.5 表示回归方程的解释能力最差，当 ROC 值大于 0.7 时，表明回归方程具有较好的解释能力。

CLUE-S 模型根据总概率 TPROP 的大小对 LULC 需求进行多次迭代，以实现空间分布模拟，迭代方程为

$$\text{TPROP}_{i,u} = P_{i,u} + \text{ELAS}_u + \text{ITER}_u \qquad (5.2)$$

式中，$\text{TPROP}_{i,u}$ 为 LULC 类型 u 在栅格单元 i 中的总体概率；$P_{i,u}$ 为在栅格 i 中的 LULC 类型 u 的适宜性概率；ITER_u 为 LULC 类型 u 的迭代变量；ELAS_u 为 LULC 类型 u 的转换系数。

具体迭代步骤如下：

（1）判断所有栅格单元是否允许变化。自然保护地、不允许变化地（基本农田保护区）的 LULC 类型和转换矩阵所设定的不允许转换的栅格单元不参与下一步计算，将保持当前 LULC 类型不变。

（2）依据式（5.2）计算 LULC 类型 u 在栅格单元 i 中的总体概率。

（3）对各 LULC 类型的 ITER_u 赋相同值，通过对比栅格单元的总体概率 $\text{TPROP}_{i,u}$ 的大小，依序完成对所有栅格的 LULC 变化的初次分配。以转换矩阵为限制条件，规定不允许转换的 LULC 类型不参与分配。

（4）对初次分配的 LULC 类型面积与土地需求面积进行比较。若 LULC 类型面积小于土地需求面积，则增加迭代变量 ITER_u 的值；反之，则减少 ITER_u 值，然后进行第二次 LULC 变化分配。

（5）不断重复步骤（2）～步骤（4），直到所有的土地需求都得到合理分配。当 LULC 类型满足各类 LULC 需求时，输出当年最终 LULC 变化分配结果图，然后继续下一个时段的分配和计算。

2. 非空间 LULC 变化模拟方法

目前，CLUE-S 模型仅支持 LULC 变化的空间分配，而非空间的 LULC 变化需求则需要其他方法实现，常用的方法有回归方程、马尔可夫链、人工神经网络模型、遗传算法、模糊理论、灰色理论和专家系统等（李希灿等，2009）。由于 LULC 变化机理复杂，无法建立准确的物理模型，而基于时间数据序列的预测方法是 LULC 变化预测的方法之一。灰色模型（grey models，GM）具有样本需求数量少、数据无规律限制、计算量小的优势，并且预测精度高于回归方程预测法和马尔可夫链方法（卞子浩等，2017），因此，采用灰色模型进行 LULC 需求的预测。其中 GM(1, 1)模型应用最为广泛，其模型原理如下。

设

$$\begin{cases} \boldsymbol{X}^{(0)} = (x^{(0)}(1), x^{(0)}(1), \cdots, x^{(0)}(n)) \\ \boldsymbol{X}^{(1)} = (x^{(1)}(1), x^{(1)}(1), \cdots, x^{(1)}(n)) \\ \boldsymbol{Z}^{(1)} = (x^{(1)}(1), x^{(1)}(1), \cdots, x^{(1)}(n)) \end{cases} \tag{5.3}$$

其中，

$$z^{(1)}(k) = \frac{1}{2}[x^{(1)}(k), x^{(1)}(k-1)] \tag{5.4}$$

称 $x^{(0)}(k) + az^{(1)}(k) = b$ 为 GM(1, 1)模型的基本形式。

GM(1, 1)模型 $x^{(0)}(k) + az^{(1)}(k) = b$ 的最小二乘估计参数列满足：

$$a = (\boldsymbol{B}^{\mathrm{T}}\boldsymbol{B})^{-1}\boldsymbol{B}^{\mathrm{T}}\boldsymbol{Y} \tag{5.5}$$

其中

$$\boldsymbol{Y} = \begin{bmatrix} x^{(0)}(1) \\ x^{(0)}(2) \\ \vdots \\ x^{(0)}(n) \end{bmatrix}, \quad \boldsymbol{B} = \begin{bmatrix} -z^{(1)}(1)1 \\ -z^{(1)}(2)1 \\ \vdots \\ -z^{(1)}(n)1 \end{bmatrix} \tag{5.6}$$

设 $x^{(0)}$ 为非负序列，$\boldsymbol{X}^{(1)}$ 为 $x^{(0)}$ 的一次累加生成算子（1-accumulating generation operator，1-AGO）序列，$z^{(1)}$ 为 $\boldsymbol{X}^{(1)}$ 的紧邻均值生成序列，即

$$[a,b]^{\mathrm{T}} = (\boldsymbol{B}^{\mathrm{T}}\boldsymbol{B})^{-1}\boldsymbol{B}^{\mathrm{T}}\boldsymbol{Y} \tag{5.7}$$

则称

$$\frac{\mathrm{d}x^{(1)}}{\mathrm{d}t} + ax^{(1)} = b \tag{5.8}$$

为 GM(1, 1)模型 $x^{(0)}(k) + az^{(1)}(k) = b$ 的白化方程，也称为影子方程。

白化方程 $\dfrac{\mathrm{d}x^{(1)}}{\mathrm{d}t} + ax^{(1)} = b$ 的解也称时间相应函数，为

$$x^{(1)}(t) = \left[x^{(1)}(1) - \frac{b}{a}\right]\mathrm{e}^{-at} + \frac{b}{a} \tag{5.9}$$

GM(1, 1)模型 $x^{(0)}(k) + az^{(1)}(k) = b$ 的时间相应序列为

$$x^{(1)}(k+1) = \left(x^{(0)}(1) - \frac{b}{a}\right)\mathrm{e}^{-ak} + \frac{b}{a} \qquad (k=1,2,\cdots,n) \tag{5.10}$$

还原值为

$$\begin{aligned} x^{(0)}(k+1) &= a^{(1)}x^{(1)}(k+1) = x^{(1)}(k+1) - x^{(1)}k \\ &= (1-\mathrm{e}^{a})\left(x^{0}(1) - \frac{b}{a}\right)\mathrm{e}^{-ak} \qquad (k=1,2,\cdots,n) \end{aligned} \tag{5.11}$$

称 GM(1, 1)模型中的参数 a 为发展系数，反映 $x^{(1)}$ 及 $x^{(0)}$ 的发展态势；b 为灰色作用量，反映数量变化的关系。

从式（5.3）～式（5.11）可以看出，利用 GM(1, 1)模型进行 LULC 变化需求预测包括 3 个步骤：第一步，对基础数据作累加，得到累加序列；第二步，构建预测模型，对第一步生成的序列，联合影响因子构建 GM(1, 1)模型，得到白化微分方程；第三步，根据生成操作的阶数，进行降阶操作，完成灰色预测。

3. 流域 LULC 变化情景构建

情景分析是指对某种情景设定、比较和评估的过程,可为管理者发现未来变化的某些趋势和避免过高或过低估计未来的变化及其影响,但难以排除未来的不确定性因素。LULC 变化情景的确定建立在"如果""那么"这一理性思想基础之上,即如果设定的条件满足,那么未来的 LULC 将会发生什么样的变化。而 LULC 变化是以人类活动为主导的地表系统变化,其发展受政策、规划等人为因素影响很大。故在对其进行情景分析的时候,情景的设定要综合考虑区域的社会经济发展规划和自然环境条件等因素。

因此,根据《云南省抚仙湖保护条例》(2016 年 9 月 29 日施行)、《抚仙湖流域保护与发展方案(2016~2020 年)》、《抚仙湖流域土地利用总体规划》等相关政策与发展规划,设定"自然变化"和"生态保护"两种情景来模拟抚仙湖流域 2020 年 LULC 变化。本书构建自然变化和生态保护两种情景。

1) 自然变化情景

以抚仙湖流域 2005~2017 年实际的 LULC 变化数量为基础,假设抚仙湖流域 LULC 基本不受政策调控和外部政策的影响,主要考虑自然和社会经济发展指标与 LULC 变化的关系,以 2005~2017 年的变化率发生变化。

2) 生态保护情景

从云南省基础地理信息中心开展的抚仙湖流域生态环境动态监测(1974~2017 年)项目和 2015 年中国环境科学研究院开展的抚仙湖生态安全调查结果来看,目前抚仙湖水质优良、水生态基本健康、富营养指数较低,处于贫营养水平,生态处于"安全"级别。从保护定位上,将抚仙湖定位为生态保护型湖泊。但目前流域社会经济压力较大且呈逐年上升趋势,流域经济活动与人口的迅速增长、资源开发强度加大及污染物产生量不断增加对湖泊生态安全造成潜在的威胁与压力。因此,需加强湖泊及流域生态环境保护,增强湖泊及流域的自然修复能力,为湖泊流域生态安全留下充足的空间。流域生态环境保护的目标主要是保持抚仙湖 I 类水质不变,流域社会经济和谐发展。为此,生态保护情景主要依据流域生态环境保护规划内容来设定,将流域范围内生态用地(水域、林地、耕地、草地)按照划定的生态保护红线相关要求来调整其空间位置与数量。具体假设为:建设用地相应减少,水域面积保持不变,林地持续增加,森林覆盖率大于 35%(约 236km²),将林地的土地利用转换弹性增大为 0.98,水域增加为 1,将水域、林地、耕地、草地转换为人工堆掘地、荒漠与裸露地的转换矩阵值设置为 0,将人工堆掘地、荒漠与裸露地的转换弹性减小为 0.1 和 0.2,促进两种地类转换为其他生态地类。

5.1.2　基于 CLUE-S 模型的流域 LULC 变化情景模拟

参阅 CLUE-S 模型使用手册,借鉴相关案例和文献,依据所设定的情景,利用 CLUE-S 模型开展流域 LULC 变化情景模拟。主要步骤包括回归系数计算、流域 LULC 变化模拟尺度确定、情景模拟土地利用需求、限制区域文件设置、LULC 变化矩阵、转换弹性设置、模拟结果精度验证。为确保模拟结果的可靠性和准确性,各个步骤形成的文件在输入模型前必须经过统一坐标和尺度、掩膜、格式转换等处理。处理后的数据必须具有一致的坐标系、行列数、同一坐标原点，并将数据转为模型能识别的 ASCII 码。

1. 回归系数计算

回归系数文件即为CLUE-S模型记录通过 Logistic 回归分析计算每一种地类与驱动因子之间的关联性大小的文件。在计算回归系数之前，需先明确流域 LULC 变化的主要驱动因子，流域 LULC 驱动因子采用 3.7 节的分析结果。在 Regression analysis 模块中选取每一种地类相关性最高的 7 个驱动因子，并将其相关性系数存储在模型 Model parameters 模块的 Suitability regression parameter 表格中（图 5.1）。该文件必不可少且只能由前一模块计算获得，不同时空尺度的模拟其系数需要重新计算。当模型模拟结束，该文件会以.txt 格式存储于日志文件中，记录每种地类构建的 Logistic 回归分析模型。

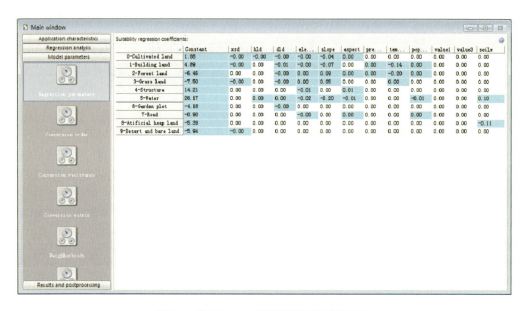

图 5.1　流域 LULC 情景模拟回归参数设置

回归参数设置完成后，制作各个年度 LULC 变化驱动因子图层，变化驱动因子是 LULC 类型分配的决定性因素（表 5.1）。由于高程、坡度、坡向、距最近河流的距离和距最近乡镇中心的距离等因子变化甚微，因此只需更新各时间段距最近道路的距离、流域人口密度、土壤含水率、流域第三产业增加值、年平均降水量和年平均气温等 6 个动态变化驱动因子。将驱动因子定量和空间化后以.asc 的格式参加模拟。

表 5.1　流域 LULC 变化驱动因子

序号	类型	变量名称	描述
0	Num	xz_distance	每一个像元中心距离最近乡镇中心的距离
1	Num	hl_distance	每一个像元中心距离最近河流的距离

续表

序号	类型	变量名称	描述
2	Num	dl_distance	每一个像元中心距离最近道路的距离
3	Num	Elevation	高程
4	Num	Slope	坡度
5	Num	Aspect	坡向
6	Num	Annual_Precipitation	年平均降水量
7	Num	Annual_Temperature	年平均气温
8	Num	Pop_density	流域人口密度
9	Num	Value_3	流域第三产业增加值
10	Cat	Soil_water	土壤含水率

注：Cat 指类型变量；Num 指数值变量。

2. 流域 LULC 变化模拟尺度确定

在 CLUE-S 模型中，空间分配的迭代是研究区 LULC 类型的需求量与栅格单元内自然、社会、经济等因子相互作用的过程，具有明显的尺度效应，如人口与居民点对 LULC 变化的影响具有距离衰减效应。

在相同驱动因子的影响下，选取 10m、30m、60m 和 100m 作为试验的空间尺度，分别构建各 LULC 类型的各种空间尺度的 Logistic 回归分析模型，结果采用 AUC 值（图 5.2）来描述；再将各空间尺度的模拟结果与实际的 LULC 地类成果图进行比较，计算每种地类的 Kappa 值（表 5.2）。试验中，由于 10m 栅格尺度的像元数量过多，计算量过大，在进行 Logistic 分析时无法计算出结果而报错，因此仅选择 30m、60m 和 100m 作为试验的空间尺度。

		耕地	房屋建筑（区）	林地	草地	构筑物	水域	园地	道路	人工堆掘地	荒漠与裸露地
AUC	30m	0.861	0.905	0.907	0.817	0.830	0.998	0.714	0.725	0.758	0.549
	60m	0.776	0.824	0.904	0.81	0.869	0.998	0.602	0.801	0.732	0.687
	100m	0.857	0.569	0.765	0.703	0.747	0.939	0.63	0.634	0.732	0.486

用地类型

图 5.2　各地类不同尺度模拟下的 AUC 变化趋势图

表 5.2　各地类在不同尺度模拟下的 Kappa 值

地类	空间尺度		
	30m（705×1793）	60m（353×897）	100m（207×537）
耕地	0.99	0.99	0.94
房屋建筑（区）	0.92	0.80	0.82
林地	0.95	0.86	0.86
草地	0.77	0.32	0.33
构筑物	0.93	0.79	0.80
水域	0.79	0.54	0.54
园地	0.95	0.80	0.84
道路	0.68	0.38	0.31
人工堆掘地	0.43	0.09	0.05
荒漠与裸露地	0.64	0.27	0.14
平均值	0.93	0.81	0.79

由表 5.2 和图 5.2 可以看出，采用不同的空间尺度，Kappa 值和 AUC 值均有一定波动，表明模拟结果存在尺度效应。从 AUC 曲线来看，30m 模拟尺度下的 AUC 曲线整体在 60m 和 100m 模拟尺度的曲线之上，并且耕地、房屋建筑（区）、林地和园地的 Kappa值以及平均值达到 0.9，普遍高于其他空间尺度，因此选取 30m×30m 作为本次模拟的最佳空间尺度。

3. 情景模拟土地利用需求

依据所设定的自然变化情景和生态保护情景，结合 CLUE-S 模型特点，以 LULC 类型数量的需求作为情景假设条件，并将情景变化（表 5.3）输入模型，从而分析 LULC 类型数量需求变化对研究区的 LULC 空间分布的影响。其中，以耕地面积、水域面积和流域粮食总产量作为 LULC 需求文件，缺失年份数据利用线性内插的方法补齐。2017 年模拟 2020 年的需求部分基于前几年的数据用 DPS 中的 GM(1, 1)模型进行模拟。各年份土地利用需求如表 5.3 所示。

表 5.3　2014～2020 年抚仙湖流域自然增长和生态保护情景下土地利用需求 （单位：hm²）

地类	2014 年	2015 年	2016 年	2017 年	2018 年		2019 年		2020 年	
					自然变化	生态保护	自然变化	生态保护	自然变化	生态保护
耕地	13840.46	13777.15	13713.83	13650.52	13587.21	11547.04	13523.89	9443.56	13460.58	7340.08
园地	973.87	968.92	963.94	958.98	954.02	793.63	949.05	628.27	944.09	462.92
林地	22472.71	22325.09	22177.47	22029.85	21882.23	25379.13	21734.61	28728.41	21586.99	32077.7
草地	4940.17	4920.13	4900.10	4880.06	4860.02	4224.08	4839.99	3568.11	4819.95	2912.13
房屋建筑（区）	1486.01	1526.85	1567.70	1608.55	1649.39	1562.35	1690.24	1516.13	1731.09	1469.92

续表

地类	2014 年	2015 年	2016 年	2017 年	2018 年		2019 年		2020 年	
					自然变化	生态保护	自然变化	生态保护	自然变化	生态保护
道路	732.93	755.65	778.37	801.09	823.82	782.72	846.53	764.36	869.25	745.99
构筑物	443.08	483.33	523.58	563.83	604.08	520.73	644.33	477.63	684.58	434.53
人工堆掘地	703.49	808.29	913.09	1017.89	1122.69	678.59	1227.49	339.30	1332.29	0
荒漠与裸露地	100.25	105.17	110.10	115.02	119.94	76.68	124.87	38.34	129.79	0
水域	21839.30	21861.69	21884.09	21906.48	21928.87	21967.32	21951.27	22028.16	21973.66	22089
合计					67532.27					

4. 限制区域文件设置

空间限制区域主要是指政府部门划定的各类规划区域，如土地利用规划区域、流域生态环境保护红线区域及其他规划限制区域。在模拟过程中，限制区域一旦设定后将无法改变，它直接影响整个模拟过程。

本书的限制区域主要是研究区内的基本农田保护区、抚仙湖流域水环境保护治理"十三五"规划（2016～2020 年）中的流域生态保护红线区（图 5.3）。

以上文件即为模型的限制区域文件，但在输入模型之前要对土地利用现状进行重分类，LULC 类型的 Value 值必须从 0 开始；对于限制区域文件，以同样的方法对其进行重分类二值化处理。在 CLUE-S 模型中，LULC 活跃的区域即不被限制的区域，Value 值将被设置为"0"，而被限制的区域 Value 值将被设置为"-9998"。依据精度验证与情景模拟的土地需求方案，各情景下的区域约束文件设置如下（图 5.4）。

（1）自然变化情景：限制区域全部赋值为 0，不受限制，各 LULC 类型之间可以相互转换。

（2）生态保护情景：限制区域中林地、水域不发生转换，设置为-9998，其他区域设置为 0。

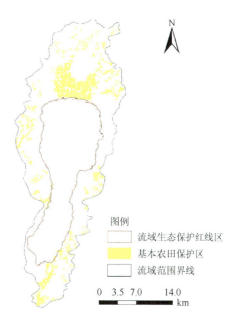

图 5.3　流域 LULC 变化情景模拟空间限制区域

5. LULC 变化矩阵设定

LULC 转移矩阵是指在模拟期内，依据设置的情景，不同 LULC 类型间相互转换的可能性矩阵，一般表示为 $n \times n$ 矩阵，n 为 LULC 类型数。本书中转移矩阵为 9×9 矩阵。转移矩阵中，行表示基期年 LULC 类型，列表示目标年 LULC 类型。若地类 A 可以转换为

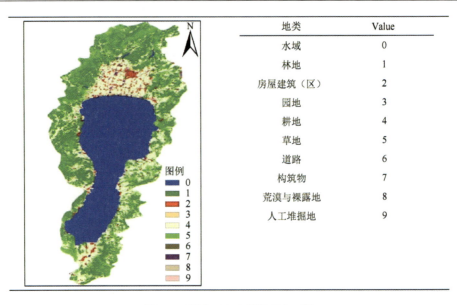

地类	Value
水域	0
林地	1
房屋建筑（区）	2
园地	3
耕地	4
草地	5
道路	6
构筑物	7
荒漠与裸露地	8
人工堆掘地	9

图 5.4　流域 LULC 模拟 Value 值

地类 B，则为 1，否则为 0。假设在模拟期间所有 LULC 类型均可以发生相互转换，其对应的值均为 1。

6. 转换弹性设置

转换弹性反映每一种 LULC 类型转换成其他类型的难易程度，其值范围为 0（容易转换）～1（不可转变），其值越接近 1 越稳定，也越不易转换，一般用转移概率矩阵来表示转换弹性的大小。利用流域 LULC 分类结果，可计算得到 2008～2011 年、2011～2014 年、2014～2017 年 LULC 转移概率矩阵，对角线上的数值代表该 LULC 类型的稳定性，即为转换弹性（表 5.4）。

表 5.4　流域 2008～2017 年 LULC 转换弹性

地类	转换弹性			
	2008～2011 年	2011～2014 年	2014～2017 年	2008～2017 年转换弹性平均值
耕地	0.93	0.89	0.92	0.91
园地	0.89	0.64	0.90	0.81
林地	0.95	0.95	0.96	0.95
草地	0.80	0.72	0.87	0.80
房屋建筑（区）	0.98	0.96	0.98	0.97
道路	0.97	0.92	0.97	0.95
构筑物	0.79	0.66	0.52	0.66
人工堆掘地	0.78	0.55	0.85	0.73
荒漠与裸露地	0.44	0.17	0.58	0.40
水域	0.99	0.99	0.99	0.99

根据表 5.4 可以看出，2008～2017 年，各地类的转换弹性波动较小，且具有较高的转换弹性。其中，荒漠与裸露地的转换弹性最低，仅为 0.40，表明其难以转换为其他地类，而其他地类的转换弹性都在 0.6 以上，水域最为稳定。由于三个时段的各地类的转换弹性值有一定的波动，并且稳定参数的设置对模拟结果的影响很大，故采用三个时段的平均值作为研究区内不同 LULC 类型之间的稳定参数。

7. 模拟结果

参数设置完成后，模型经多次迭代，当土地利用需求完全合理准确地分配到每一种土地利用类型且满足所有的模型参数设置时，模型运行结束，结果保存在日志文件中（表 5.5）。

表 5.5 流域 LULC 模拟结果文件

文件名称	说明
age.*	模拟创建年份的地图（*表示年份，余同）
alloc1.reg	Logistic 分析结果参数文件
allow.txt	LULC 转移矩阵
cov_all.*	模拟年份的 LULC 图
demand.in*	土地利用需求文件
log.fil	模拟的运行过程文件
Lusconv.txt	记录模型的模拟过程文件
Lusmatrix.txt	每种需求对每种 LULC 类型的权重文件
main.1	决定模型模拟过程的重要参数文件
Region.fil	限制区域文件
sc1gr*.fil	驱动因子文件

以抚仙湖 2005 年、2008 年、2011 年、2014 年的 LULC 结果为基础，时间步长设为 3 年，分 3 次模拟 2011 年、2014 年和 2017 年的 LULC 变化，模拟完成后，对结果文件 cov_all.*2011、cov_all.*2014、cov_all.*2017 进行格式转换，形成最终的模拟结果（图 5.5）。

5.1.3 模拟结果精度验证

将模拟结果与该年实际 LULC 图进行对比分析，是对模拟结果进行精度评价最有效的方法（Verberg et al.，1999）。Kapper 系数常用于评价遥感图像分类精度，其计算公式为

$$\text{Kappa} = (p_0 - p_c) / (p_p - p_c) \tag{5.12}$$

式中，p_0 为正确模拟的比例；p_c 为随机情况下的正确模拟比例；p_p 为理想情况下的正确模拟比例。

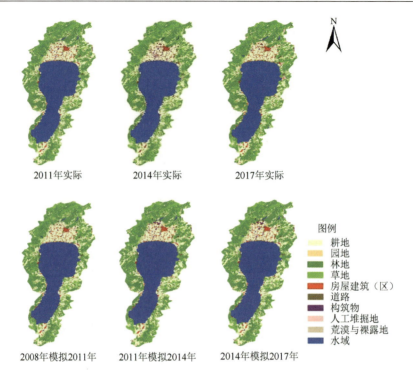

2011年实际　　　　2014年实际　　　　2017年实际

图例
耕地
园地
林地
草地
房屋建筑（区）
道路
构筑物
人工堆掘地
荒漠与裸露地
水域

2008年模拟2011年　　　2011年模拟2014年　　　2014年模拟2017年

图 5.5　LULC 模拟结果与实际图的对比

Kappa 值范围为–1～1，其值越大，说明一致性越好。Kappa 值≥0.75，表明一致性较高，变化较小；而 Kappa 值≤0.4，则相反；介于两者之间，则表明一致性一般。

采用 Logistic 回归分析的 AUC 值和 Kappa 系数来验证模拟结果的精度。从空间和数量变化两个方面，对 2011 年、2014 年、2017 年的模拟结果与该年实际 LULC 图进行对比来验证模拟的精度。通过空间相交分析可得出其模拟精度的空间分布差异（图 5.6），利用栅格计算工具将模拟结果与实际结果分类图进行相减运算，可计算出正确（0 值栅格）的栅格数，从而得出 Kappa 值（表 5.6）。

从表 5.6 中可以看出，总体模拟精度较高，但各个地类存在差异。园地、构筑物和人工堆掘地的模拟精度相对偏低，其中人工堆掘地最低。水域和耕地的 Kappa 指数都在 0.9 以上，水域达到 0.99 以上，模拟精度非常高，模拟结果几乎与实际情况一致，表明研究中选择的驱动因子能较好地解释研究区 LULC 的空间变化。由于园地、构筑物、人工堆掘地、荒漠与裸露地受人为因素干扰过大，故模拟效果不太理想。

5.1.4　流域 LULC 变化情景模拟结果分析

利用 5.1.3 节中设置好的 LULC 变化模拟参数，确定分析栅格大小为 30m×30m，以 2017 年的 LULC 现状图为基准，利用本书所选定的驱动因子，更新流域人口密度、

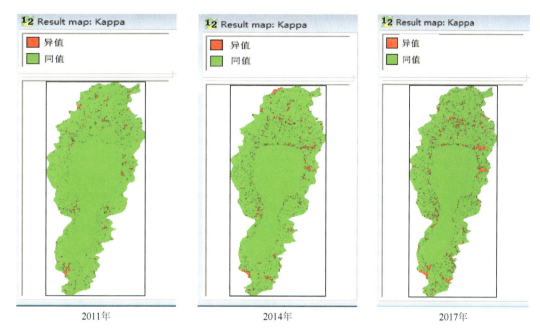

图 5.6   流域 LULC 模拟精度空间分布

表 5.6   流域 LULC 模拟结果精度

地类	Kappa 值			栅格数		
	2011 年	2014 年	2017 年	2011 年	2014 年	2017 年
耕地	0.979	0.954	0.924	175542	166530	164556
园地	0.750	0.687	0.546	4290	6253	6514
林地	0.993	0.977	0.996	242170	245875	248165
草地	0.984	0.941	0.970	55531	54247	53388
房屋建筑（区）	0.940	0.967	0.932	14423	15819	16020
道路	0.957	0.908	0.892	7247	7520	7520
构筑物	0.735	0.830	0.649	3586	5537	5862
人工堆掘地	0.661	0.664	0.271	2216	3208	3084
荒漠与裸露地	0.936	0.774	0.858	1316	1247	1145
水域	0.998	0.992	0.996	243982	243630	243660

年平均降水量、年平均气温、第三产业增加值和土壤含水率数据，并依据设定的情景和限制条件，对抚仙湖流域 2020 年的不同发展情景下的 LULC 变化进行模拟，结果如图 5.7 所示。

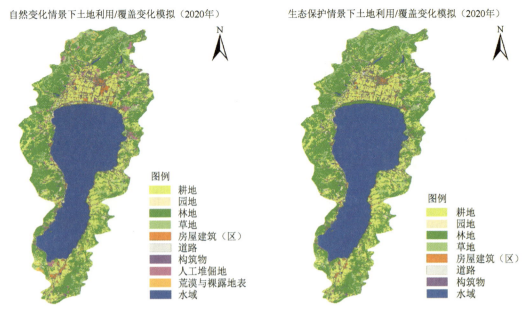

图 5.7   2020 年流域 LULC 变化情景模拟结果

对不同情景方案下的 2020 年的模拟结果与 2017 年的 LULC 类型现状图进行对比，以分析其数量变化（表 5.7）和空间变化（图 5.7）。

表 5.7   流域 LULC 变化情景模拟结果面积对比   （单位：hm²）

LULC 类型	2017 年实际面积	目标年情景变化			
		2020 年自然变化情景	2020 年生态保护情景	2020 年自然变化情景变化量	2020 年生态保护情景变化量
耕地	13650.52	13460.58	7340.08	−189.94	−6310.44
园地	958.98	944.09	462.92	−14.89	−496.06
林地	22029.85	21586.99	32077.7	−442.86	10047.85
草地	4880.06	4819.95	2912.13	−60.11	−1967.93
房屋建筑（区）	1608.55	1731.09	1469.92	122.54	−138.63
道路	801.09	869.25	745.99	68.16	−55.1
构筑物	563.83	684.58	434.53	120.75	−129.3
人工堆掘地	1017.89	1332.29	0	314.4	−1017.89
荒漠与裸露地	115.02	129.79	0	14.77	−115.02
水域	21906.48	21973.66	22089	67.18	182.52

自然变化情景主要是依据 2005～2017 年 LULC 变化速率来推算 2018～2020 年 LULC 变化数据，且变化过程中无任何约束条件。从变化的数量来看，林地、耕地、草地、园地呈减少趋势，林地减少量最大；而人工堆掘地、房屋建筑（区）、构筑物、道路则呈增加趋势，人工堆掘地增加量最大。从变化的空间分布来看，村落农田面源污染区的种植土地减少趋势明显，而不透水表面和其他用地呈增加趋势；磷矿和磷化工企业污染区林

草覆盖呈减少趋势,其他用地呈增加趋势;城镇污染区的不透水表面和其他用地呈增加趋势,种植土地呈减少趋势。自然变化情景下的流域 LULC 变化的数量和空间变化结果是自然因素和人为因素综合作用的反映。由于流域城镇化水平的提高,流域的建设用地占用了大量的种植土地,尤其是抚仙湖北岸(城区)平坦地区最为突出,导致流域范围内优质种植土地大幅减少,从而对流域的种植水平和粮食生产安全构成一定的威胁。同时,磷矿和磷化工企业污染区的其他用地(荒漠与裸露地表)、城镇污染区的不透水表面大幅增加,而林草覆盖又减少,势必对流域的生态安全造成严重威胁,不透水表面的增加促进了地表污染物汇入河流,进一步加重面源污染对入湖河流水质的威胁。

　　生态保护情景的方案主要依据抚仙湖流域生态环境保护"十三五"规划设置,其主要目标是保持抚仙湖的 I 类水质不变,流域范围内的生态环境质量得到有效改善与提高。将规划措施空间化和数量化后,形成约束条件,从而模拟流域 2020 年的 LULC 变化。从变化的数量来看,林地和水域增加最多,而耕地、草地、人工堆掘地、园地则大幅减少,说明生态用地的数量增加明显,而对生态环境保护有制约作用的建筑用地、种植土地、其他用地的数量则呈减少趋势,这种变化趋势将有利于流域的生态环境保护。从变化的空间分布来看,磷矿和磷化工企业污染区的其他用地(荒漠与裸露地表)、城镇污染区的人工堆掘地、村落农田面源污染区的种植土地大幅减少,而 3 个区域的林草覆盖则呈大幅增加趋势。这一变化其实质是流域 LULC 变化对流域"十三五"保护规划的理想状态下的响应,也是具体措施(如"四退三还"政策)落实效果的体现。这一举措大大提高了流域的森林覆盖率,而处在污染源最为严重的核心保护区内消除了人类活动的影响,达到了核心保护区内自然地物类型的理想状态,形成了一道入湖截污和净化的天然屏障。

5.2　基于 LULC 变化情景的水质变化

　　依据流域 LULC 变化情景模拟结果,结合 4.3 节和 4.4 节构建的 LULC 类型及格局与水质的回归关系模型,预测基于 LULC 变化情景的水质变化。

5.2.1　基于 LULC 类型变化情景的水质变化预测

　　依据不同污染源区 LULC 类型与水质指标的关系,利用模拟得到的 2020 年 LULC 类型来预测其对应的水质指标(表 5.8)及其变化趋势(图 5.8)。

表 5.8　LULC 变化情景下的水质指标模拟结果

指标	尺度	2005 年	2008 年	2011 年	2014 年	2017 年	2020 年(自然变化情景)		2020 年(生态保护情景)	
							模拟值	水质类别	模拟值	水质类别
COD 浓度	全流域	1.040	1.13	1.030	1.390	1.440	0.886	I	0.864	I
	村落农田面源污染区	13.22	24.10	16.81	24.25	27.03	28.88	IV	—	—

续表

指标	尺度	2005 年	2008 年	2011 年	2014 年	2017 年	2020 年（自然变化情景）		2020 年（生态保护情景）	
							模拟值	水质类别	模拟值	水质类别
COD 浓度	磷矿和磷化工企业污染区	13.79	11.26	6.11	17.35	59.11	63.56	V 类（1.6 倍）	0.566	I
	城镇污染区	7.62	13.78	18.58	20.58	26.80	35.63	V	1.73	I
TN 浓度	全流域	0.155	0.171	0.171	0.158	0.177	0.186	I	—	—
	村落农田面源污染区	0.14	0.27	0.24	0.47	0.57	0.14	I	0.067	I
	磷矿和磷化工企业污染区	2.31	2.72	6.91	6.25	9.13	11.05	V 类（5 倍）	—	—
	城镇污染区	4.48	3.07	5.38	9.37	4.19	0.74	III	—	—
TP 浓度	全流域	0.007	0.006	0.005	0.001	0.001	0.044	I	0.049	I
	村落农田面源污染区	6.11	10.65	16.29	24.39	31.73	36.63	V 类（90 倍）	—	—
	磷矿和磷化工企业污染区	0.12	0.15	0.19	0.37	0.54	0.65	V	0.048	II
	城镇污染区	0.11	0.20	0.52	0.37	0.28	0.22	V	—	—

注：除水质类别外，其余单位为 mg/L。

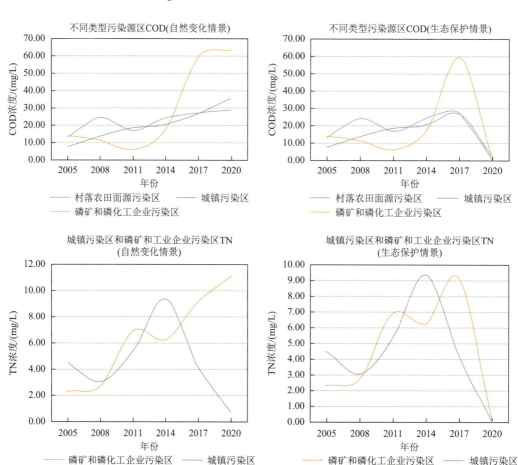

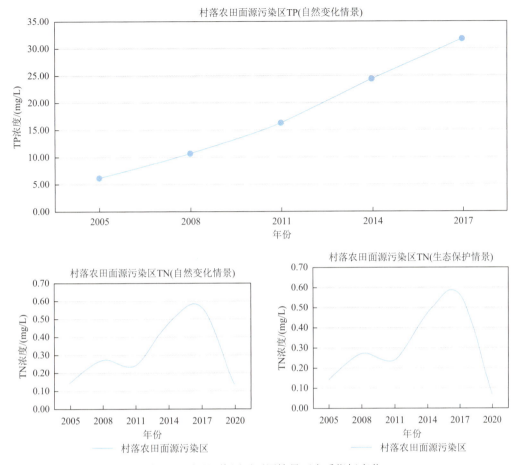

图 5.8　不同污染源区不同情景下水质指标变化

从表 5.8 和图 5.8 中可以看出，自然变化情景下，全流域尺度下对应的湖心水质变化极小，水质类别仍处于 I 类。而不同污染源区的 COD 均呈增加态势，磷矿和磷化工企业污染区增加最多。TN 在磷矿和磷化工企业污染区也呈增加态势，增加的量最大，而 TN 在农田村落面源污染区和城镇污染区则呈下降态势。TP 在农田村落面源污染区、磷矿和磷化工企业污染区呈增加态势，而在城镇污染区有所下降。依据《地表水环境质量标准》（GB 3838—2002），采用单因子评价方法，可得出各指标对应的水质类别。磷矿和磷化工企业污染区的 COD 和 TN 是 V 类水质上限的 1.6 倍和 5 倍，而 TP 在 3 个污染源区的指标均处于 V 类，村落农田面源污染区的值是 V 类的 90 倍。TN 在村落农田面源污染区处于 I 类，而城镇污染区则处于III类。自然变化情景下，磷矿和磷化工企业污染区、村落农田面源污染的 COD 浓度增幅不大，而城镇污染区的增幅较大。

生态保护情景下，全流域尺度下对应的湖心水质变化极小，水质类别仍然处于 I 类。不同污染源区的水质指标均呈大幅度下降，其所对应的水质类别均处于 I 类水质指标范围，仅有磷矿和磷化工企业污染区的 TP 仍处于 II 类。

为识别水质变化对 LULC 变化的响应是否存在空间尺度依赖性，特选择城镇污染区与磷矿和磷化工企业污染区的 COD、村落农田面源污染区与磷矿和磷化工企业污染区的

TP、TN 进行分析。依据不同污染源区不同缓冲区的 LULC 类型与入湖河流水质指标的关系，来模拟不同情景下不同水质指标对 LULC 变化的空间尺度响应（表 5.9）。

表 5.9　不同缓冲区 LULC 类型变化下的水质变化　　　（单位：mg/L）

水质指标	缓冲区	自然变化情景			生态保护情景		
		城镇污染区	磷矿和磷化工企业污染区	村落农田面源污染区	城镇污染区	磷矿和磷化工企业污染区	村落农田面源污染区
COD 浓度	100m	24.534	111.786	—	22.512	0.414	—
	300m	45.709	168.294	—	16.387	0.604	—
	500m	28.652	150.626	—	14.113	0.878	—
	700m	28.981	98.231	—	8.754	0.893	—
	1000m	29.424	120.837	—	1.57	0.974	—
TP 浓度	100m	—	0.057	—	—	—	—
	300m	—	0.080	0.598	—	0.031	0.591
	500m	—	0.339	0.588	—	0.045	0.539
	700m	0.301	0.432	0.586	—	0.053	0.957
	1000m	—	0.446	0.570	—	0.067	0.432
TN 浓度	100m	—	10.061	0.157	—	2.142	0.116
	300m	—	9.586	0.168	—	2.086	0.083
	500m	—	—	0.166	—	—	0.078
	700m	—	7.340	0.165	—	1.021	0.066
	1000m	—	6.128	0.133	—	0.976	0.069

注："—"表示无影响或影响较弱，几乎无变化。

从表 5.9 中可以看出，自然变化情况下，城镇污染区的 COD 浓度总体上随着缓冲区距离的增加而增加，缓冲区 300m 的值最大，而磷矿和磷化工企业污染区的 COD 浓度则呈波浪式变化，300m 范围内的值最大。TP 浓度在磷矿和磷化工企业污染区随着缓冲区距离的增大而增大，而村落农田面源污染区则与之相反。TN 浓度在磷矿和磷化工企业污染区和村落农田面源污染区均随河岸缓冲区的距离增加而减小。生态保护情景下，城镇污染区的 COD 浓度随着缓冲区距离的增加而减小，磷矿和磷化工企业污染区的 COD 浓度则随距离的增加而增大，TP 浓度在磷矿和磷化工企业污染区随着缓冲区的增加而增大，而村落农田面源污染区则与之相反，TN 浓度在磷矿和磷化工企业污染区和村落农田面源污染区均随河岸缓冲区的距离增加而减小。

5.2.2　基于 LULC 格局变化情景的水质变化预测

自然变化情景下，2020 年各个子流域的 LULC 格局指数如表 5.10 所示，各缓冲区的格局指数由于内容过多，限于篇幅，在此略去，依据其关系，可模拟子流域和各缓冲区对应的水质指标（表 5.10）。

表 5.10　LULC 格局变化情景下的水质指标模拟结果

指标	尺度	2005 年	2008 年	2011 年	2014 年	2017 年	2020 年（自然变化情景）		2020 年（生态保护情景）	
							模拟值	水质类别	模拟值	水质类别
COD 浓度	磷矿和磷化工企业污染区	13.79	11.26	6.11	17.35	59.11	78.22	V（1.9 倍）	0.782	I
	城镇污染区	7.62	13.78	18.58	20.58	26.80	28.76	V	1.98	I
TN 浓度	村落农田面源污染区	0.14	0.27	0.24	0.47	0.57	0.196	I	0.082	I
TP 浓度	全流域	0.007	0.006	0.005	0.001	0.001	0.0015	I	0.0005	I
	磷矿和磷化工企业污染区	0.12	0.15	0.19	0.37	0.54	0.91	V	0.065	II

注：除水质类别外，各数据单位为 mg/L。

从表 5.10 中可以看出，在自然变化情景下，COD 浓度在磷矿和磷化工企业污染区和城镇污染区呈增加趋势，尤其在磷矿和磷化工企业污染区 COD 浓度增加较为明显；TN 浓度在村落农田面源污染区呈先增加后减少再增加的趋势；TP 在全流域的尺度下呈减少的趋势，而在磷矿和磷化工企业污染区则表现为逐年增加的趋势。依据《地表水环境质量标准》（GB 3838—2002），采用单因子评价方法，可得出各指标对应的水质类别。磷矿和磷化工企业污染区的 COD 是 V 类水质上限的 1.9 倍，城镇污染区的 COD 处于 V 类水质指标范围；TN 浓度在村落农田面源污染区处于 I 类水质指标范围；TP 浓度在磷矿和磷化工企业污染区处于 V 类水质指标范围，而在全流域则处于 I 类水质指标范围。

在生态保护情景下，全流域和不同污染源区的水质指标均呈大幅度下降的趋势。其所对应的水质类别均处于 I 类水质指标范围，仅有磷矿和磷化工企业污染区的 TP 仍然处于 II 类水质水平。

同表 5.8 和表 5.9 相比，不同情景下 LULC 格局变化的水质响应与类型变化的响应趋势大体一致，但其值总体上要比类型变化响应的值大，但水质类别是一致的。

表 5.11　不同缓冲区 LULC 格局变化下的水质变化　（单位：mg/L）

指标	缓冲区	自然变化情景			生态保护情景		
		城镇污染区	磷矿和磷化工企业污染区	村落农田面源污染区	城镇污染区	磷矿和磷化工企业污染区	村落农田面源污染区
COD 浓度	100m	26.08	—	—	22.512	0.414	
	300m	27.31	—	—	16.387	0.604	
	500m	27.55	—	—	14.113	0.878	
	700m	28.44	38.95	—	8.754	0.893	
	1000m	28.63	42.96	29.23	1.57	0.974	
TP 浓度	100m	—	1.450	1.174	—	—	
	300m	—	5.162	0.556	—	0.048	0.425
	500m	—	2.757	0.620	—	0.053	0.513
	700m	—	1.1408	0.690	—	0.069	0.542
	1000m	—	1.446	0.638	—	0.071	0.591

续表

指标	缓冲区	自然变化情景			生态保护情景		
		城镇污染区	磷矿和磷化工企业污染区	村落农田面源污染区	城镇污染区	磷矿和磷化工企业污染区	村落农田面源污染区
TN 浓度	100m	—	23.003	0.250	—	3.534	0.125
	300m	—	18.784	0.217	—	3.786	0.185
	500m	—	—	0.191	—	—	0.097
	700m	—	—	0.172	—	2.134	0.043
	1000m	—	12.213	0.156	—	1.038	0.036

注："—"表示无影响或影响较弱，几乎无变化。

从表 5.11 可以看出，自然变化情景下，城镇污染区的 COD 浓度随着缓冲区距离的增加而增大。城镇污染区和村落农田面源污染区的 COD 浓度在缓冲区 1000m 的值最大，而磷矿和磷化工企业污染区的 TP 浓度则在缓冲区 300m 的值最大。TN 浓度的最大值则出现在磷矿和磷化工企业污染区和村落农田面源污染区的 100m 缓冲区内。生态保护情景下，城镇污染区的 COD 浓度随着缓冲区距离的增加而减小，100m 缓冲区内的 COD 浓度最大。磷矿和磷化工企业污染区的 TP 浓度则随距离的增加而增大，在 1000m 缓冲区内最大。TN 浓度在磷矿和磷化工企业污染区和村落农田面源污染区均随河岸缓冲区的距离增加而减小，300m 缓冲区内最大。由表 5.11 可知，LULC 格局变化预测所得的水质结果总体的值比 LULC 类型的值大。

5.3　不同 LULC 变化情景下的水环境质量调控

5.3.1　流域 LULC 类型与尺度优化

LULC 变化引起的水质退化存在不同等级的阈值响应关系（Brabec et al.，2002），阈值研究是定量实施流域土地利用规划及水环境保护的重要依据。刘珍环等（2010）对景观组分与水质指标之间的阈值进行归纳总结后认为，化学指标及生物指标表征的水质受不透水表面影响的初始值为 5%，而水质退化到不可逆转时的阈值为 30% 左右。按不透水面积比例将水质受到的影响阈值分为无压力（0~0.9%）、轻度胁迫（1%~4.9%）、受到胁迫（5%~9%）、受到影响（10%~24.9%）及退化（大于 25%）5 个阈值等级（Theobald et al.，2009；刘珍环等，2010）。以此为参考，结合各个流域 LULC 类型与水质的关系研究结果，指导各个区域的土地利用结构调整与优化。

LULC 变化与水质的关系表明，城镇污染区的 COD 浓度、磷矿和磷化工企业污染区的 TP 浓度、村落农田面源污染区的 TN 浓度都呈现出了显著的逐年增大的趋势。对于 LULC 类型，城镇污染区的马料河流域除占比非常低的水域外，其余用地与水质的 COD 浓度均具有较强的相关性，其中不透水表面和人工堆掘地、荒漠与裸露地表起到了促进作用，种植用地和林草覆盖起到了抑制作用。相关性分析表明，磷矿和磷化工企业污染区的东大河、代村河流域由于磷矿采集点集中分布，使得人工堆掘地、荒漠与裸露地表和不透水表面与 TP 浓度密切相关，成为影响 TP 浓度的重要因子。在村落农田面源污染区，种植土地、林草覆盖和不透水表面对 TP、TN 浓度的影响显著，种植土地的减少并没促进水质变好，说明在该区域水质恶化的重要原因之一可能是不透水表面的快速增加，而林草覆盖对水质变差能起到很好的削减作用，其他用地类型的增多也会使水质恶化，但两者之间的敏感性较低。从 LULC 类型与入湖河流水质的尺度关系来说，城镇污染区以及磷矿和磷化工企业污染区在缓冲区 300m、500m 和 700m 对 COD 和 TP 浓度的影响较大，而在村落农田面源污染区则是子流域尺度对水质影响大。

因此，从防治和改善流域水质的角度出发，参考景观组分的水质阈值，本书提出各个区域的土地利用结构调整与优化建议及对策。

（1）在村落农田面源污染区，应该减少不透水表面占比，使其由 2017 年的 6% 降低至 5% 以下，其调整应该在河岸 700m 的范围最为有效；并相应地在河岸 1000m 范围内减少其他用地的面积，如人工堆掘地、荒漠与裸露地表。在河岸 500～1000m 范围增加林草覆盖面积，保护好现有的林草覆盖类型。

（2）在磷矿和磷化工企业污染区，应该减少其他 LULC 类型（人工堆掘地、荒漠与裸露地表）的面积，同时也应该使不透水表面占比在 5% 以下，减少种植土地面积，增加林草覆盖面积，尤其是加强对磷矿迹地的林草覆盖恢复，以及磷化工企业搬迁后的土地利用整治。依据河岸缓冲区地类与水质的相关性研究结果，在河岸 100m 缓冲区内，应重点加强对磷矿迹地（荒漠与裸露地表）的林草覆盖恢复，以及磷化工企业搬迁后的大量人工堆掘地的处理与地表覆盖恢复；在河岸 500～700m 缓冲区内，主要减少不透水表面的占比，在河岸 300～500m 缓冲区内增加林草覆盖的占比。

（3）在城镇污染区，主城区则处在退化的阈值等级（48%）。因此，城镇污染区应该大幅控制不透水表面的比例，尽量减少不透水表面的占比，增加林草覆盖面积，虽然其他用地类型（人工堆掘地、荒漠与裸露地表）与水质指标没有相关性，但对这些地类实施林草恢复也是有意义的。从河岸缓冲区的敏感尺度来说，上述地类的调整在河岸 300m 的范围内最为有效。

5.3.2　流域 LULC 格局与尺度优化

从前文 LULC 格局与水质关系的分析结果看，不同区域不同尺度存在着较大差异，因此，本书针对不同区域给出不同对策与建议。

（1）在村落农田面源污染区，当 LULC 类型斑块大小差异缩小、连通度变低及形状趋于简单时有利于抑制水质的恶化，而当斑块类型多样性变丰富、均匀度趋于平衡及斑块边缘密度变大时会进一步导致水质恶化，出现了不同尺度影响指数不同的特点。因此，在大面积广泛分布的耕地中适当配置林地及小规模的湿地，在增加岸边林地面积的同时，适当降低耕地斑块的连接度，并利用湿地对入湖河流污染物的拦截、过滤、净化等功能，减小入湖污染负荷量，以降低或削减河流水质的污染风险。

（2）在磷矿和磷化工企业污染区，斑块连通性、斑块均衡度和均匀度对水质的影响较大，尺度上子流域拟合优度显著高于缓冲区，缓冲区中以 500m、300m 相关度最高。

由于该区域受历史上磷矿粗放开采的影响，生态环境曾一度受到毁灭性的破坏，虽然通过矿山停采、磷化工企业关闭与搬迁、部分矿迹修复等工作，生态环境得到一定修复，但由于磷化工企业残留污染，代村河、东大河仍受到严重的磷污染，继而对抚仙湖造成持久性的磷污染。从抚仙湖生态安全保障与磷污染控制来讲，应该重点加强对磷矿迹地（荒漠与裸露地表）的林草覆盖恢复，以及磷化工企业搬迁后的大量人工堆掘地的处理与地表覆盖恢复，尤其要在河岸300～500m缓冲区内增加林草覆盖的斑块数量，从而增加斑块之间的连通性和多样性，减少不透水表面的占比，以减少斑块面积标准差。

（3）在城镇污染区，在缓冲区100m和300m尺度下，斑块复杂度、斑块均衡度和均匀度是水质的重要影响因素，而在缓冲区500m、700m及1000m尺度下斑块类型面积均衡的水平对COD浓度的影响程度最大。因此，在100m和300m的缓冲区范围内，虽然已注重河流岸边的绿化景观建设，但其面积远远不够。在保护岸边现有植被的基础上，可进一步完善河流岸边的城市绿地生态网络，尽可能增加林地面积，减少未利用土地的面积，以降低建设用地的连接度，同时，在缓冲区500m、700m及1000m尺度下，应该减少不透水表面的占比，以降低该范围内土地类型斑块的多样性和均匀性。

5.3.3 流域生态功能区土地利用方式优化

依据当地政府所划定的抚仙湖流域生态保护红线范围（图5.9），结合各规划区的生态功能定位及LULC变化（图5.10）趋势，以减少水质污染为目标，本书对流域土地利用方式提出如下建议。

（1）在控制开发区内，耕地和房屋建筑（区）是该区主导类型，分别占控制开发区面积的60%和10%以上，因此，在该区域内，可进行农业产业结构调整，改变种植品种、调整种植结构，如可实施休耕轮作或者发展水稻、油菜、荷藕、林果等绿色生态产业，压缩高污染作物种植面积，限制流域内农药、化肥的使用，实施化肥减施增效，推进有机化肥替代化学化肥，推进农药减量控害，采用生物防治等绿色防控技术，发展绿色生态农业，以减少种植土地所带来的面源污染。限制发展包括房地产建设、高尔夫基地建设、宾馆、酒店、矿产开发等，以减少不透水表面的面积。

（2）禁止开发区内主要以林地、耕地、草地为主。该区域处在整个流域的外围，相当于流域的上游区域。该区域的平均海拔在1900m，且坡度较大，林草覆盖多以草灌木丛为主，植被覆盖率低，容易发生水土流失，因此，在该区域要加强生态保护，实施林业生态建设，保护好现有林地和原始树种，发展具有较好经济效益和市场前景的经济果林产业，实施退耕还经果林政策，对已关停的采砂石场、磷石膏渣场、裸露的磷矿山和废弃的矿区进行治理和植被恢复，恢复水源涵养林，从而增加林草覆盖的面积，增加该区域地类斑块的多样性与连通性，充分发挥林草覆盖对污染物的削减作用和吸附作用，同时，进一步防治该区域的水土流失，进而减少由水土流失带来的污染。

（3）在核心保护区内，水域面积占核心保护区面积的97%以上，防治措施主要以保护湖体为主。该区域作为控制污染源的最后一道防线，在污染源控制中起到重要作用。因此，在该区域内，应该消除所有产生污染和对抚仙湖环境构成威胁的经济社会活动，种植、养殖业等全部退出，实施退塘还湖、退田还湖、退房还湖，并进行湖滨缓冲带生态建设，确保湖滨带内无房屋建筑区和种植土地，从而增加核心保护区（湖滨带）内的林草覆盖或湿地面积，提高湖滨带自然或人工湿地、林草覆盖对污染源的过滤、净化和削减作用。

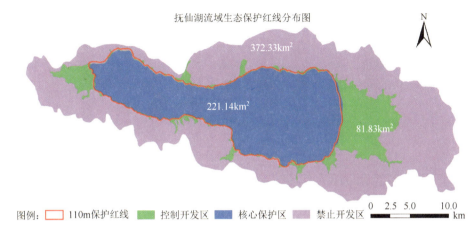

图 5.9　流域生态保护红线分布图

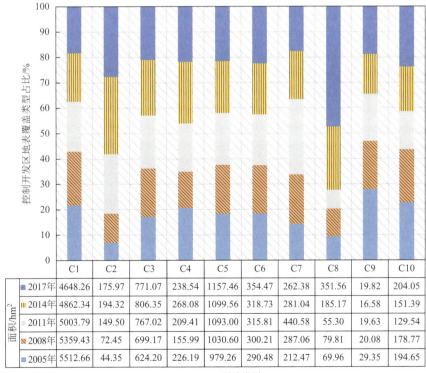

面积/hm²		C1	C2	C3	C4	C5	C6	C7	C8	C9	C10
	■ 2017年	4648.26	175.97	771.07	238.54	1157.46	354.47	262.38	351.56	19.82	204.05
	▥ 2014年	4862.34	194.32	806.35	268.08	1099.56	318.73	281.04	185.17	16.58	151.39
	▨ 2011年	5003.79	149.50	767.02	209.41	1093.00	315.81	440.58	55.30	19.63	129.54
	▩ 2008年	5359.43	72.45	699.17	155.99	1030.60	300.21	287.06	79.81	20.08	178.77
	▦ 2005年	5512.66	44.35	624.20	226.19	979.26	290.48	212.47	69.96	29.35	194.65

用地类型

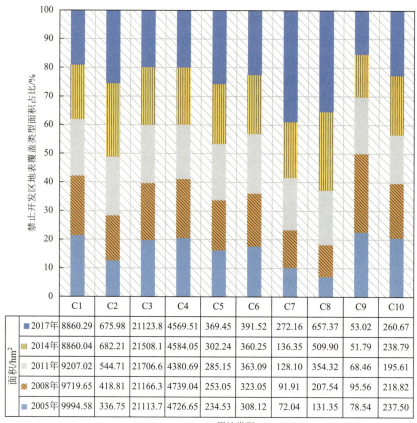

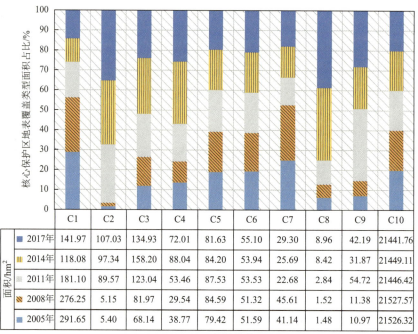

图 5.10   生态保护红线区地类面积构成

5.3.4　流域重点区域生态修复

研究结果表明，2017 年抚仙湖流域的森林覆盖率仅为 32.62%，是玉溪市森林覆盖率最低的地区之一（玉溪市森林覆盖率为 54.2%），为森林资源贫乏的地区。并且，临湖面山大多坡面陡峭，抗侵蚀能力弱，水源涵养能力差，而其他用地（荒漠与裸露地表、人工堆掘地）又主要集中分布于抚仙湖东西两岸以及南岸的部分区域，即路居镇东北部、青龙镇西北部、海口镇西南部和龙街镇中部，这些区域易发生土壤侵蚀与水土流失。因此，要加强对这些区域的生态修复与植被保护，以提高植被覆盖率，增强土壤涵养水源和防风固沙的能力，进一步缓解水土流失、土地退化导致的水质污染问题。同时，在流域管理中，针对上述区域和抚仙湖北岸的城镇区，应重点加强雨季土地利用管控，也应对抚仙湖环湖路（最高水位线 110m）以外区域的城镇化建设和旅游开发进行一定限制和管理。

5.4　本 章 小 结

本章依据流域未来土地利用规划和抚仙湖流域生态环境"十三五"保护规划，利用 CLUE-S 模型，设置自然变化和生态保护两种情景，对流域 2020 年的 LULC 变化进行模拟，并分析不同情景下 LULC 与水质变化关系。最后，根据模拟与分析结果，提出流域水环境质量调控的措施及建议。模拟结果表明：

（1）从 LULC 变化的类型来看，自然变化情景下，非生态用地的大量增加，而林草覆盖的大幅减少，势必会对入湖河流的水质构成严重威胁，进一步加重面源污染；而生态保护情景下，生态用地的数量增加明显，对生态环境保护起制约作用的建筑用地、种植土地、其他用地则呈减少趋势，这种变化趋势将有利于提高流域内入湖河流水质。从变化的空间分布来看，其模拟结果是流域 LULC 变化对流域"十三五"保护规划的理想状态下的响应，也是流域生态环境保护政策与措施（如"四退三还"等）落实效果的体现。

（2）从 LULC 变化的格局来看，在自然变化情景下，COD 浓度在磷矿和磷化工企业污染区和城镇污染区呈增加趋势，尤其在磷矿和磷化工企业污染区 COD 浓度增加较为明显；TN 浓度在村落农田面源污染区呈先增加后减少的趋势；TP 在全流域的尺度下呈先减少后增加的趋势，而在磷矿和磷化工企业污染区则表现为逐年增加的趋势。依据《地表水环境质量标准》（GB 3838—2002），采用单因子评价方法，可得出各指标对应的水质类别。磷矿和磷化工企业污染区的 COD 是 Ⅴ 类水质上限的 1.9 倍，城镇污染区的 COD 处于 Ⅴ 类水质指标范围；TN 在村落农田面源污染区处于 Ⅰ 类水质指标范围；TP 在磷矿和磷化工企业污染区处于 Ⅴ 类水质指标范围，而在全流域则处于 Ⅰ 类水质指标范围。

（3）从影响的距离来看，不同缓冲区 LULC 类型和格局对水质指标的影响存在差异。①自然变化情景下，从不同缓冲区 LULC 类型变化与水质变化关系来看，城镇污染区的 COD 浓度随着缓冲区距离的增加而增加，在缓冲区 300m 的值最大，而磷矿和磷化工企业污染区的 COD 浓度则呈现波浪式变化，在缓冲区 300m 范围内的值最大。TP 浓度在磷矿和磷化工企业污染区随着缓冲区的增加而增加，而村落农田面源污染区则与之相反。TN 浓度在磷矿和磷化工企业污染区和村落农田面源污染区均随河岸缓冲区的距离增加而减小。从不同缓冲区 LULC 格局变化与水质变化关系来看，城镇污染区的 COD 浓度随着缓冲区距离的增加而增加。城镇污染区和村落农田面源污染区的 COD 浓度在缓冲区 1000m 的值最大，而磷矿和磷化工企业污染区的 TP 浓度则在缓冲区 300m 的值最大。TN 浓度的最大值则出现在磷矿和磷化工企业污染区和村落农田面源污染区的 100m 缓冲区内。②生态保护情景下，从不同缓冲区 LULC 类型变化与水质变化关系来看，城镇污染区的 COD 浓度随着缓冲区距离的增加而减小，磷矿和磷化工企业污染区的 COD 浓度则随距离的增加而增加，TP 浓度在磷矿和磷化工企业污染区随着缓冲区的增加而增加，而村落农田区则与之相反，TN 浓度在磷矿和磷化工企业污染区与村落农田面源污染区均随河岸缓冲区的距离增加而减小。从不同缓冲区 LULC 格局变化与水质变化关系来看，城镇污染区的 COD 浓度随着缓冲区距离的增加而减小，100m 缓冲区内的 COD 浓度最高。磷矿和磷化工企业污染区的 TP 浓度则随距离的增加而增加，在 1000m 缓冲区内最大。TN 浓度在磷矿和磷化工企业污染区和村落农田面源污染区均随河岸缓冲区的距离增加而减小，300m 缓冲区内最大。

（4）LULC 变化与水质的变化预判。自然地表覆盖类型占主导的景观格局对水质具有净化作用已成共识。而流域土地利用类型以自然地表覆盖类型为主（占 90% 以上）。多年的入湖河流水质监测结果表明，入湖河流的水质逐年恶化，这势必导致抚仙湖的水质进一步恶化。然而，虽然近 40 年来流域 LULC 变化显著，且人工地表面积逐年增加，生态用地逐年减少，但不管如何变化，其水质未变，仍保持 I 类水质，说明抚仙湖的承载力和自净能力较强，这与湖体水量大（全国第二大淡水湖）和湖深（平均水深 158.9m）密切相关。同时，也表明流域范围内自然和人为因子影响仍未超过其承载力。

本书仅从 LULC 类型与格局方面考虑建立了其与水质指标浓度的回归关系，而未考虑其迁移转化过程，并且河流和湖泊的水质可在较短时间内恢复，而被破坏的生物多样性则要花数千年才能恢复到最初状态，如农药、采矿业和其他资源工业也可能对生态系统造成长期影响（Peters and Meybeck，2000）。特别是对沉积物质来说，即使在经历了"有益的" LULC 变化之后，生态系统中来自前人或自然侵蚀留下的沉积物仍大量存在，最终部分物质很可能会流入河流。故本书所得模拟未来水质指标的值是在纯理想状态下的结果，其值应该比"真值"偏小，这也说明水质对 LULC 变化的响应具有滞后性。

综上，LULC 类型及格局变化引起的水质变化趋势大体一致，LULC 格局变化下的水质预测值高于 LULC 类型变化的水质预测值，但水质类别没有变化。针对模拟分析结果，本书提出在不同污染源区和不同生态区内合理规划土地利用结构、优化土地利用格局和产业结构、调整土地利用方式、提高流域植被覆盖率、加强区域生态修复等。

参 考 文 献

摆万奇，2000. 深圳市土地利用动态趋势分析. 自然资源学报，26（2）：112-116.

卞子浩，马小雪，龚来存，等，2017. 不同非空间模拟方法下 CLUE-S 模型土地利用预测——以秦淮河流域为例. 地理科学
　　（2）：252-258.

除多，张镱锂，郑度，2005. 拉萨地区土地利用变化情景分析. 地理研究，24（6）：869-877.

段增强，Verburg P H，张凤荣，等，2004. 土地利用动态模拟模型的构建及其应用——以北京市海淀区为例. 地理学报，59（6）：1037-1047.

侯西勇，常斌，于信芳，2004. 基于 CA-Markov 的河西走廊土地利用变化研究. 农业工程学报，20（5）：286-291.

李斌，刘越岩，张斌，等，2017. 基于 Tietenberg 模型的土地利用变化多情景模拟预测——以武汉市蔡甸区为例. 资源科学，39（9）：14.

李希灿，王静，邵晓梅，2009. 模糊数学方法在中国土地资源评价中的应用进展. 地理科学进展（3）：409-416.

李秀彬，1996. 全球环境变化研究的核心领域——土地利用/土地覆被变化的国际研究动向. 地理学报，51（6）：553-558.

刘小平，黎夏，艾彬，等，2006. 基于多智能体的土地利用模拟与规划模型. 地理学报，61（10）：1101-1112.

刘珍环，李猷，彭建，2010. 河流水质的景观组分阈值研究进展. 生态学报，30（21）：5983-5993.

刘珍环，王仰麟，彭建，等，2011. 基于不透水表面指数的城市地表覆被格局特征——以深圳市为例. 地理学报（7）：961-971.

彭建，蔡运龙，Verburg P H，2007. 喀斯特山区土地利用/覆被变化情景模拟. 农业工程学报（7）：64-70.

秦贤宏，段学军，李慧，等，2009. 基于 SD 和 CA 的城镇土地扩展模拟模型：以江苏省南通地区为例. 地理科学，29（3）：439-444.

肖明，吴季秋，陈秋波，等，2012. 基于 CA-Markov 模型的昌化江流域土地利用动态变化. 农业工程学报，28（10）：231-238.

许小亮，李鑫，肖长江，等，2016. 基于 CLUE-S 模型的不同情景下区域土地利用布局优化. 生态学报，36（17）：5401-5410.

Brabec E，Schulte S，Richards P L，2002. Impervious surfaces and water quality：A review of current literature and its implications for watershed planning. Journal of Planning Literature Incorporating the Cpl Bibliographies，16（4）：499-514.

Liu H，Zhou Q，2005. Developing urban growth predictions from spatial indicators based on multi-temporal images. Computers Environment & Urban Systems，29（5）：580-594.

Liu X，Liang X，Li X，et al.，2017. A future land use simulation model（FLUS）for simulating multiple land use scenarios by coupling human and natural effects. Landscape & Urban Planning，168：94-116.

Peters N E，Meybeck M，2000. Water quality degradation effects on freshwater availability：Impacts to human activities. Water International，25（2）：185-193.

Pontius R G，Shusas E，Mceachern M，2006. Detecting important categorical land changes while accounting for persistence. Agriculture，Ecosystems & Environment，113（1/4）：254-263.

Theobald D M，Goetz S J，Norman J B，et al.，2009. Watersheds at risk to increased impervious surface cover in the Conterminous United States. Journal of Hydrologic Engineering，14（4）：362-368.

Veldkamp A，Verburg P H，2002. Methodology for simulating the spatial dynamics of land use change in forest gringes//Land Use，Nature Conservation，and the Stability of Rainforest Margins in Southeast Asia，Proceedings Bogor.

Verburg P H，Soepboer W，Veldkamp A，et al.，2002. Modeling the spatial dynamics of regional land use：The CLUE-S model. Environmental Management，30（3）：391-405.

Verburg P H，Veldkamp T A，Bouma J，1999. Land use change under conditions of high population pressure：The case of Java-an integrated multi-scale model to simulate land use change scenarios in Costa Rica. Global Environmental Change，9（4）.

Wijesekara G N，Gupta A，Valeo C，et al.，2012. Assessing the impact of future land-use changes on hydrological processes in the Elbow River watershed in southern Alberta，Canada. Journal of Hydrology，412：220-232.